I0305661

www.ingramcontent.com/pod-product-compliance
Lightning Source LLC
Chambersburg PA
CBHW050845230426
43667CB00012B/2154
9781997503149

انتشارات آسمانا

تکوین و تشریع

میرزا آقاخان کرمانی

به کوشش م. رضایی تازیک

نشر آسمانا، تورنتو، کانادا
۱۴۰۴/۲۰۲۵

تکوین و تشریع
نویسنده: میرزا آقاخان کرمانی
به کوشش: م. رضایی تازیک
ناشر: آسمانا، تورنتو، کانادا
طرح جلد: محمد قائمی
صفحه‌آرا: آتلیه نشر آسمانا
چاپ اول: سپتامبر ۲۰۲۵/۱٤۰٤
شماره آی‌اس‌بی‌ان: ۹۷۸۱۹۹۷۵۰۳۱۴۹

حق چاپ برای ناشر محفوظ است.

Asemanabooks.ca

این کتاب با رسم‌الخط مدنظر مصحح منتشر شده است.

تکوین و تشریع

میرزا آقاخان کرمانی

به کوشش م. رضایی تازیک

تقدیم به برادرم مجید

فهرست

پیشگفتار مصحح ۱۱

تکوین و تشریع ۳۵

تکوین و تشریع ۳۷

[دیباچه] ۳۷

مقدّمه ۴۶

اصلِ نخستین ۴۶

اصلِ دوم ۴۷

اصلِ سوم ۴۸

اصلِ چهارم ۴۹

اصلِ پنجم ۵۰

اصلِ ششم ۵۱

اصلِ هفتم ۵۲

اصلِ هشتم ۵۴

اصلِ نهم ۵۵

اصلِ دهم ۵۶

اصلِ یازدهم ۵۷

اصلِ دوازدهم ۵۸

اصلِ سیزدهم ۶۰

اصلِ چهاردهم ۶۲
اصلِ پانزدهم ۶۲
اصلِ شانزدهم ۶۴
اصلِ هفدهم ۶۵
اصلِ هیجدهم ۶۶
اصلِ نوزدهم ۶۸
دایره‌ی نخستین: [دایره‌ی تکوین] ۷۰
وَتَرِ اوّل: در بیانِ کُرات و عناصر و موالید، مشتمل است به نوزده جوهر ۷۰
جوهرِ نخستین: در بیانِ ابتدای آفرینش و پیدایشِ اجرامِ علوی ۷۰
جوهرِ دوّم: در بیانِ عرش و کُراتِ فلکی ۷۵
جوهرِ سیّم: در بیانِ کُراتِ سکنه‌دار ۷۷
جوهرِ چهارم: در بیانِ لایتناهی بودنِ کُرات ۸۲
جوهرِ پنجم: در بیانِ دَوَرانِ کُرات به‌واسطه‌ی جاذبه ۸۷
جوهرِ ششم: در اثباتِ جوهرِ اثیر ۸۹
جوهرِ هفتم: در احوالِ پنج‌گانه‌ی اجرام ۹۳
جوهرِ هشتم: در خاصیّتِ اقمار ۹۶
جوهرِ نهم: در بیانِ ظهورِ الکتریسته و معنیِ جنّت و نار و بعث از قبور ۹۹
جوهرِ دهم: در پیدایشِ خاک و گِل ۱۰۱
جوهرِ دوازدهم: در تکوّنِ مسوخات ۱۰۶
جوهرِ سیزدهم: در بیانِ سببِ تفرّقِ نباتات و تلقیحِ میانِ آن‌ها ۱۱۱

جوهرِ چهاردهم: در بیانِ صخورِ رسوبیّه و اندفاعیّه و معادن و قبور.. ۱۱٤

جوهرِ پانزدهم ۱۱۹

جوهرِ شانزدهم: در بیانِ هیولا و جوهرِ فرد و عالمِ ذرّات ۱۲٤

جوهرِ هفدهم: در بیانِ عناصرِ بسیطه و جوهر و اَعراض ۱۲۹

جوهرِ هیجدهم: در بیانِ این‌که عِظَمِ و صِغَرِ عالمِ جسمْ لایتناهی است و حدُّ یقف ندارد ۱۳٤

جوهرِ نوزدهم: در بیانِ صُعوداتِ لایتناهی و حرکاتِ جوهریِ اجسام و تبدّلِ اَشکالِ موالید به‌حسبِ احتیاجاتِ طبیعت ۱۳۷

وترِ دوم: در بیانِ حالتِ انسان در بدوِ آفرینش و چگونگیِ پیدایشِ لوازمِ زندگی، مشتمل بر نوزده فروع ۱٤٥

فروعِ نخستین: در بیانِ حالتِ ضعف و ناتوانیِ انسان و شدّتِ عجز و احتیاجِ او ۱٤٥

فروعِ دویّم: در چگونگیِ تشکیلِ جمعیّت‌های بشریّه پس از حالِ وحشت ۱٤۸

فروعِ سیّم: در بیانِ خط حرکتِ انسان در سلوکِ نخستین ۱٥۱

فروعِ چهارم: در بیانِ چگونگیِ تدبیرِ معاشِ انسان در هیئتِ جمعیّت ۱٥٥

فروعِ پنجم: در پیدایشِ علوم و فنون و صناعات برحسبِ احتیاجات و ضروریّات در معیشتِ انسان ۱٥۸

فروعِ ششم: در چگونگیِ پیدایشِ نطق و لغت ۱٦۱

فروعِ هفتم: در پیدایشِ خط و کتابت و اختراعِ ارقام و حروف ۱۷۱

فروعِ هشتم: در بیانِ شعر و موسیقی و نقّاشی و امثالِ آن‌ها ۱۷٤

فروغِ نهم: در بیانِ طبّ و بیطره و جرّاحی ۱۸۱

فروغِ دهم: در بیانِ حرب و آلاتِ آن و تزئیدِ قوای حربیّه ۱۸۸

فروغِ یازدهم: در مناسبات و مبادلاتِ ملل و تجارت و زراعت و صناعت ۱۹۵

فروغِ دوازدهم: در بیانِ پیدایشِ علمِ نجوم و احکام و زایجه و احکام ۲۰۴

فروغِ سیزدهم: در پیدایشِ علمِ هندسه و حساب و جرّ اثقال و اوفاق ۲۰۹

فروغِ چهاردهم: در بیانِ ابتدای بحرپیمایی و کشفیاتِ غریبه‌ی دیگر . ۲۱۲

فروغِ شانزدهم: در معنیِ قوّتِ نبوّت و سلطنت و حکمت و تشکیلِ عالمِ تمدّن ۲۱۵

فروغِ هفدهم: برآمدنِ انسان از پیِ عللِ اولیه و جُستن و تقسیمِ فلسفه ۲۲۶

فروغِ هیجدهم: در چگونگیِ ظهورِ انبیاء و کَهَنه و تلمت [تلموت] در بنی‌اسرائیل ۲۳۵

فروغِ نوزدهم: در بیانِ چگونگیِ پرستشِ معبود و ابتدای بت‌پرستی .. ۲۴۰

ضمائم ۲۴۹

چند صفحه‌ای از «تکوین و تشریع» (نسخه‌ی جهرمی) ۲۴۹

چند صفحه‌ای از «تکوین و تشریع» (نسخه‌ی بدیعی لاری) ۲۵۴

پیشگفتار مصحح

«ممکن است که انسان بعضی یا کلِّ کُتبِ شرایعِ انبیاء را منکر بشود و لیکن ممکن نیست یک کلمه‌ی کتاب و قانونِ طبیعت را انکار نمود.» (بخشی از کتاب پیش رو).

«از هر جنسی که حیوانی شریف‌الخلقه خارج می‌شد، نوعِ خسیسی دیگر باقی می‌ماند که آن را مسوخات گویند. مثلاً، از آن جنس سمکه‌ای که مرغ به وجود آمد، ممسوخِ آن عبارت شد از سنگ‌پشت و جوجه‌تیغی و حیّات و حِربا و بُزمچّه، و از آن جرثومی که شیر و ببر و پلنگ بیرون آمدند، ممسوخِ آن‌ها به صورت گرگ و سگ و شغال باقی ماند، و از آن جرثومی که انسان خارج شد، بوزینه و خرس و عنتر ممسوخِ آن گشتند؛ چنان‌که آیه‌ی ‹کونُوا قِرَدَةً خاسِئینَ› مبیّنِ آن است. در این قیاس قنفد ممسوخ طاوس است، و ضِفدَع ممسوخِ حوت: ‹وَلَوْ نَشاءُ لَمَسَخْناهُمْ عَلَی مَکانَتِهِمْ›». (بخشی از کتاب پیش رو).

درباره‌ی زندگی، آثار و اندیشه‌های میرزا آقاخان کرمانی (۱۸۵۳ / ۱۸٥٤ ــ ۱۸۹٦ میلادی) یکی از تواناترین نویسندگانِ ایرانمدار، یکی از بنیانگزارانِ گفتمانِ انقلابِ مشروطیت و یکی از تاثیرگذارترین نقادانِ دین و حکومت در قرن نوزدهم میلادی، کتابها و مقالات زیادی نوشته شده‌اند. [۱] از این‌رو، در ادامه تنها به کتاب «تکوین و تشریع» او می‌پردازم که اینک برای نخستین‌بار منتشر می‌شود.

فریدون آدمیت نخستین تاریخ‌نگاری است که کوشید تا بر مبنای نسخه‌های خطی موجودی که از آنها آگاهی داشته آثار میرزا آقاخان کرمانی را در جامعیت معرفی کند. او درباره‌ی نسخه‌های موجود از «تکوین و تشریع» و محتوای کتاب می‌نویسد:

تکوین و تشریع: موضوعش فلسفه علوم جدید و مدنیت، و شامل یک دیباچه و مقدمه‌ای مفصل و دو «دایره» است: «دایرهٔ تکوین» و «دایرهٔ تشریع». دایرهٔ تکوین مشتمل بر چندین قوس است و بحث میکند در «ابتدای آفرینش و پیدایش اجرام علوی» بر اساس فرض لاپلاس، و تشکیل کرهٔ زمین و طبقات الارض، و پیدایش حیات، و قوانین فیزیک برپایه تحقیقات و عقاید حکمای طبیعی قرن هجدهم و نوزدهم. دایرهٔ تشریع حاوی دو «قطر» و چندین «پرتو» می‌باشد و قوانین مادی و طبیعی را بر نظام اجتماع مدنی منطبق می‌گرداند. مخصوصاً به آرای فلاسفهٔ مادی یونان و روم و افکار حکما و علمای جدید اروپا توجه دارد. از این رساله دو نسخه سراغ داریم. یکی نسخه اصلی به خط میرزا آقاخان که تصویر یک صفحه آنرا ملاحظه می‌نمائید. نسخه دوم که با ماشین تحریر نوشته است و همین نسخه در دسترس مطالعهٔ ما قرار گرفت. هر دو نسخه ناتمام است. بدین معنی که مطلب از وسط «پرتو هشتم» از قطر اول دایرهٔ تشریع قطع شده است. در نسخه ماشین شده مورد استفاده ما چند صفحه هم از وسط آن حذف گردیده بود. شاید ملاحظاتی در کار بوده است. [۲]

آدمیت در پانویسی یادآور می‌شود که نسخه‌ی مورد مطالعه او «در تصرف آقای علیمحمد قاسمی است» و می‌افزاید که «تصویر صفحهٔ اول از نسخهٔ خط میرزا آقاخان را نیز ایشان لطف نموده‌اند». [۳] سال‌ها پیش، در پی یافتن نسخه‌های «تکوین و تشریع»، با مانگول بیات فیلیپ، که حدود پنجاه سال پیش پایان‌نامه‌ی دکترایش را درباره‌ی آقاخان کرمانی نوشته بود، تماس گرفتم. او دقیقاً بخاطر نداشت که این نسخه‌ها را از کجا تهیه کرده است و تنها به ذکر نام چند دانشگاه غربی بسنده کرد. جستجوهایم در آرشیوهای مختلف دانشگاه‌ها و پایگاه‌های اینترنتی بی‌نتیجه ماند. سپس از آقای علی اصغر حقدار که با فریدون آدمیت حشر و نشر داشته جویای نسخه‌های یادشده‌ی «تکوین و تشریع» شدم، و در پاسخ‌ام نوشت که چنین نسخه‌هایی را در اختیار ندارد و کتابخانه‌ی آدمیت نیز به آقای علی دهباشی، سردبیر مجله‌ی «بخارا»، سپرده شده است. با آقای دهباشی تماس گرفتم و در پاسخ نوشت که در کتابخانه‌ی آدمیت چنین کتابی را ندیده و کتابخانه‌ی آدمیت به «دایرةالمعارف بزرگ اسلامی» منتقل شده است. سپس از فرهاد سلیمان‌نژاد خواستم اگر امکان دارد جستجویی در این «دایرةالمعارف بزرگ اسلامی» انجام دهد، اما او دسترسی به کتاب‌های این کتابخانه را غیرممکن دانست. در نهایت، با آقای منوچهر بختیاری، که درباره‌ی آقاخان کرمانی مطالبی نوشته، تماس گرفتم، و او نیز تأیید کرد که تنها همان نسخه‌هایی را در اختیار دارد که من یافته‌ام.

جان سخن اینکه جستجوهای منِ دور از ایران ــ در زمانه‌ای که دست یافتن به نسخه‌های خطی برخی کتابها برابر با گذشتن از هفت خوان رستم شده است ــ به یافتن تنها دو نسخه از «تکوین و تشریع» انجامیده است؛ نسخه‌هایی که با نسخه‌های یادشده از سوی آدمیت متفاوتند و نسبت به نسخه‌های او ناقص‌تر. با این وجود، به دو دلیل به انتشار کتاب کوشیده‌ام.

نخست اینکه نقایص این کتاب در دریافت‌مان از «تکوین و تشریع» تغییر بنیادینی ایجاد نمی‌کند و این مهم را می‌توان از نقل قول‌های آدمیت دریافت. دوم اینکه امیدوارم کتاب پیش رو شور و شوقی در دلها بیاندازد و دیر یا زود نسخه‌های یادشده‌ی آدمیت یافت شوند و بر پایه آنها کتاب بدون نقص منتشر شود.

نسخه‌ی نخست (که مبنای کتاب پیش رو قرار گرفته) از سوی حاج حسینعلی کاتب فطرت جهرمی استنساخ شده، و دارای یک دیباچه، یک مقدمه‌ی جامع و (تنها) یک دایره است؛ دایره‌ی تکوین و آن هم در برگیرنده تنها یک «قوس» یا دو «وتر» است. وتر نخست در سال ۱۳۳۹ هجری قمری (برابر با ۱۲۹۹ یا ۱۳۰۰ خورشیدی) و وتر دوم در نوزدهم ربیع‌الاولی سال ۱۳۴۰ هجری قمری (برابر با ۲۹ آبان ۱۳۰۰ خورشیدی) استنساخ شده‌اند. [٤] مقایسه این نسخه با نقل قولهای مستقیم و غیر مستقیم فریدون آدمیت از کتاب «تکوین و تشریع» به شناسایی دقیق برخی کاستی‌ها انجامید که فهرست شده‌اند. [٥]

نسخه‌ی دوم از سوی رحمت الله بدیعی لاری، کارمند اداره‌ی فرمانداری لارستان، در سال ۱۳۲٤ خورشیدی از روی نسخه‌ی نخستِ یادشده‌یِ جهرمی استنساخ شده و دربرگیرنده تنها یک وتر (یک جلد) است. به این نسخه، نامه‌ای از هیتلر از روی روزنامه‌ی «کیهان» استنساخ و ضمیمه شده است. چون این نسخه، استنساخی محض از روی نسخه‌ی نخست است و تمام اشتباهات کاتب نخست را تقریبا مو به مو تکرار کرده، در ضبطِ کتابِ پیش رو لحاظ نشده است. [٦]

کتاب «تکوین و تشریع» (یا نسخه‌ای که کتاب پیش رو بر اساس آن منتشر شده) را می‌توان اثری فلسفی و علمی دانست؛ اثری که عمدتا به تشریح نظریه‌ها

و دستاوردهای علوم طبیعی و انسانی می‌پردازد. این نسخه شامل یک «دیباچه»، یک «مقدمه» و دو «وتر» است. در «دیباچه»، آقاخان کرمانی انگیزه‌اش از نگارش کتاب را این گونه بیان می‌کند: «بر هیچ کس پوشیده و پنهان نیست که مقصودِ مؤلّف در این کتاب بیانِ حقیقتِ اشیاء و مبادی و نتایجِ هر چیز است، بر وجهی که بدونِ التزام [به] طرفی یا تقیّد به سَمتی، فقط از روی عشقِ خالص به حقیقتِ مبادیِ اشیاء برحسبِ تاریخِ طبیعی و به انضمامِ دلایلِ عقلی.» و تاکید می‌کند که از «تقلید» پرهیزیده و کوشیده تا به روی پایه‌های «عقل خویش» بایستد و بیاندیشد. «مقدمه»ی فلسفی جامع کتاب را هم روی‌هم‌رفته می‌توان در سرفصلهایی چون «وجود و عدم» یا «اصالت وجود» و «اشاراتی به نظریه داروین» خلاصه کرد. تا آنجا که به فلسفه برمی‌گردد می‌توان رد پای اندیشه‌های فلاسفه‌ی یونان باستان و فلاسفه‌ای چون ابن سینا و ملاصدرا را در این مقدمه دید. «وتر اول» را روی‌هم‌رفته می‌توان تشریح نظریه‌های مرتبط با شکلگیری جهان (بیشتر بر پایه نظریه‌ی لاپلاس) و پیدایش و تکاملِ/فرگشتِ موجودات (بر پایه نظریه داروین) دانست. «وتر دوم» را هم روی‌هم‌رفته می‌توان تشریح شکل‌گیریِ تمدن و تحولات آن دانست.

آقاخان کرمانی این کتاب را در بازه‌ی زمانی‌ای نوشته که با بابیان ازلی حشر و نشر داشته، و در چند جای این کتاب اشاراتی به شیخ احمد احسائی، موسسه مکتب شیخیه‌ای که از دل آن بابیسم و بهائیت روئیده [۷]، و اهلِ بیان نیز دارد. و از آنجا که آقاخان کرمانی در کتاب «هشت بهشت» به «تکوین و تشریع» ارجاع داده [۸]، و از آنجا که نسخه‌ای (ناقص) از «هشت بهشت» در سال ۱۸۹۱ برای پرفسور براون ارسال شده [۹]، شاید بتوان گفت که «تکوین و تشریع» در همان سال و یا پیش از آن نوشته شده است.

آقاخان کرمانی مفهومِ «تکوین» را هم در معنای خلقت، یعنی پیدایشِ هستی بکار برده و هم در معنای تکاملِ/فرگشتِ داروینی. می‌نویسد: «فلسفه‌ی تکوینی نقشه‌ی کتابِ خلقتِ را بیان می‌کند» [۱۰]؛ «خلاصه، حالِ تکوینِ ثانی را از پاره‌ای طیور و فراش می‌توان فهمید.» [۱۱] کتاب پیش رو فاقد دایره‌ی دوم، یعنی دایره‌ی تشریع است، و نمی‌توان با قاطعیت گفت که درک آقاخان کرمانی از «تشریع» در این کتاب چه بوده است. اما در دایره‌ی نخست اشاراتی به این مفهوم دارد، و به باور من این مفهوم را فراتر از معنای متعارف‌اش بکار برده است. می‌نویسد: «و امّ‌الکتاب، فطرتِ صافیه و طبیعتِ ساذجه‌ی انسانی است، که نسخه‌ی اصلیّه و کونِ جامعِ تکوین و تشریع هر دو اُو است» [۱۲]؛ «فلسفه‌ی تشریعی ... تأویل و تفسیرِ محکم و متشابهاتِ کتابِ شرع را می‌نماید». [۱۳]

به «تکوین و تشریع» می‌توان از دریچه‌های مختلفی نگریست، و من در ادامه بصورتی فشرده ــ تنها ــ از دریچه برخورد دستاوردهای علوم طبیعی و انسانی با دین و حکومت می‌پردازم. سخت بر این باورم که آقاخان کرمانی در کتاب پیش رو در راستای خردمدار کردنِ دین و حذف استبداد از حکومت کوشیده، و در این رابطه می‌توان روی‌هم‌رفته دو رویکرد از کتاب‌اش استخراج کرد.

رویکرد نخست، که تا حدود زیادی در قرن نوزدهم رایج بوده [۱٤]، تلاش برای همساز جلوه دادنِ دستاوردهای علوم طبیعی و انسانی با دین و مذهب است؛ رویکردی که هم ریشه در باورهای اعتقادی داشته و هم برخاسته از ملاحظات پراگماتیستی بوده است. این رویکرد در ذهنِ انسانِ امروزی، نوعی اعتباربخشی زمان‌پریشانه/پسینی (anachronistic) به ’متون مقدس‘ را تداعی می‌کند. مثلا آقاخان کرمانی متاثر از نظریه‌ی داروین درباره‌ی آدمی چنین می‌نویسد و در پایان آیه‌ای از قرآن را نیز با آن گفته سازگار می‌بیند: «و قبل از

پیدایشِ خط و قلم، جسمِ انسانی با جسمِ حیوانی و نباتی و جمادی متّحد بود، ولی اکنون جدا شده است به‌واسطه‌ی سطورِ الواح و تسطیراتِ قلم. و عنقریب، جسمِ حیوانی از نباتی نیز جدا خواهد شد به‌واسطه‌ی پیدایشِ حرکاتِ ماشینِ الکتریسته، و شاید بعد از این برای جسمِ نباتی هم مظهری پیدا شود، که ‹إنَّ یَوْمَ الْفَصْلِ کانَ مِیقاتاً›.» [١٥] دلیل اتخاذ این رویکرد را هم پیشاپیش در «دیباچه»ی کتاب توضیح داده است: «وقتی که یک مادّه را از طینت اشیاء استخراج می‌نمودم، اگر می‌دیدم از آیاتِ کُتُبِ سماوی یا از اقوالِ حکمای پیشین چیزی با آن مطابقت دارد، تطبیقاً آن سخن را در ذیل می‌نوشتم، نه این‌که آن را ابتدا سرمشق و آلتِ نظر و لحاظِ خود قرار داده باشم.» [١٦]

رویکرد دوم تلاش برایِ تعمیمِ قوانینِ طبیعی و دستاوردهایِ علومِ انسانی به مفاهیمِ کلیدیِ دین و مذهب است؛ رویکردی که در آن آقاخان کرمانی به دنبال سکولاریزه کردنِ این مفاهیم و به‌تبع آن، نوعی افسون‌زدایی از دین و مذهب است. به سخنی دیگر می توان گفت که او می‌کوشد تا مفاهیمِ کلیدیِ دین و مذهب را در چارچوبِ قوانینِ طبیعی و خردِ بشری بازتعریف کند. مثلا می‌نویسد: «اساسِ معرفتِ حقایقِ وجود بر شناختنِ بدا و قائل شدن به ناسخ و منسوخ است، والّا ظهورِ کمالاتِ وجودیّه هیچ معنی نخواهد داشت: ‹ما عُرِفَ اللهُ بِشَیْءٍ کَما عُرِفَ بِالْبَداءِ›. و معنیِ ناسخ و منسوخ آن نیست که آیه ثانی است، نخستین را ابطال و محو سازد و آن را الغاء نموده، معلوم کند که خطا و غلط و سهو بوده است، *بلکه ناسخ و منسوخ یا بدا امری است طبیعی در کُلِّ موجودات*، و هر چیزی در عالمِ وجود، همین که به کمال رسید، این صورت منسوخ شده، صورتِ اکمل ظاهر می‌شود. (...) معنیِ ناسخ و منسوخ یا بدا به حسبِ مآل یکی است. فقط فرقی که هست، بدا در آیاتِ تکوین است و ناسخ و منسوخ در آیاتِ تشریع.» [١٧] و: «لاجرم، پس از انشقاقِ قمر و موتِ طبیعیِ

او، تمامِ سطحِ زمین را الکتریسته فراخواهد گرفت: ‹و إِذَا بُعْثِرَ مَا فِی الْقُبُورِ›. و می‌توانیم جهنّم را در منابعِ غازات قرار دهیم و جنّت را در منابعِ الکتریسته و اقمار.» [۱۸] و همچنین پایان وتر دوم که موضوع‌اش حکومت است و در آن، خوانشی از حکمرانی در یونان باستان و تأثیر اندیشه‌های هابز و مونتسکیو ارائه شده، با رویکرد سکولاریزه کردن مفاهیم دینی و مذهبی دنبال شده و با جملات زیر به پایان می‌رسد: «و اما اهالیِ اروپا و مغرب به تعددِ آلهه، که نزدیک‌تر است به وحدتِ جمعیّه‌ی حیطیّه، قائل بودند و برای هر چیزی ربّی قرار دادند و خدای بزرگی چون رئیس‌الجمهور فائق بر همه تصوّر کردند که اقتداراتِ او محدود بود و از این‌جا پرنسیپِ رپوبلیک و حکومت‌های مشروطه در میانِ ایشان برخاست و اینان به وحدت و کثرت قائل‌اند (...).» [۱۹]

دو رویکردِ یادشده در تضاد با یکدیگر قرار دارند؛ چرا که در رویکرد نخست، دین و مذهب به‌عنوان منبع حقیقت تلقی می‌شوند (آنچه که علم امروز می‌گوید را دین قرنها پیش گفته است). در حالی‌که در رویکرد دوم، حقیقت دینی در چارچوب قوانین طبیعی و عقلانیت بشری بازتعریف شده و به‌نوعی تابع آن‌ها می‌شود («و می‌توانیم جهنّم را در منابعِ غازات قرار دهیم و جنّت را در منابعِ الکتریسته و اقمار.»)

ترجمه‌ی آیاتِ قرآن به فارسی بر مبنای ترجمه‌ی بهاءالدین خرمشاهی صورت گرفته و در معدود مواردی جهت سلیس شدن متن تغییراتی را لحاظ کرده ام. [۲۰] در برخی موارد که آقاخان کرمانی تنها بخشی از یک آیه یا عبارت عربی را نقل کرده، همه‌ی آن را در پانویس آورده‌ام تا مشخص کنم که تا چه اندازه آیه یا عبارت عربی خارج از بستر بازگو شده است. منبع ترجمه‌ی مطالب مرتبط به نهج‌البلاغه «پایگاه اطلاع رسانی حسین انصاریان» است. [۲۱] برخی از احادیث را در تارنمای «جامع الاحادیث» یافته‌ام و اطلاعات برآمده از

این پایگاه را در پانویسها بازگو کرده‌ام. [۲۲] منبعِ فرهنگِ لغتِ فارسی‌ای که به آن رجوع کرده‌ام روی‌هم‌رفته «دهخدا» است. [۲۳] مشخصات کامل منابعی که برای تشخیص اشعار بازگو شده از سوی آقاخان کرمانی مورد استفاده قرار گرفته‌اند و مشخصات کامل منابعی که به آنها در پانویسها ارجاع داده‌ام نیز در پایان همین پیشگفتار پیش رو آمده‌اند. [۲٤]

بسیارانی در شکل‌گیری این کتاب نقش داشته‌اند و بدون آنها این کتاب هیچ‌گاه نمی‌توانست بدین شکل منتشر شود، و تنها به دلیل شرایط حاکم بر ایران است که از فهرست نام‌شان خودداری کرده‌ام. باری، یادشان با من است و دستشان را دورادور می‌فشارم.

م. رضایی تازیک

فرودین ۱٤۰٤ برابر با آپریل ۲۰۲۵

سوئیس، زوریخ

پی‌نوشت‌ها:

۱. پیش از اینکه فهرستی از پژوهشهایی در باره آقاخان کرمانی و آثارش به دست دهم یادآوری چند نکته را ضروری می‌بینیم. نخست اینکه آقاخان کرمانی جزو اندیشمندان «نیمه تمام» است؛ یعنی اینکه باید این مهم را همیشه در پس ذهن داشت که او هیچ‌گاه زمان کافی برای تجدید نظر بنیادی در اندیشه‌های دینی‌اش نیافت؛ چرا که در سن تقریبا چهل و دو سالگی از عثمانی آن روز به ایران برگردانده و به فجیع‌ترین وضع ممکن کشته شد. دوم اینکه سخت بر این باورم که در تمام پژوهش‌هایی که من از آنها مطلع‌ام، ابعاد فکری آقاخان کرمانی (در رابطه با دین و نقد دین) در جامعیت ترسیم نشده‌اند، و پژوهش مانگول بیات فیلیپ (Mangol Bayat Philipp) تا حدودی یک استثناست. سوم اینکه اکثر آثار آقاخان کرمانی، پیش از اینکه به چاپ برسند، به صورت خطی تکثیر و مطالعه می‌شده‌اند. چهارم اینکه آثار از دست نرفته و چاپ نشده کرمانی در کتابخانه‌های ایران به صورت خطی موجودند.

الف) برای مطالعه کتابها و نامه‌های چاپ شده آقاخان کرمانی بنگرید به:

ـــ *ریحان بوستان‌افروز*، به کوشش م. رضایی تازیک، کانادا، نشر آسمانا، ۲۰۲۵

ـــ *فن گفتن و نوشتن*، به کوشش م. رضایی تازیک، کانادا، نشر آسمانا، ۲۰۲۵.

ـــ *تاریخ شانژمانهای ایران*، به کوشش م. رضایی تازیک، کانادا، نشر آسمانا، یکم آگوست ۲۰۲٤.

ـــ *رضوان*، تصحیحِ هارون وهومن، لس آنجلس، شرکت کتاب، چاپ نخست، پائیز ۱۳۸٦ / ۲۰۰۷ میلادی.

ـــ *هفتاد و دو ملت*، با مقدمه‌هایی از حسین کاظم‌زاده ایرانشهر و محمد خان بهادر، برلین، چاپخانه ایرانشهر، چاپ نخست ۱۳۰٤ خورشیدی / ۱۹۲۵ میلادی. [این کتاب از جمله از سوی نشر البرز به تاریخ تیر ۱۳۸۷ برابر با ۲۰۰۸ میلادی بازنشر شده].

ـــ ترجمه *عهدنامه مالک اشتر*، تهران، ۱۳۲۱. [این کتاب را ندیده‌ام و به توضیحات آدمیت تکیه کرده‌ام (آدمیت، *اندیشه‌های آقاخان کرمانی*، ص. ٦۷)].

ـــ *آیینه‌ی سکندری*، به اهتمام علی اصغر حقدار، تهران، نشر چشمه، چاپ نخست، پائیز ۱۳۸۹. [این کتاب نخستین بار در تهران در سال ۱۳۲٦ منتشر شده (آدمیت، *اندیشه‌های آقاخان کرمانی*، ص. ۵۵)].

ـــ هشت *بهشت*، بی‌جا و بی‌تاریخ. [فریدون آدمیت تاریخ انتشار این کتاب را از ناشر جویا شده و آن را «تهران، مرداد ۱۳۳۹ شمسی» ذکر کرده (آدمیت، *اندیشه‌های آقاخان کرمانی*، ص. ٦۳، پانویس ۲). نسخه‌ای از این کتاب نیز از سوی «پیروان آئین مقدس بیان» در زمستان سال ۲۰۰۱ میلادی منتشر شده است].

ـــ *ان شاء الله ماشاء الله*، تصحیح هارون وهومن و بیژن خلیلی، لس آنجلس، شرکت کتاب، چاپ نخست، پائیز ۱۳۸٦ / ۲۰۰۷ میلادی. [دو نسخه‌ی خطی ضمیمه این کتاب‌اند. این کتاب از جمله به آلمانی ترجمه شده است. بنگرید به:]

Rezaei-Tazik, Mahdi; Mäder, Michael: «Gottvertrauen auf dem Prüfstand – Ein Disput iranischer Intellektueller», in: *Wissenschaft, Philosophie und Religion — Religionskritische Positionen um 1900*, published by Anke von Kügelgen, Berlin, Klaus Schwarz Verlag, first edition, 2017, pp. 196-228.

ـــ *سه مکتوب*، به کوشش و ویرایش بهرام چوبینه، فرانکفورت آم مین، نشر البرز، چاپ نخست، آپریل ۲۰۰۵.

ـــ *صد خطابه*، به کوشش محمد جعفر محجوب، لوس آنجلس، شرکت کتاب، ۲۰۰٦. [کار محجوب بهترین ضبطی است که من تا به حال از این کتاب دیده‌ام. کسان دیگری

هم از جمله محمد خان بهادر پیش از انقلاب اسلامی و هارون وهومن پس از انقلاب اسلامی این کتاب را منتشر کرده‌اند].

ــ *سالارنامه [نامه باستان]*، به تصحیح، مقدمه و تعلیقات حمیدرضا خوارزمی و وحید قنبری ننیز، تهران، نشر تاریخ ایران، چاپ نخست، ۱۳۹۸. [خوارزمی و قنبری ننیز *سالارنامه* را منتسب به آقاخان کرمانی و احمد بن ملاحافظ کرمانی دانسته‌اند؛ شاید به این دلیل که احمد بن ملاحافظ کرمانی دنباله *نامه باستان* را از آغاز اسلام تا زمان مظفرالدین شاه سروده و در چهارچوب جلد دوم با عنوان *سالارنامه* منتشر کرده است. (بنگرید به مقدمه ویراستاران یادشده و همچنین آدمیت، *اندیشه‌های میرزا آقاخان کرمانی*، ص. ٥٤)].

ــ مقالات منتشر شده در «اختر» استانبول.

ــ *نامه‌های تبعید*، به کوشش هما ناطق و محمد فیروز، کلن، چاپ افق، چاپ دوم، پائیز ۱۳٦۸. [این کتاب از جمله در برگیرنده ۳۵ نامه از کرمانی به میرزا ملکم خان است. ۲۸ نامه از کرمانی (همراه با عکسی از آنها) نخستین بار از سوی سروان محمد کشمیری با عنوان «نامه‌هائی از میرزا آقاخان کرمانی» در مجله‌ی «بررسی‌های تاریخی»، شماره ٤ و ٥، سال چهارم، پیش از انقلاب اسلامی، منتشر شدند].

ب) برای مطالعه (برخی از) آثاری که درباره‌ی آقاخان کرمانی نوشته شده‌اند بنگرید به:

ــ افضل‌الملک، محمود [برادر شیخ احمد روحی]: *شرح حال میرزا آقاخان کرمانی*، نسخه‌ی خطی موجود در «کتابخانه مرکزی و مرکز اسناد دانشگاه تهران ــ بخش دیداری و شنیداری»، بدون تاریخ. [در خود متن عنوان کتاب «شرح زندگانی میرزا آقاخان، فیلسوف کرمانی» ذکر شده. این کتاب در مقدمه «هشت بهشت» آقاخان کرمانی، که گفته می‌شود احمد روحی نیز در نگارش‌اش دخیل بوده، آمده است].

پیشگفتار مصحح

ــ کرمانی، ناظم الاسلام: *تاریخ بیداری ایرانیان*، بخش اول، انتشارات آگاه، انتشارات بنیاد فرهنگ ایران، انتشارات لوح، به اهتمام علی اکبر سعیدی سیرجانی، تابستان ۱۳۵۷، صص. ۱۱ ــ ۱۲. [این کتاب برآمده از ثبت دیده و شنیده‌های ناظم الاسلام کرمانی است که از ذی الحجه ۱۳۲۲ (برابر با بهمن ۱۲۸۳ / فوریه ۱۹۰۵) آغاز شده‌اند].

ــ پدیدار، ر.: *نقد اندیشه‌ی میرزا آقاخان کرمانی*، به کوشش محمد علی تحویلی، انتشارات گام، چاپ دوم، تابستان ۱۳۳۷. [چاپ نخست کتاب به تاریخ آبان ماه ۱۳۰۵ صورت گرفته. در «توضیح ناشر»، در صفحه ۵، از جمله آمده است که «این رساله در سال ۱۳۰۵ شمسی نوشته شده و طی همان سال در شماره‌های ۸ ــ ۹، ۱۰ ــ ۱۱ و ۱۲ مجلهء فرهنگ بچاپ رسیده.» در این کتاب اندیشه‌های آقاخان کرمانی عمدتا بر مبنای کتابهایی چون «سه مکتوب» و «صد خطابه»، و از دریچه اندیشه‌های مارکسیستی / نبرد طبقاتی تجزیه و تحلیل شده‌اند و ناسیونالیسم نژادی مطرح شده از سوی او مورد نقد قرار گرفته است].

ــ آدمیت، فریدون: *اندیشه‌های میرزا آقاخان کرمانی*، انتشارات پیام، تهران، چاپ دوم، ۱۳۵۷. [فریدون آدمیت نخستین پژوهشگری است که کوشیده است آثار آقاخان کرمانی را در جامعیت معرفی کند؛ اما خوانشی که از دین و نقد دین در اندیشه او به دست داده یک سویه است. او از آقاخان کرمانی سیمای یک شخصیت سکولار را به دست داده؛ خوانشی که با جامعیت آثار او همخوانی ندارد].

- Bayat-Philipp, Mangol: *Mirza Aqa Khan Kirmani: a nineteenth century Persian revolutionary thinker*, Los Angeles: University of California (PhD), 1971.
- Bayat-Philipp, Mangol: «Mīrzā Āqā Khān Kirmānī: a Nineteenth-Century Persian Nationalist», in: *Middle Eastern Studies* 10 (1974), pp. 36-59.
- Bayat-Philipp, Mangol: «The Concepts of Religion and Government in the Thought of Mīrzā Āqā Khān Kirmānī, a Nineteenth-Century Persian Revolutionary», in: *International Journal of Middle Eastern Studies* 5 (1974), pp. 381-400.
- Bayat, M.: «Āqā Khān Kermānī», in: *Encyclopaedia Iranica, Last Updated: August 5, 2011,* accessible via:

«https://iranicaonline.org/articles/aqa-khan-kermani» (Last access: March 2024).

[تا آنجایی که من مطلع‌ام، این مهم که صفحات نخستین «سه مکتوبِ» کرمانی نوعی رونویسی از «مکتوباتِ» فتحعلی آخوندزاده است، از دیده مانگول فیلیپ بیات پنهان مانده].

ــ بختیاری، منوچهر: *کارنامه و تاثیر دگراندیشان ازلی در ایران ــ جدال حافظه با فراموشی*، انتشارات فروغ، کلن، چاپ نخست، پائیز ۱۳۹۵ / ۲۰۱۶ میلادی. [این کتاب حاوی منابع و اطلاعات بسیار فراوانی در باره آثار، فعالیتها و تاثیر اندیشه‌های آقاخان کرمانی بر نسلهای بعد می‌باشد؛ و روی‌هم‌رفته می‌توان گفت که بختیاری، اندیشه‌های آقاخان کرمانی را از دریچه‌ی بابیسمِ ازلی تجزیه و تحلیل کرده است].

ــ عبدالمحمدی، پژمان: *تأثیر اندیشهء سیاسی میرزا آقاخان کرمانی بر انقلاب مشروطه ایران*، ترجمه‌ی عرفان آقایی، بازنشر شده در سایت «جنبش سکولار دموکراسی ایران»، مرداد ۱۴۰۱ برابر با آگوست ۲۰۲۲. [عبدالمحمدی در این مقاله آقاخان کرمانی را یک اندیشمند سکولار (در معنای سیاسی و فلسفی کلمه) دریافته؛ دریافتی که با جامعیت آثار آقاخان کرمانی همخوانی ندارد].

«https://isdmovement.com/2022/0822/081122/081122.Pejman-Abdolmohammadi-Re-Mirza-Agha-Khan-Kermanyhtm.htm» (Last access: March 2025).

ــ آجودانی، ماشاءالله: *هدایت، بوف کور و ناسیونالیسم*، انتشارات فروغ و انتشارات خاوران، پاریس و کلن، چاپ دوم، زمستان ۱۳۹۲ (۲۰۱٤)، چاپ نخست پائیز ۱۳۸۵ (۲۰۰٦). [آجودانی در این کتاب نیم‌نگاهی هم به تاثیر اندیشه‌های آقاخان کرمانی بر صادق هدایت داشته].

– Rezaei-Tazik, Mahdi: *Ahmad-e Kasrawīs Konzept einer «reinen Religion» (pākdīnī) im Dienste eines vereinten und fortschrittlichen Iran: Ein Beitrag zur Religionskritik im Iran*, (PhD, 2021), accessible via: «https://boristheses.unibe.ch/4295/21/21rezaei_m.pdf» (Last access: March 2025).

[در این کتاب/پایان‌نامه دکترا از جمله به تاثیراتی که کسروی از کرمانی گرفته پرداخته‌ام].

۲. آدمیت، *اندیشه‌های میرزا آقاخان کرمانی*، ص. ٦٠.

۳. آدمیت، *اندیشه‌های میرزا آقاخان کرمانی*، ص. ٦٠. (در صفحه ٦١ این کتاب عکسی از یکی از نسخه‌های *تکوین و تشریع* چاپ شده و در زیر آن این شرح آمده است: «تصویر صفحه اول از کتاب *تکوین و تشریع*. نسخهء خط میرزا آقاخان در تصرف آقای علیمحمد قاسمی»).

٤. این نسخه در کتابخانه مجلس شورای اسلامی، با شماره های ۲۱۰٤۹۲ و ۲۱۰٤٥۹ با عنوان «تکوین و تشریح» در دو جلد موجود است. (کاتب بجای «تشریع»، «تشریح» استنساخ کرده است).

٥. آنچه که فریدون آدمیت در کتاب *اندیشه‌های میرزا آقاخان کرمانی*‌اش از کتاب «تکوین و تشریع» بصورت مستقیم و غیر مستقیم نقل کرده اما در نسخه‌ای که پایه‌ی کار کتاب پیش رو شده، نیامده‌اند، بشرح زیرند:

ــ «این عالم از ماده متشکل شده، و از ادراک محروم است» (نقل قول مستقیم، ص. ٨٤).

ــ «نه تنها می‌توان انسان را نوعی از حیوان شمرد بلکه باید گفت مجموع این موالید سه‌گانه (گیاه و حیوان و انسان) عبارت از انواع متفاوت چند است که در یک سلسله تدریجا ترقی کرده‌اند و نوع انسان اشرف از باقی است» (نقل قول مستقیم، ص. ۹۷).

ــ «عقل انسانی» (نقل قول مستقیم، ص. ۹۷).

ــ «اما باید دانسته شود که ‹میان انتظام عالم عقلی و مادی خیلی تفاوت است› چه ‹ماده دائما مطیع قوانین طبیعت› است و در آن کسالت و فراموشی و هوسهای آدمی

دخالتی ندارد. به همین جهت ‹انتظام عالم ماده بیشتر از عالم عقلی است›» (نقل قول مستقیم و غیر مستقیم، ص. ۹۹).

ــ «و همهء فعالیتهای عصبی زادهء ‹افعال کیمیاوی بدن› است. گو اینکه انسان خفته ‹فارغ از اندیشه› است» (نقل قول مستقیم و غیر مستقیم، ص. ۹۹).

ــ «و هر آینه ‹افکار یک نفر حشیشی را بنویسند در شبانه‌روز از یک کتاب روضه الصفا بیشتر خواهد شد›». (نقل قول مستقیم و غیر مستقیم، ص. ۱۰۰).

ــ «جهان هستی ‹از حرکات ماده متشکل شده، و از ادراک محروم است›» (نقل قول مستقیم و غیر مستقیم، ص. ۱۰۱).

ــ «به جهت زندگانی در میان جمعیت آفریده». (نقل قول مستقیم، ص. ۱۰۹).

ــ «درجه اختلاف استعداد و قوای روحانی افراد بیشتر از اختلافی که در اشکال و قوای جسمانی ایشان مشاهده می‌شود نیست. این است که قاعده کلیه در میان بنی نوع انسان مساوات است، یعنی بالذات افراد انسان باید مساوی باشند.» (نقل قول مستقیم، ص. ۱۱۰).

ــ «به طوری که اصحاب ‹نهیلیسم› می‌گویند ‹عدم مساوات› که اکنون در میان افراد هیئت جامعه مشاهده می‌گردد، مثل فقر و توانگری، امری غیر طبیعی و از عوارض اجتماع مدنی می‌باشند. یعنی تربیت و حکومت و دیگر متعلقات تمدن عدم مساوات را بوجود آورده‌اند.» (نقل قول غیر مستقیم و مستقیم، ص. ۱۱۱).

ــ «آن قدرت فعاله انسان را به سوی ترقی سوق می‌دهد. مادامی که ‹تحولات و انقلابات بر وفق سلوک طبیعی و داخل در سلسله نظام وجود› باشند آدمی در راه پیشرفت و نیکبختی گام برمی‌دارد، یعنی به سوی ‹مقصد اصلی طبیعی› می‌رود. و آن منشا ‹خیر› است. هر آینه عامل یا عوامل دیگری که مغایر آئین طبیعت باشند دخالت کنند سیر طبیعی را متوقف و یا آنکه آنرا از مدار خود منحرف می‌گردانند و هیئت اجتماع را به قهقرا می‌کشانند. و آن منشأ ‹شر› است.» (نقل قول غیر مستقیم و مستقیم، ص. ۱۱۳).

پیشگفتار مصحح

ــ «برای اینکه حقوق طبیعی افراد را بشناسیم باید در احوال انسان پیش از تشکیل ‹جمعیت‌های بشریه› بنگریم. در آن زمان آدمی از آزادی و برابری مطلق برخوردار بود و رادعی در پیش پا نداشت. با تاسیس جامعه، حقوقی ‹در میان افراد نسبت به یکدیگر و به هیئت مجموع› پیدا شد که به صورت قوانین شرعی یا وضعی درآمد. اما باید دانسته شود که احکام طبیعی نه فقط مقدم‌ترین قوانین‌اند بلکه ثابت‌ترین و معتبرترین قواعد بشمار می‌آیند. (نقل قول غیر مستقیم و مستقیم، ص. ۱۱۸).

ــ «قانونگذار حکیم کسی است که تمام احوال مدنی ملتی را در مد نظر داشته باشد و پس از آن به وضع قانونی که در خور اوضاع آن باشد قدم بردارد. و چه بسیار احکام مضبوط و استوار هستند که به حالت قومی وحشی و نادان ابدا سازگار نباشند. از اینجا بود که چون افلاطون را تکلیف تنظیم قانون در میان مردم آرکادی و سیره نی نمودند تن در نداد چه می‌دانست در میان آن دو قوم توانگران و ارباب ثروت و قدرت از قدیم بسیارند و ‹مساوات حقوق را تحمل نتوانند کرد›. به همین قیاس هر چه ‹مینوس› تلاش کرد که به قوت احکام و قواعد حکومت عدل را برای مردم کرت بنیان نهد کامیاب نگردید و ‹تازیانه حکومت› طبع شریر آن مردم را رام نساخت. و نیز به همان ماخذ تدابیر و ابداع‌های پطر کبیر در ترقی ملت روس بسیار موثر افتاد اما احوال روسیان ‹موافقت با مساوات حقوق نداشت›». (نقل قول غیر مستقیم و مستقیم، ص. ۱۱۹).

ــ «قاعده دیگر اصل ‹تبدل قوانین› است در سیر زمان: قاعده یتغیر الاحکام به یتغیر الزمان و الامکانه در هر حال جاری و ساری است. از اینجاست که منتسکیوی حکیم در ‹روح القوانین› می‌گوید انسان به یک حال نمی‌ایستد پس قوانین نیز تغییر پذیرند. خلاصه اینکه مدنیت دائما راه ترقی می‌سپرد و منافع و نیازمندی‌های هیئت اجتماع تحول می‌پذیرند. لاجرم ‹لزوم تبدیل قوانین که تابع آن تبدلات است امری طبیعی› خواهد بود. از اینروست که آرای منتخب جامعه یعنی قانونگذاران و پاسداران حقوق در تطبیق و اجرای قواعد تعدیل و تاویل را لازم می‌شمارند تا ‹احکام قانون همگانی

۲۷

و عام‌الشمول باشد و به طریق تواطی بر همه موارد مصداق کند.›» (نقل قول غیر مستقیم و مستقیم، ص. ۱۲۰).

ـ «آدمی مظهر عقل است و ‹توسع تعقل او محدود نیست ... مستعد از برای ترقیات لایتناهی است›. انسان حسی فعلی در ‹مدینهٔ حاصلهٔ حاضره› بسر می‌برد و انسان کامل عقلی در جستجوی ‹مدینهٔ فاضلهٔ نورانیه› اصحاب افلاطونی است یعنی مدینه‌ای که به ‹نظام عقلی› منتظم و مضبوط باشد. بدیهی است که چنین ‹شهر›ی موجود نیست. اما ‹سخنی که هست در این است که انسان حسی دائما باید به سوی افق انسان عقلی حرکت کند و این مدینهٔ حاضره را نیز باید دائما به سوی مدینهٔ فاضله ترقی بدهد›. و همه گفتگوهای حکمای دهر و ‹حرکات وجودیه› برای این است که ‹انسان صوری حسی حرکت و ترقی نموده انسان عقلی روحانی بشود›. اگر بگویند محال است به آن رتبه رسد ‹جواب می‌دهیم که به هر درجه رو به افق انسان عقلی حرکت بکند مغتنم است. و اگر بنا شد مقداری از این راه پیمودنش ممکن باشد طی باقی مسافت هم ممکن است... و به هر درجه که عالم انسان رو به افق اعلی ترقی می‌کند اجسام دنیویه نیز همراه او ترقی می‌نمایند›. با مقایسه اعصار گذشته و زمان حاضر می‌بینید که چقدر مقام آدمی رو به کمال سیر کرده است و هر آئینه ‹نقطهٔ منتهی الیه حرکت معلوم نبود این سلوک و ترقی امکان نداشت›. افلاطون در کلمات بلند خود انسان حسی را صنم انسان عقلی می‌خواند و مدینهٔ موجود را سایهٔ مدینهٔ فاضله می‌فرماید. اگرچه کوته‌نظران این اندیشه را استهزاء نموده‌اند و هر خیال باطل غیر واقعی را به خیال افلاطونی مثل زده‌اند، اما ارسطو نیز در ‹اثولوجیا› اعتقادش به عینه همین است. ‹چه اگر این اعتقاد نباشد راه ترقی در عالم انسانیت مسدود می‌شود›. و ‹این است کمال منتظر و سعادت حقیقی... و تا دنیا بدین درجه تغییر نکند بنی آدم بر تخت سعادت اصلی خود نخواهد نشست›». (نقل قول غیر مستقیم و مستقیم، ص. ۱۲۹ تا ۱۳۰).

ـ «مثلا زردشت از ایران برخاست، و رسالتش این بود که مردم را از عقاید باطل مخرب هستی، و ایمان به احکام آسمانی و بخت و طالع که زندگانی روزمرهٔ ملت را

به فساد کشانیده بود برهاند. آن پیامبر فیلسوف فاعل خیر و شر را از هم جدا ساخت ولی هر دو را خالق و موثر در عالم وجود می‌دانست، و جزر و مد جهان ‹طبیعت و ماده› را به کشاکش آن دو نیرو نسبت می‌داد. اما در اقوام دیگر تصور خالق یکتا و ایزد لم یزل پیدا شد و تمام مفاهیم کمالیه را با او متحد ساختند، و به وحدت وجود و صانع مدرک اعتقاد یافتند. به هر حال وجه مشترک همهء ادیان ‹خداتراشی› بود و ‹باورانیدن›؛ منطق و برهان در کار نبود.» (نقل قول غیر مستقیم و مستقیم، ص. ١٣٦).

ــ «و نیز باید دانست که هر طایفه‌ای دربارهء آفرینش سخنی گفته‌اند. حتی بعضی از معتقدان به وحدت وجود مانند براهمه و جوکیان هند گفته‌اند خداوند به خواب رفته و عالم وجود سراسر صور رویای است و آنروزی که ایزد از این خواب دور و دراز بیدار گردد نمایش‌های سرابی جهان هستی به کلی از بین بروند و به جز وجه لایزال چیزی باقی نماند. پاره‌ای دیگر این تعبیر عجیب را آورده‌اند که ‹خدا چنان باد کرده که تمام وجود را به ذات خود پر نموده است. و به عبارت اخری معنی خلقت و آفرینش را ورم ذات حق دانستند که تنزل علت باشد به مرتبهء معلوم›» (نقل قول غیر مستقیم و مستقیم، ص. ١٣٧).

ــ «قانون بودا که موول آئین برهما می‌باشد نسبتش با شریعت برهما نسبت عیسی است با موسی». (نقل قول غیر مستقیم، ص. ١٤١).

ــ «در کتاب تکوین و تشریع نیز نام ‹بوراقش› را جزو حکمای مادی یونان آورده است.» (نقل قول غیر مستقیم، ص. ١٧٧، پانویس چهارم. [چنین نامی در نسخه‌ی خطی‌ای که پایه کار من قرار گرفته نیامده است]).

ــ «روحانیان ما با آنکه از صوفیان پرهیز می‌جویند و آنان را لعن می‌گویند ‹در سلوک وجودی و بالمآل همان مسلک شوم را که انزوا و گوشه گیری و عدم مداخله به امور سیاسی باشد پیش گرفته‌اند... یک کلمه از سیاسیات نمی‌فهمند، و اطاعت هر حکومت دیسپوتی را علی العمیه اقدس وظایف دینیهء خود می‌شمارند›». (نقل قول غیر مستقیم و مستقیم، ص. ٢٠٥ تا ٢٠٦).

ــ «از این گذشته هیچیک از آداب و اخلاق مدنی ایرانیان نیست که از تعرض رسوم تازیان ایمن مانده باشد. این طرز نشستن و مانند حیوانات سر را به زیر انداختن و غذا خوردن منافی طبیعت است» (نقل قول غیر مستقیم، ص. ۲۰۷).

ــ «در فن زیباشناسی تا به حال هیچ معیار قطعی و تعبیر مطلقی که بتوان معیار و ماخذ تمیز زیبایی و زشتی قرار داد نیافته‌اند مگر ذوق و سلیقه که به زبان فرانسوی Sense de Beauté می‌گویند.» (نقل قول غیر مستقیم، ص. ۲۱٤).

ــ «‹هروئیک› (Héroique) رزمنامه و احوال پهلوانان» (نقل قول غیر مستقیم، ص. ۲۱۸).

۶. این کتاب در کتابخانه عمومی رئیسی اردکانی شیراز با عنوان «تکوین و تشریح» [تشریع] موجود است.

۷. احمد کسروی، در بخشِ نخستِ کتاب «بهائیگری»اش به «مهدیگری»، «شیعیگری» و جان سخن شیخ احمد احسائی (۱۷۵۳–۱۸۲۶) پرداخته و نشان داده است که اندیشه‌های او (که ریشه در شیعیگری و فلسفه یونان داشته‌اند) چگونه مسبب پیدایش بابیسم و بهائیت شده‌اند. (کسروی، احمد: *بهائیگری*، [آلمان]، انتشارات مهر، بی تاریخ. [چاپ نخست: بهمن ماه ۱۳۲۲).

همچنین بنگرید به مقاله‌ای در باره احسائی در «ایرانیکا»:

https://www.iranicaonline.org/articles/ahsai-shaikh-ahmad (Last access: March 2025).

۸. آقاخان کرمانی، هشت *بهشت*، (نسخه چاپی یادشده)، ص. ۷۸.

9. Browne, E. G.: «Catalogue and Description of 27 Bábí Manuscripts», in: Journal of the Royal Asiatic Society of Great Britain and Ireland, (Oct., 1892), pp. 637-710, here p. 682.

همچنین بنگرید به نامه‌های میرزاآقاخان کرمانی و احمد روحی به پروفسور بروان که در آرشیو بروان موجود و قابل درخواست است.

https://www.fihrist.org.uk/catalog/manuscript_623 (Last access: March 2025).

۱۰. *تکوین و تشریع*، وتر دوم، فروغ هفدهم.

۱۱. *تکوین و تشریع*، وتر نخست، جوهر نوزدهم.

۱۲. *تکوین و تشریع*، مقدمه‌ی کتاب، اصل نوزدهم.

۱۳. *تکوین و تشریع*، وتر دوم، فروغ هفدهم.

۱٤. پیش از آقاخان کرمانی بسیارانی بیشتر به دلائل عملگرایانه/پراگماتیستی (یعنی بدون هیچ اعتقادی) این رویکرد را برگزیده بودند؛ مثلا میرزا یوسف خان مستشار الدوله در یک *کلمه*‌اش و یا میرزا ملکم خان ناظم‌الدوله در روزنامه *قانون*‌اش. و مکتب شیخیه و بابیه در اتخاذ این رویکرد احتمالا بی‌تاثیر نبوده‌اند؛ چرا که آقاخان کرمانی می‌نویسد: «و پاره‌ای عالمِ تکوین را به تشریع تطبیق کردن خواستند، مانندِ بزرگانِ شیخیّه و اصحابِ ب [بیان]». (*تکوین و تشریع*، وتر دوم، فروغ شانزدهم). تا آنجا که من می‌دانم، تنها کسی که در قرن نوزدهم به درستی یا نادرستی به‌روشنیِ تمام بر ناسازگاری میان دین از یک سو و علم و پیشرفت از سوی دیگر تأکید می‌ورزید، میرزا فتحعلی آخوندزاده بوده است.

۱۵. *تکوین و تشریع*، مقدمه‌ی کتاب، اصل شانزدهم.

۱٦. تکوین و تشریع، دیباچه‌ی کتاب. (تاکیدها از من‌اند).

۱۷. *تکوین و تشریع*، مقدمه‌ی کتاب، اصل نوزدهم. (تاکیدها از من‌اند).

۱۸. *تکوین و تشریع*، وتر اول، جوهر نهم.

۱۹. *تکوین و تشریع*، پایان وتر دوم.

۲۰. ترجمه قرآن از بهاءالدین خرمشاهی، [تهران]، انتشارات دوستان، چاپ ششم، زمستان ۱۳۸٦.

۲۱. بنگرید به:

https://erfan.ir/farsi (Last access: March 2025).

۲۲. بنگرید به:

https://hadith.inoor.ir/fa/home (Last access: March 2025).

۲۳. بنگرید به:

https://icps.ut.ac.ir/fa/dictionary (Last access: March 2025).

۲٤. منابع به شرح زیرند (برخی را پیشتر به دست داده ام):

آخوندزاده، میرزا فتحعلی: *مکتوبات*، به کوشش باقر مومنی، تبریز، انتشارات احیا، ۱۳۵۰.

آخوندوف، فتحعلی: *الفبای جدید و مکتوبات*، به کوشش حمید محمدزاده، باکو، نشریات فرهنگستان علوم جمهوری شوروی سوسیالیستی آذربایجان، ۱۹٦۳.

بهاء الدین محمد عاملی (شیخ بهائی): *کشکول*، ترجمه بهمن رازانی، تهران، انتشارات زرین، چاپ شانزدهم، ۱۳۷۷.

دیوان خواجه شمس الدین محمد حافظ شیرازی قد سرّه العزیز، باهتمام محمد قزوینی و دکتر قاسم غنی، چاپ سینا، تهران، بی تا.

دیوان وحشی بافقی، ویراسته حسین نخعی، تهران، چاپخانه سپهر، چاپ پنجم ۲۵۳۵.

کلیات سعدی، به تصحیح محمد علی فروغی، تهران، چاپخانه بروخیم، ۱۳۲۰.

شاه نعمت الله ولی: *دیوان شاه نعمت الله ولی*، با مقدمه استاد سعید نفیسی و حواشی از م. دوریش، نشر باران، بی جا، بی تا.

مجموعه *آثار شیخ محمود شبستری*، بکوشش صمد موحد، تهران، طهوری، ۱۳۷۱.

فردوسی، ابولقاسم: *شاهنامه*، دفتر یکم، بکوشش جلال خالقی مطلق، نیویورک، بیبلیوتکا پرسیکا (Bibliotheca Persica)، ۱۳٦٦.

کسروی، احمد: *بهائیگری، شیعیگری، صوفیگری*، [آلمان]، انتشارات مهر، بی تاریخ.

کلیات حکیم نظامی گنجوی: تعلیقات: مخزن الاسرار، خسرو و شیرین، لیلی و مجنون، هفت پیکر، شرفنامه و اقبالنامه [اسکندرنامه]، از روی نسخه تصحیح شده استاد وحید دستگردی، تهران، نشر بهزاد، ۱۳۷۸.

محمد گمینی، امیر: «رویارویی با نظریه تکامل داروین در عصر قاجار: شیخ محمدرضا اصفهانی و تکامل انسان»، در: *تاریخ علم*، دوره ۱۲، شماره ۲، پاییز و زمستان ۱۳۹۳، صص. ۲۹۷ تا ۳۵۰.

مثنوی معنوی، مجلدات اوّل و دوّم و سوّم، بتصحیح و پیشگفتار عبدالکریم سروش، تهران، شرکت انتشارات علمی و فرهنگی، چاپ دوم، ۱۳۷۶.

مثنوی معنوی، مجلدات چهارم و پنجم و ششم، بتصحیح و پیشگفتار عبدالکریم سروش، تهران، شرکت انتشارات علمی و فرهنگی، چاپ دوم، ۱۳۷۶.

میرزا ملکم خان: *رساله‌های میرزا ملکم خان ناظم الدوله*، به کوشش حجت الله اصیل، تهران، نشرِ نی، ۱۳۸۱.

میرزا ملکم خان: مجموعه *آثار میرزا ملکم خان*، به کوشش محمد محیط طباطبائی، [تهران؟]، انتشارات علمی، ۱۹۴۸.

نورالدّین عبد الرّحمن جامی: *دیوان جامی*، باهتمام ح. پژمان، انتشارات حسین محمودی، بی جا، بی تاریخ.

تکوین و تشریع

تکوین و تشریع[1]

[دیباچه]

هُو اللّه تعالی شأنه

بر هیچ کس پوشیده و پنهان نیست که مقصودِ مؤلّف در این کتاب بیانِ حقیقتِ اشیاء و مبادی و نتایجِ هر چیز است، بر وجهی که بدونِ التزام [به] طرفی یا تقیّد به سَمتی، فقط از روی عشقِ خالص به حقیقتِ مبادیِ اشیاء برحسبِ تاریخِ طبیعی و به انضمامِ دلایِل عقلی. و در اتخاذِ نتیجه، همه‌جا، تنها تابعِ ذوقِ زلالِ صافی و ذهنِ مقوَّمِ خود بوده‌ام. و مقصودم تطبیق و توفیق با نفس‌الأمر بوده، و جز به میدان آمدن و فهمیدنِ هر چیز کَما هیَ علیه،[2] مقصودی و غرضی نداشته‌ام. اگرچه بعد از آن[3] می‌دیدم که اغلبِ مکاشفات را دیگران، خودبه‌خود، به آن‌چه من به ذوقِ صافیِ خود فهمیده‌ام مطیع و تابع می‌شوند، ولی نزدِ وجدانِ خود مجتهد بودم نه مقلّد.

وقتی که من به آثارِ قدیمه و مبادیِ طبیعتِ اشیاء مراجعه نمودم و روحِ آن‌ها را استخراج کردم، دیدم همه[4] اشیاء متشابه را از یکدیگر تشبیه توانم کرد؛ پس، بنایِ خود را گذاردم بر جمعِ[5] مختلفات و فرقِ متشابهات و منتها

---

۱. در نسخه‌ی خطی: «تکوین و تشریح».

۲. یعنی: «همان‌طور که هست».

۳. در نسخه‌ی خطی: «ان».

٤. در نسخه‌ی خطی: «هم».

۵. در نسخه‌ی خطی: «جمیع».

(پرنسیپ)[1] و طرح‌های کتاب را از روی خیالاتِ خود و اقوالِ دیگران بیرون نیاوردم، بلکه از حاق[2] طبیعت و جوهرِ فطرتِ اشیاء استخراج نمودم، و نقطه‌یِ استنادِ من، همه‌جا، مناسباتِ طبیعیِ موجودات بود. و هرچه را استنباط می‌نمودم، جز قاعده‌ی تناسب، رهبری نداشتم، زیراکه اغلبِ حقایق بنفسها معلوم نمی‌شود، مگر بعد از کشفِ سلسله‌ای که آن‌ها [را] به هم مربوط ساخته و اسبابی که آن سلسله را رنگِ تناسب می‌کشد.

پس اگر در میانِ مضامینِ این کتاب چیزی برخلافِ مأمولِ خواننده دیده شود، قبل از مطالعه‌ی تمامِ کتاب و احاطه‌ی بالاطراف بر صفحات آن،[3] اعتراض آغاز نکند. و اگر پاره‌ای[4] مطالبِ این کتاب را ببیند که طرح‌های چندین‌ساله را خراب می‌کند [در دم][5] نیاشوبد [و] فوراً مضطرب نگردد، زیراکه چون نیک دقّت کند، [در]می‌یابد که من هر طرح (پلان)[6] کوچک‌تری را که برانداخته‌ام، به‌جای آن، طرحِ عال‌العال[7] و اساسی قوی‌بنیاد افراخته‌ام و اگر کلبه‌ی محقّری را ویران کرده‌ام، در عوض، کاخی رفیع ساخته‌ام.

---

۱. در نسخه‌ی خطی: «پرنسیب».

۲. یعنی: «نفس الامر»، «حقیقت امر و مغز آن»، «اصل شی».

۳. در نسخه‌ی خطی: «آل».

۴. در نسخه‌ی خطی: «پارهٔ».

۵. در کتاب «اندیشه‌های میرزا آقاخان کرمانی» از فریدون آدمیت «در دم» نیز ضبط شده است (ص. ۸۰).

۶. در نسخه‌ی خطی: «بیلان».

۷. احتمالا در اینجا به معنای «بلندپایه» و «ممتاز» بکار رفته است.

بیفکَندم آن‌گونه کاخی بلند
که از باد و باران نیابد گزند[1]

و از خواننده‌ی این اوراق تمنّا دارم که اگر پاره‌ای چیزها برخلافِ [رأی] کوته‌نظران در این‌جا ببیند، از روی غرضِ مؤلّف نداند، زیراکه، طبعاً و بالذّات، بر کسی خیالِ انکار و اعتراض عمداً نداشته‌ام، بلکه منظورم جمع و محاکمه میانِ مختلفات بوده. و اگر اعتقادِ کسی در ضمنِ پاره‌ای از این تحقیقات بدواً تنزیف[2] شده باشد، باز متوقّع‌ام که به‌جای اعتراض بر پاره‌ای از جمله‌های تألیف، مطالبِ همه‌ی کتاب را عَلَی‌العَمیا[3] ردّ نکند. شهداللّه[4] که من آن‌چه ذکر کرده‌ام از برای اعتراض بر عقایدِ قومی یا از روی غرض با[5] طایفه‌ای[6] نبوده، بل یقین می‌دانم که هر ملّتی و قومی که به دیده‌ی انصاف نظر کنند، مبادیِ عقاید و فلسفه‌ی عاداتِ خود را در این اثرِ ناچیزِ من خواهند دید.

و بنای بلند و صلای[7] عام درمی‌دهم که هر کس[8] مناقشه‌ی اصلاح را کنار بگذارد، بلاشک گمشده‌ی خود را در این اوراق خواهد جست. همچنین، اگر پاره‌ای جاها مکاشفاتِ من با نظریّاتِ قومی موافقت کرده، از روی عمد و

---

۱. یا یکی از ابیات شاهنامه است و یا یکی از الحاقیات آن.

۲. در اینجا احتمالا به معنای «جریحه دار شدن» بکار رفته است. معنای لغوی آن «خون آوردن زن در بارداری» است.

۳. یعنی: «کورکورانه»

٤. یعنی: «خدا گواه است».

۵. در نسخه‌ی خطی: «یا».

٦. در نسخه‌ی خطی: «طایفۀ».

۷. یعنی: «آواز»، «بانگ».

۸. در نسخه‌ی خطی: «هراس».

غرض نبوده و طرفِ کسی را التزام نداشته‌ام، بلکه خودبه‌خود عنانِ نظریّاتِ من به سوقِ براهینِ حسّی و دلایلِ عقلانی آن‌جا کشانیده [شده] و صدفتاً[1] به موافقتِ قومی مؤدّی گشته[2] و، بالطبع، این نتیجه از آن بیرون آمده است.

من ادّعای آن را نمی‌کنم که اقوالِ دیگران را ندیده و در سخنانِ مللِ متنوّعه تفکّر و تأمّل ننموده‌ام و آن‌چه می‌گویم و می‌نویسم فقط از روی صافیِ جوهر و ساذجِ[3] فطرتِ خودم می‌باشد، زیراکه این حال سزاوار نیست، مگر به کسانی که به تعلیمِ معلّمِ شدیدالقوی به یک لمحه نظر ثاقب[4] همه‌ی اوضاعِ کائنات را می‌توانند کشف کنند، همه‌چیز در نظرِ ایشان بدیهی است، یعنی آن‌قدر سریع‌الفکر و قویّ‌الحُکم هستند که مقدّمه و نتیجه و تصوّر یکدفعه با هم بر ایشان وارد می‌شود. لهذا، من کجا و هوسِ لاله به دستار زدن.

امّا منتهی[5] افتخار بدین می‌کنم که بعد از شنیدنِ اقوالِ متشتّته و مخالطه با اقوامِ مختلفه و ملاحظه‌ی کُتب و آثارِ بسیار از مردم، بدون محاکمه و امعان نظر،[6] صِرفِ تقلید و بوالهوسی [را] کار نبستم و زمامِ عقلِ خود را به دستِ این و آن ندادم، بلکه با پای خود راه رفتم و با چشمِ خود نظر کردم و همه‌جا

---

۱. یعنی: «اتفاقی».

۲. در نسخه‌ی خطی: «نگشته».

۳. یعنی: «بی‌ریایی».

٤. «لمحه نظر ثاقب» بمعنای «یک گوشه چشم با دیده تیزبین» است. (در نسخه‌ی خطی «لمعه» آمده است).

۵. در کتاب «اندیشه‌های میرزا آقاخان کرمانی» از فریدون آدمیت «تنها» نیز ضبط شده است (ص. ۸۰).

٦. یعنی: «دقت نظر»، «نظر دوراندیشانه».

فکرِ خود را مُقَوِّم و عقلِ خویش را منوّر خواستم و، مَهما اَمکَن،[1] رفعِ خرافات و طامات از خود نمودم. اگر از سخنی بر[2] سرِ یک مسئله قانع و سیراب نشدم و عیان و فؤادِ خود را تسکین نتوانستم، چندان در طلب برآمدم تا آن‌که آن مادّه سُخنی که اقناعم تواند کرد به دست آوردم و باز از آن سخنی هم که بدان اقناع شده بودم، اگر سخنی بهتر و کلامی خوش‌تر شنودم، یا سراغ از پیِ آن برآمدم که «فَوْقَ کلِّ ذی عِلْمٍ عَلیمٌ».[3]

مثلاً، وقتی که یک مادّه را از طینتِ اشیاء استخراج می‌نمودم، اگر می‌دیدم از آیاتِ کُتبِ سماوی یا از اقوالِ حکمای پیشین چیزی با آن مطابقت دارد، تطبیقاً آن سخن را در ذیل می‌نوشتم، نه این‌که آن را ابتدا سرمشق و آلتِ نظر و لحاظِ خود قرار داده باشم. امّا، چون این فقره طبیعی است که در همه‌جا سلیقه‌ی مستقیم یکی است و اذواقِ صافی با هم تَوارُد[4] می‌کند، لهذا خواهش از اربابِ انصاف دارم که مرا متّهم به تقلید یا غرض ننمایند، زیراکه من، همین‌طور که بر خود التزامِ طرفِ کسی [را] مُتَحَتَّم[5] نکرده‌ام، همچنین مخالفت و لجاج و تعنّد با کسی هم بر خود مُخَمَّر نساخته‌ام[6] تا از ایرادِ کلام یا مطابقت به ادای او احتراز و تَجَنُّب[7] را شرط دانم و از تطبیقِ نظریّاتِ خودم با اقوالِ

۱. یعنی: «در حد امکان».

۲. در نسخه‌ی خطی: «در».

۳. یعنی: «و برتر از هر دانده‌ای، داناتری هست» (قرآن، سوره‌ی ۱۲، بخشی از آیه‌ی ۷۶).

٤. یعنی: «با هم به آب درآمدن»، «حاضر شدن در مکان یکی بعد دیگری»، «با هم به یک‌جا فرود آمدن».

۵. یعنی: «لازم»، «واجب».

٦. در این‌جا، به معنای «سررشتن».

۷. یعنی: «پرهیز».

دیگران بپرهیزم. این بدان مانَد که من با عزمِ خود بر راهی می‌روم و دیگری هم در این عزم با من تصادف کند و همراه شود. در این صورت، من مجبور نیستم که از او کناره گیرم و تفرّد جویم، و تصوّر می‌کنم که اگر سایرِ مردم نیز این مسلک را اتّخاذ کرده بودند، تا کنون افکارشان مفهوم شده و اختلاف از میانشان برخاسته[1] بود و خودبه‌خود به یکدیگر می‌پیوستند؛ چه همه‌ی نفوسِ ساذجه بر فطرتِ الهی مَفطورند[2] [و این] لجاج و تعصّب است که انسان را کور و کَر می‌گرداند.

معتزله را در این سخن خیلی تمجید می‌کنم [که] گفته‌اند در ابتدای بلوغ و حدِّ تکلیف، اوّل کاری که برای هر نفس واجب است این است که در [هر] دیانت و مذهب که بوده فوراً در آن شکّ کند و دلیل و برهان [قاطع][3] طلب کند و به هر جا که برهان مؤدّی شد به آن‌جا گراید. با کمالِ تأسف، در هر سلسله از مللِ روی زمین [که] نظر می‌کنم، چقدرها اشخاصِ حکیم و دانشمند پیدا شده‌اند، ولی چون نیک دقّت می‌نماییم، همه‌ی آن‌ها به[4] افکار و اقوال و آثارِ دیگران مطیع و تابع بوده‌اند. گویا دیگران[5] آن‌ها را راه می‌بردند، که با پای خود نمی‌رفته‌اند. این است که در این مدّتِ متمادی، اختلاف از میانشان

---

۱. در نسخه‌ی خطی: «برخواسته».

۲. یعنی: «خلق شده‌اند».

۳. در کتاب «اندیشه‌های میرزا آقاخان کرمانی» از فریدون آدمیت «قاطع» نیز ضبط شده است (ص. ۸۱).

٤. در نسخه‌ی خطی: «با».

۵. در نسخه‌ی خطی: «دیگری».

برنخاسته[1] و نتوانسته‌اند در این طولِ ایّام، خودشان را بر سرِ یک نقطه جمع کنند و مُتَّبَع[2] برای رفعِ اختلاف از میانِ خودشان بجویند.

من، به‌خلافِ معتقدِ سایرِ مؤلّفین که می‌گویند اعتقاداتِ فاسده‌ی عوام از سوءاستعمال و تعلیماتِ باطله‌ی خواص و عقایدِ فاسده‌ی ایشان همیشه تدریجاً از اقوالِ باطله‌ی عوام نشأت نموده، [می‌گویم که] اگر چنین نیست، پس مناطِ[3] فهمیدنِ حقیقت و نرسیدن به آن چیست؟ اگر برهان و منطقْ مناط است، لازم می‌آید که در میانِ اربابِ منطق و اصحابِ بُرهان ابداً هیچ اختلافی نباشد؛ اگر زهد و تقوی و تصوّف مناط باشد، در میانِ هر ملّت، بسی صوفی و زاهد و پارسا و پرهیزگار موجود است؛ اگر فضیلت و هنر را مناط قرار دهیم، این اختلاف میانِ علماء و فضلا و اهلِ معرفت از کجا است؟ پس معلوم است[4] که حبِّ اغراضِ شخصی و تعصّبِ جاهلیّت و عقایدِ فاسده که از مردمِ عوام نشأت نموده و رفته‌رفته در مغزِ خواص جای‌گیر شده، اکنون مردم را مانع است از آنی که بی‌طرفانه درصددِ کشفِ حقایق برآیند.

افتخارِ دیگرِ من این است که هیچ‌وقت به عباراتِ مشعشعی که یک طرفِ فکرِ انسان را می‌رباید و طرفِ دیگر [آن] را فرومی‌گذارد، در بندِ او نیفتادم و به آن سرابِ بقیعی[5] که چون به نظرِ امعان ملاحظه کنند، در حالْ شعشعه‌ی

---

۱. در نسخه‌ی خطی: «برنخواسته».

۲. یعنی: «پیشوا».

۳. یعنی: «ملاک».

٤. در نسخه‌ی خطی: «هست».

۵. شاید اشاره‌ای به آیه ۳۹ از سوره‌ی ٢٤ ام باشد: «وَالَّذِينَ كَفَرُوا أَعْمَالُهُمْ كَسَرَابٍ بِقِيعَةٍ يَحْسَبُهُ الظَّمْآنُ مَاءً حَتَّى إِذَا جَاءَهُ لَمْ يَجِدْهُ شَيْئًا وَوَجَدَ اللَّهَ عِنْدَهُ فَوَفَّاهُ حِسَابَهُ وَاللَّهُ سَرِيعُ الْحِسَابِ». (و کافران اعمالشان همچون سرابی در بیابانی است که تشنه آبش می‌پندارد، تا

آتش فرومی‌نشیند، مسرور نشدم، بلکه سعی و کوشش می‌کردم که سخنانِ متین و رزین[1] به دست آورم[2] و کلامِ سهلِ مُتَبَّع[3] تحصیل کنم؛ چه در یک عصرِ ظلمت و جهالت، مردم هر قدر سخنانِ جهالت‌آمیز بشنوند، باز از آن متوحّش نخواهند[4] شد؛ ولی در یک عصرِ نورانی، هر قدر کلماتِ معقول و براهینِ مقطوع استماع نمایند، باز از ترسِ این‌که مبادا از این بهترین هم سخنی با صحّتِ تامّه باشد، هنگامِ قبول بر خود می‌لرزند. انسان سوءاستعمالِ قُدما را می‌بیند، راهِ اصلاح را کشف می‌کند، امّا پس از یک دقّتِ عمیق، معایبِ آن اصلاح را [نیز][5] خواهد دید. اگر کسی از بد بترسد، از آن احتراز می‌کند، امّا اگر به بهتر از بهی امیدوار شود، از خوبی نیز خواهد گذشت. بعد از آن‌که دَه (۱۰) سالِ متمادی[6] بر[7] روی مبدأ و معادِ اشیاء و عِللِ تکوینیّه و بواعثِ تشریعیّه‌ی[8] آن‌ها فکر کردم و اقوالِ پیشینیان و گروهِ بازپسین را در این خصوص مطالعه نمودم و میانِ اقوالِ مختلفه با دلایل پیشبین محاکمه کردم،

آنکه نزدیک آن رسد و آن را چیزی نیابد، و آنگاه خداوند را حاضر یابد که حسابش را به تمام و کمال بپردازد و خداوند زود شمار است).

۱. یعنی: «استوار».

۲. در نسخه‌ی خطی: «آوردم».

۳. احتمالا در اینجا بمعنای «بررسی شده» و «قابل استناد» بکار رفته است.

٤. در نسخه‌ی خطی: «نخواهد».

٥. در کتاب «اندیشه های میرزا آقاخان کرمانی» از فریدون آدمیت «نیز» هم ضبط شده است (ص. ۸۱).

٦. در کتاب «اندیشه‌های میرزا آقاخان کرمانی» از فریدون آدمیت «متوالی» ضبط شده است (ص. ۸۱).

۷. در نسخه‌ی خطی: «در».

۸. در نسخه‌ی خطی: «تشریعه».

اینک آن‌چه در این کتاب می‌نویسم روح و جوهری است که از طبایعِ اشیاء برخاسته[1] و این نظامات از حاقِّ طبیعتِ اشیاء برخاسته.[2] یعنی، قبل از تعیین و تأسیسِ جمعیت‌های بشری[3] در اشیاء موجود بوده، ولی چون من پاره‌ای معانیِ جدیده و فکرهای تازه داشتم، ناچار بودم از این‌که قوالبِ تازه و کلماتِ بدیع بجویم یا این‌که معانیِ جدید را به اصطلاحاتِ قدیم ربط کنم. لاجرم، اگر پاره‌ای اصطلاحاتِ نو در فصولِ این کتاب ببینند بنای مشاجره نگذارند، که «زِیَادَةُ الْمَبَانِی تَدُلُّ عَلَی زِیَادَةِ الْمَعَانِی».[4] والسلام.

---

۱. در نسخه‌ی خطی: «برخواسته».

۲. در نسخه‌ی خطی: «برخواسته».

۳. در نسخه‌ی خطی: «بسری».

٤. یعنی: «هرچه تعداد کلمات بیشتر باشد، تعداد معانیِ بیشتری را می‌رساند.»

بسمِ اللّه الرّحمن الرّحیم

این کتاب مشتمل است بر مقدمه و دو دایره و خاتمه.

مقدّمه

در بیانِ تأسیسِ اصولِ موضوعه‌ی چندی که دلایلِ مطالبِ این کتاب مبتنی بر آن می‌باشد، و آن عبارت [است] از نوزده (۱۹) اصل.

اصلِ نخستین

باید دانست که تصوّرِ معنیِ وجود و عدم بدیهی است و همه‌ی مفاهیم و تصوّرات به این دو معنی راجع می‌شوند، اعمّ از این‌که در مادّه اعتبار شود، مانند نور و ظلمت، و حرارت و برودت، و جذب و دفع، و حُسن و قُبح، و وحدت و کثرت، و سکون و حرکت؛ و یا خارج از مادّه، یعنی در نشئه ذهن،[1] مانند کُلّی و جُزئی، و نفی و اثبات، و حدوث و قِدَم، و علم و جهل، و جوهر و عَرَض،[2] و کمال و نقص، و علّت و معلول. بیانِ آن این است که ما اثبات و فهمیدنِ هر چیزی را باید با[3] وجود و عدم بفهمیم. لهذا، آن‌ها را نیز نمی‌توانیم

---

۱. در نسخه‌ی خطی: «نشاء ذهن».

۲. در فلسفه، «جوهر» (Substance)، در معنای «قائم به خویش»، و «عَرَض» (Accident) در معنای «آن‌چه که قائم به دیگری است و از خود وجود مستقلی ندارد» به کار می‌روند.

۳. در نسخه‌ی خطی: «به».

به چیزِ دیگر اثبات کنیم. و همچنین، دو قضیّه‌ی «هست هست» و «نیست نیست»،[1] هر دو، بدیهی[اند] و تصدیقِ به آن‌ها ضرورت است و همه‌ی قضایای منطق به این دو قضیّه راجع می‌گردد و احدهما[2] عین دیگری است و این مطالب بنفسها مُبیّن است و سایرِ قضایا باید به این دو راجع شود تا بَیّن گردد، چنان‌که [در باب] «سیلوژیسم»[3] [کتاب] منطق مبیّن داشته‌اند.[4]

اصلِ دوم

وجود، منبعِ کلِّ خیرات و شرافات و کمالات است، و عدم، منشأ کلِّ رذایل[5] و شرور و نقایص؛ به این معنی که تمامِ خیرات و انوارِ کمالات به وجود راجع می‌شود. وحدت و علم و قدرت و حیات و حرکت و حرارت و شعاع و لطافت و جوهریّت و بقاء و صحّت و علویّت و جمعیّت و امنیّت و اُنس و هدایت و بساطت، و تمامِ شرور به عدم[6] برمی‌گردد، مانند کثرت و جهل و عجز و فنا و سکون و برودت و ظلمت و کثافت و عَرَضیّت و حدوث و مرض و سِفلیّت و

۱. فریدون آدمیت در کتاب «اندیشه‌های میرزا آقاخان کرمانی»اش در این باره می‌نویسد: «(...) از گفته های بزرگ برماندیس است و در حکمت اسلامی نیز راه یافته بود و هگل نیز عین همان را می‌آورد». (ص. ٨٦).

۲. یعنی: «یکی از آن دو»، و در اینجا بمعنای «هر یک از آنها» بکار رفته است.

۳. در نسخه‌ی خطی: «چنان‌که این کتاب شورلیم».

٤. فریدون آدمیت در کتاب «اندیشه‌های میرزا آقاخان کرمانی»اش این جمله را به صورت غیر مستقیم این گونه بدست داده است: «چنان‌که در باب ‹سیلوژیسم› کتاب منطق به اثبات رسیده است». (ص. ٨٦).

۵. در نسخه‌ی خطی: «زوایل».

٦. در نسخه‌ی خطی: «اعدام».

فُرقت و وحشت و ضلالت و نکبت و امثال این‌ها. و باید دانست که تمامِ کائنات مرکّب‌اند از جهاتِ وجودیّه وعدمیّه، یعنی از خیرات و شرور؛ پس، خیرِ مطلقْ وجودِ مطلق است و شرّ مطلقْ عدمِ مطلق خواهد بود.

اصلِ سوم

وجودِ مطلق و عدمِ مطلق را به‌کُنْـه تصوّر نمودن محال است و تصوّرِ هر یک به وجهی عینِ تصدیق کردن است به آن، و این هر دو عینِ یکدیگرند: «الشَّیْءُ إِذَا جَاوَزَ حَدَّهُ انْعَکَسَ ضِدَّهُ».[1] ولی، آن‌چه در این عالم غلط و خلط مشاهده می‌کنم، همه، وجودِ مخلوط به عَدم و نورِ ممزوج به ظلمت است. و بدونِ تَشَبُّث[2] به فِتراک[3] وجود، اَعدام[4] از یکدیگر نمی‌توانند ممتاز بشوند، که «الأَشْیَاءُ تُعْرَفُ بِأَضْدَادِهَا»،[5] مانند عمی که عدمِ بصر است، و صَمَم که عدمِ سمع است و بر این قیاس. و هر چیز که به حدّ کمال برسد، اگر همه بد باشد خوب است، زیراکه برای بدی، جز نقص، معنیِ دیگر نمی‌توان جُست، چون به حدّ کمال برسد نقص برطرف می‌شود و حقیقت ظاهر می‌گردد. حتّی خودِ ناقص، اگر نقصش به کمال رسید، عینِ کامل است، چون احتیاجِ صرف که عینِ غنا خواهد

---

۱. «هر چیزی که از حدّش بگذرد، معنای متضاد خود را منعکس میکند.»

۲. یعنی: «آویختن»، «متسمک شدن».

۳. یعنی: «تسمه و دوالی باشد که از پس و پیش زین اسب آویزند»، «سموت زین باشد»، «ترک بند».

٤. در اینجا احتمالا بمعنای «نیستی‌ها» و «نابوده‌ها» بکار رفته است.

۵. یعنی: «اشیاء از طریقِ ضدّشان شناخته می‌شوند.»

بود، منتهای کمالِ نقصان است و قضیّه‌ی «الشَّیْءُ إذَا جَاوَزَ حَدَّهُ»[1] از این‌جا نشأت می‌کند، و از موت حیات و از صِغَر مطلق،[2] عظمِ مطلق ظاهر می‌گردد. «العُبُودِیَّةُ جَوْهَرَةٌ کُنْهُهَا الرُّبُوبِیَّةُ»[3] ــ که تاریکی در آن آبِ حیات است.

اصلِ چهارم

وحدت، مرادفِ وجود است و منشأ انتزاعِ هر دو یکی است و همچنین، عشق و ابتهاج و نور و ادراک و کمال و بقاء و ثبوت و حیات و حرکت و امثال آن‌ها. ولی در مقامِ حیرت، این‌جا است که تمامِ کثرات به وحدت راجع می‌شود و کلِّ مفاهیمِ عدمیّه، حتّی معدومِ مطلق، به وجود برمی‌گردد. و همچنان‌که وحدت، بذاته، منشأ کثرت است، وجود نیز بالذّات موجد[4] ماهیّات[5] و مُظهِرِ عدم می‌باشد. و همچنین، وحدتِ حقیقی بعد از کثرت ظاهر می‌شود، که آن را وحدتِ جمعیّه‌ی حیطیّه‌ی حقیقیّه خوانند، و حیاتِ حقیقی بعد از موت، و نعیمِ حقیقی بعد از عذابِ جهنّم، و وجودِ کلّی پس از عدم، و نورِ حقیقی بعد از ظلمت، به نحوی که معیِّن و محدِّدِ ظلمات و اَضلال است، که «تُعْرَفُ الأشْیَاءُ بِأضْدَادِهَا» و «أَلَمْ تَرَ إِلَیٰ رَبِّکَ کَیْفَ مَدَّ الظِّلَّ».[6] و اگر پای وحدت و نورِ وجود

---

۱. یعنی: «هر چیزی که از حدّش بگذرد».

۲. در نسخه‌ی خطی: «صِفر مطلق».

۳. یعنی: «بندگی گوهری است که باطنِ آن ربوبیّت است.» (احتمالاً یکی از احادیثِ شیعیان است).

٤. در نسخه‌ی خطی: «موجّد».

۵. در نسخه‌ی خطی: «مهیّات».

٦. یعنی: «آیا نیندیشیده‌ای که پروردگارت چگونه سایه را می‌گسترد؟» (قرآن، سوره‌ی ۲۵، بخشی از آیه‌ی ٤۵).

در میان نبود، ابداً ذکری از ظلمت و کثرت و اَعدام در میان نمی‌آمد و به‌هیچ‌وجه مذکور به ذکر و مخطور به فکر نمی‌بودند: «فَسُبْحَانَ اللّه خَالِقِ الوُجُودِ وَالعَدَمِ وَجَاعِلِ النُّورِ وَالظُّلَمِ».[1] و این معنی منافاتی با این‌که این‌ها مجعولِ بالذّات نیستند ندارد، زیراکه ماهیّات[2] و تعیّنات، بعد از آن‌که خود را به فتراکِ وجود بستند، بالعَرَض ظهور پیدا می‌کنند و همچنین، ظهورِ نورِ وجود نیز به‌واسطه‌ی الوانِ تعیّنات و ماهیّات[3] است، والّا از فرطِ ظهور مخفی و مستور بود، و از این است که حضرتِ وجود را مقامِ غیب‌الغیوب و مرتبه‌ی اخفی نیز گفته‌اند، با این‌که هر چیز به او ظاهر است.

اصلِ پنجم

بسیط و مرکّب، و کُلّی و جزئی، و جوهر و عَرَض، و غیب و شهود، و جذب و دفع، و امکان و وجوب، و موت و حیات، و حرارت و برودت، و حرکت و سکون، و علم و جهل، و ضعف و قوّت، و نقص و کمال، و غلظت و لطافت، و بطون و ظهور، و خیر و شرّ، و نفی و اثبات، و صعود و هُبوط، این مفاهیم هرچند با هم تقابل دارند، ولی در واقع عین یکدیگرند؛ در حالتی که عینیّت و غیریّت عین هم‌اند و همه‌ی ممکنات مرکّب از مجموعِ این‌ها است و دوّمین این‌که «بَسِیطُ الحَقِیقَةِ کلُّ الأشْیَاءِ»[4] است، و بسیط و مرکّب عین یکدیگرند و

---

۱. یعنی: «منزّه است خدایی که خالقِ هستی و نیستی و آفریدگارِ روشنایی و تاریکی است».

۲. در نسخه‌ی خطی: «مهیّات».

۳. در نسخه‌ی خطی: «مهیّات».

٤. یعنی: «حقیقت بسیط، همه‌ی اشیاء است.» اصل جمله این‌چنین است و، احتمالاً، از ابتکارات ملاصدرا است: «بَسِیطُ الحَقِیقَةِ کلُّ الأشْیَاءِ وَلَیْسَ بِشَیْءٍ مِنْهَا» (حقیقت بسیط، همه‌ی اشیاء است، در حالی که هیچ‌یک از اشیاء نیست).

غیر یکدیگر، «حَیْثُ [لا] عَیْنٌ وَلَا غَیْرٌ، وَالْکلُ وَاحِدٌ»[1] و «لَا إِلٰهَ إِلَّا هُوَ وَلَیْسَ فِی الْوُجُودِ إِلَّا الْوُجُودُ».[2] و باز هر یک از این‌ها، در مقام تفصیل، اقسام چند دارد که در واقع باید بر روی هر یک از این‌ها مباحثِ طویله نمود و کُتبِ مفصّله نوشت تا درجه‌ی تفصیلیّه‌ی علم به میان آید؛ در حالتی که اِجمال عینِ تفصیل است. از آن جمله، ترکیب اقسام چند دارد [و] اشدِّ تراکیب، ترکیبِ وجود و عدم است. و هر ترکیبی، بعد از تحلیل، به این ترکیب راجع می‌شود و در نفس‌الامر ترکیبی نیست و همه‌ی موجودات بسیطه است، زیراکه وجودْ بسیطةالحقیقه است و این معنی منافاتی ندارد با این‌که ترکیبِ حقیقی منجر[3] به بساطتِ حقیقی می‌شود، زیراکه ترکیبِ حقیقیِ اجزاء، به حیثیّتی که تمایز میانِ آن‌ها نماند، مؤدّی به بساطتِ حقیقی می‌گردد. پس، بسیطِ حقیقی همان مرکّبِ حقیقی است، مانندِ روح و ادراک و الکتریسته و قوّه و طبیعت. و امّا ترکیب‌های ناقص، در واقع، مخلوط می‌باشند و مرکّب، مانندِ سرکه‌ی انگبین، و تا اجزاء ترکیبیّه منجرّ به اتّحاد نشود، شیء ثالثی ظهور نمی‌کند.

اصلِ ششم

تقدّم و تأخّر تنها در زمان و مکان نیست، بلکه چندین نوع [است]. تقدّمِ زمانی را، به‌حقیقت، تقدّم نمی‌توان شمرد، زیراکه هر مقدّمِ زمانی، در رتبه‌ی ذات، مؤخّر است و هر مؤخّرِ زمانی، بالذّات و بالطّبع، مقدّم می‌باشد، چنان‌چه در

---

۱. یعنی: «جایی که نه عینیت مطرح است، نه غیریت، و همه چیز یکی است.»

۲. یعنی: «معبودی جز او نیست و در هستی/عالمِ وجود چیزی جز هستی/وجود (حقیقی) نیست.»

۳. در نسخه‌ی خطی: «متبحّر».

ثمر و شجر، و روح و جسم، و جوهر و عَرَض، و لطیف و کثیف این معنی مشهود می‌شود.

و همچنین، تقدّم در مکان که اصلاً در شرافت و خساست[1] منوط به اعتبار نیست. اگرچه قُدَما در بابِ مرکز و محیط، و شرفِ احدهما بر دیگری،[2] پاره‌ای بیانات و تحقیقاتِ حکیمانه نموده‌اند، ولی چون به حقیقت نظر کنیم، محیطِ حقیقی عینِ محیطِ خصوص بعد از انکشافِ مسئله‌ی فضای لایتناهی و کُرات غیرمحصوره [است، به‌طوری] که معلوم نیست مرکز کجا است و محیط کدام؛ هر جا را فرض کنیم، هم محیط است و هم مرکز. و همین سخن را در تقدّم و تأخّر آورده، می‌گوییم تقدّمِ اصلی تأخّر است و تأخّرِ حقیقی عین تقدّم: «نَحْنُ الآخِرُونَ السّابِقُونَ».[3]

نخستین فطرت پسین شمار
تویی خویشتن [را] به بازی مدار[4]

اصلِ هفتم

علم، عینِ معلوم است، و اتّحاد عاقل و معقول مسلّم، زیرا که علم و ادراک هیچ معنی جز وحدت ندارد. اگر وحدت تام حقیقی باشد، علمِ حقیقیِ اشراقیِ

---

۱. یعنی: «زبونی»، «فرومایگی».

۲. یعنی: «و ارجحیت یکی از آن دو بر دیگری».

۳. یعنی: «ما آخرین پیشگامان هستیم.» (طبقِ «جامع الاحادیث»، این جمله بخشی از یک حدیث نبوی است.)

٤. بیتی از «شاهنامه»ی فردوسی است و در بخشِ «گفتار اندر آفرینش مردم» بدین شکل آمده است: «نُخُستینْت: فکرت، پسینَت: شمار / تو مر خویشتن را به بازی مدار».

حضوری است و الّا علم ناقص خلقی، چنانچه معنی نقطه، احاطه‌ی حقیقی و شمول بکلّ اطراف و جهات است، و معنی مرکزِ حقیقی، انبساط بکلّ اطراف. لاجرمْ مرکز، مقامِ اجمال محیط، و محیط رتبه‌ی تفصیل آن است، و این معنی تنها اختصاص بمرکز و محیط ندارد، بلکه کلّ مفاهیمِ مفصّله‌ی متقابله همین حالت را دارند. مثلاً صلحِ حقیقی حاصل نمی‌شود، مگر[1] [از] اشتداد و کثرت قوّه‌ی حرب و اکمالِ آلات و اسلحه‌ی جنگ، و قوّه‌ی حقیقی پدید نمی‌آید، مگر از ضعفِ تمام، چنانکه ضعفِ حقیقی و احتیاجاتِ فوق‌العاده‌ی انسان سبب همه‌ی اقتدارات و قوّتهای او شد و غنای ذاتی او را موجب گردید.

و علم بر معلوم مقدّم است، زیراکه [اگر] معلوم نبود، علم احاطه بمجهول میکرد، و معلوم بر علم مقدّم است،[2] زیراکه [اگر] معلوم نبود بچه احاطه می کرد؟ و هر مجهولی بالذّات قبل از شناختنِ مجهول مطلق نتواند بود، و الّا بعد از معلوم شدن[3] از کجا میدانستیم که همان مقصود مطلوب است ــ «إِذْ لَا مَیْزَ فِی الإِعْدَامِ».[4] پس منشأ همه‌ی علم، علم حضوری اشراقی است که علم مجرّد باشد بذاتِ خود، مانند علم نفس بر خود و هستی خویش، و همه‌ی مجهولات در این رتبه برای مجرّدات بوجهی معلوم‌اند. نهایت این است که علم به علم خود ندارند، و بعد از کشف هر مجهولی علم به علم حاصل می‌شود، نه به علم به ذات. وهرچه در علم می‌آید وجودی است نه عدمی، زیرا که علم، تعلق به معدومات، یعنی مجهولاتِ مطلق، نمی گیرد.

---

۱. در نسخه‌ی خطی: «اگر».

۲. احتمالا اصل جمله این چنین بوده است: «معلوم بر علم مقدم است، زیرا که اگر معلوم نبود، علم بمجهول احاطه میکرد».

۳. در نسخه‌ی خطی: «شان».

٤. یعنی: «و تفاوتی در نابوده‌ها نیست».

اصلِ هشتم

ماهیّت[1] عبارت است از نفوذ[2] بعد از وجود و نفی بعد از اثبات؛ از این جهت است که بالعرض منشأ آثار می‌شود. و در تعریفِ ماهیّت[3] می‌گویند [که] نه موجود است و نه معدوم و، به عبارت اُخری، ماهیّت[4] از قصور و تعیّناتِ وجود حاصل شده، مانند الوان که از اختلافات و تطوّراتِ نور پدید می‌آید.[5] ولی با وجود این، در مقامِ امکان، ماهیّت[6] اصیل است، چنان‌که در مقامِ وجوب، اصالت با وجود است و این هر دو بر مثالِ دو مخروطِ نور و ظلمت هستند که قاعده‌ی یکی در زاویه‌ی دیگری است و اگر حدود و اعدام به مرتبه‌ای از مراتبِ وجود داخل نباشد، ابداً ماهیّت[7] در آن رتبه مذکور به ذکر نیست و در آن مقام، ماهیّت[8] عینِ وجود است و تصوّرْ نفسِ تصدیق خواهد بود.

و جواب از «مَا هُوَ وَلِمَ هُوَ وَهَلْ هُوَ؟»[9] واحد بود و اگر حجابِ تعیّن را بردارند، وجود چیزی نیست، حتّی خودِ عدم هم، که نیست باشد، نیست، و نیستِ حقیقی آن است که خودش خودش باشد، یعنی بر خودش صدق کند،

---

۱. در نسخه‌ی خطی: «مهیّت».

۲. در کتاب «اندیشه‌های میرزا آقاخان کرمانی» از فریدون آدمیت «فقود» ضبط شده است (ص. ۸۸).

۳. در نسخه‌ی خطی: «مهیّت».

٤. در نسخه‌ی خطی: «مهیّت».

۵. در نسخه‌ی خطی: «آمد».

٦. در نسخه‌ی خطی: «مهیّت».

۷. در نسخه‌ی خطی: «مهیبت».

۸. در نسخه‌ی خطی: «مهیّت».

۹. یعنی: «چیست؟ چرا هست؟ آیا هست؟»

در آن صورت به هستی برمی‌گردد. و این نیستی‌های هستی‌نما است که منشأ انتزاعِ ماهیّات[1] شده‌اند و عذاب از این‌ها پدید آمد، مانند الَم[2] که ادراکِ مُنافِر[3] و منافی است.

اصلِ نهم

چنان‌چه عذاب، حقیقتاً، عدم بعد از وجود است. همچنین، لذّت و نعیم هم وجود بعد از عدم است؛ این یکی کثرت بعد از وحدت و فرقت بعد از جمعیّت است، و آن یکی[4] وحدت بعد از کثرت و جمع بعد از فرق. این ادراکِ منافی و احساسِ نقص است و آن ادراکِ موافق و کمال. و، به عبارت اُخری، نِقمَت[5] و عذاب از جهل ناشی است، امّا جهل مرکّب که به‌صورت علم ظاهر شده است. و نعیم و لذّت از علم ناشی است، امّا علمِ ذاتی که به‌صورتِ جهل جلوه‌گر است، چون هر لذّتی عبارت از علم و ادراک و اتّحاد و جمعیّت با[6] چیزی است و هر عذابی خوف و هراسِ عدم و فراق در آن است و جهل در آن رخنه ندارد، زیراکه انسان هر چه نمی‌داند چیست از آن می‌ترسد. از این جهت، قُدَمای یونان مکانِ خدایان را بعد از ادلف در جهنّم قرار داده بودند و قسم به نهرِ سیاهِ تاتار [را] اعظم سوگند می‌شمردند و بعد از [بعثتِ] انبیاء،

---

۱. در نسخه‌ی خطی: «مهیّات».

۲. یعنی: «درد».

۳. یعنی: «ناسازگار».

۴. در نسخه‌ی خطی: «یک».

۵. یعنی: «عقوبت و کینه و عذاب».

۶. در نسخه‌ی خطی: «یا».

پاسبان سماوی، خداوند را، رئوف[1] و مهربان و مشفق به بندگان وانمود کردند. خلاصه، هرلذّت و نعیمی که فوق آن متصوّر نباشد منوط به علم و ادراک است، و هرگونه عذاب و نِقمَتی از جهل و ادراکِ منافی نشأت نموده.

اصلِ دهم

مبدأ و معاد یکی است؛ یعنی، عالمِ وجود به هر نقطه منتهی شد، مبدأ عالم همان نقطه است و منتهی نیز، در همان صورتی که تقدّمِ زمان را وارونه فرض کنیم، آن وقت مبدأ حقیقیِ اشیاء در نقطه‌ی آخرِ زمان ظاهر خواهد شد، چون[2] اوّلِ زمانیِ اشیاء عدم است، و آخرِ زمانیِ آن‌ها وجود، که اوّلِ ذاتی آن‌ها باشد، مانند شجر و ثمر. و از این جهت، تقدّمِ زمانی را در اقسامِ تقدّم منوط به اعتبار نمی‌دانند، و تقدّمِ حقیقی، نزدِ اربابِ حقیقت، تقدّمِ بالذّات و تقدّمِ بالشّرف و تقدّمِ بالطبع و تقدّمِ بالجوهر است. این است که علّتِ غائی را حکما در رتبهْ مؤخّر می‌دانند و در ذهنْ مقدّم؛ از این قرار، نقطه‌ی اوّل و آخر، و ظاهر و باطن، و ازل و ابد، و غیب و شهود، و مبدأ و معاد، و ملک و ملکوت، و عشق و حُسن، و جمال و جلال، و ناسوت و لاهوت، و همچنین جهنّم و جنّت، و خوف و رجا، هر دو یکی است، و مبدأ و منتهای نباتات بذر آن‌ها است، و مبدأ و منتهای طیور بیضه است، و مبدأ و منتهای انسان نطفه است.

---

۱. در نسخه‌ی خطی: «رؤف».

۲. در نسخه‌ی خطی: «چو».

اصلِ یازدهم

حرارت یعنی حرکتِ وجودِ تدریجی و خروج از قوّه به فعل است. و حرارت از حرکت حاصل می‌شود. طبیعت مبدأ حرکت است. پس، بنابراین، کلِّ حرکاتِ وجودیّه رو به کمالِ کلّی است، و مآلِ[۱] نوامیسِ طبیعت خیرِ عمومی است، چنان‌چه از نباتات[۲] شروع می‌کنیم که پدیدآورنده است؛ الباب و ادهانی[۳] را که قوالبِ اصلیّه‌ی انوار می‌باشد و هر کدام جنسِ خود را زیاده ترقی می‌نماید. و موافقِ تاریخِ خلقت، هر یک از موالید، عموماً، در ترقّی بوده‌اند نه در تنزّل، خواه نبات و خواه حیوان و خواه انسان، و سنگ، هر چه در[٤] معدن بیشتر می‌مانَد، نور و بهای آن می‌افزاید. و چون طبیعتْ شاعر[٥] به افعال و تأثیرات خود نیست، هیچ‌وقت[٦] کسالت برای او روی نمی‌دهد و از حرکت بازنمی‌ایستد و در سلوک، غلط و خطایی فاحش نمی‌کند، یعنی عموماً برای افرادِ آن سَقطَه[٧] و سکته پدید نمی‌آید و برای بعض هم چیزی، یعنی اگر سقطه روی دهد، باز از پیِ آن اِصطِفا[٨] و انتخاب می‌آید. لاجرم، از برای ترقّیاتِ طبیعت و حرکاتِ

---

۱. یعنی: «بازگشتگاه»، «مرجع».

۲. در نسخه‌ی خطی: «بیانات».

۳. جمع «دُهن»، و به معنای «روغن‌ها».

٤. در نسخه‌ی خطی: «از».

٥. در اینجا بمعنای «احساس کننده» آمده است.

٦. در نسخه‌ی خطی: «همچوقت».

۷. یعنی: «لغزیدن و افتادن»، «خطا، لغزش».

۸. یعنی: «برگزیده».

عالمِ وجود، حدّ و انتهایی نیست و چون اراده‌ی شاعری فائق و حاکم بر طبیعت داریم، که آن ادراک است، لهذا، از برای هر حرکتی، ناچار باید غایتی تصوّر نمود، والّا حرکاتِ وجود پدیدار نمی‌آمدند. همه‌ی بنایی را که طبیعت به هم زند محضِ اصلاحِ نقایص و اِکمالِ مراتبِ آن است تا بر وجهِ اَحسن و اَکمل[1] ایجاد سازد[2] و اگر نوعی را منقرض سازد برای آن است که نوعی اَشرف و جنسی اَلطَف بپردازد. بیت:

کرد ویران تا کُند معمورتر   قوم اَنبُه بود خانه مختصر[3]

اصلِ دوازدهم

هرچه به عالمِ وجود اقرب است، یعنی جهاتِ وجودی بر آن غلبه دارد،[4] از جهتِ بقاء و کمال لطافت و نور، اقوی و اشرف از مادون خویش است و نسبت به مراتبِ مادونِ خود علّیّت دارد، مانند عقل و ادراک و مشاعر و روح و نفس و طبیعت، که نسبت به عالم مادّه و جسم مبدئیّت دارند. و این‌ها از جسم پیدا نشده‌اند، بلکه جسم از آن‌ها پیدا شده و هر مرتبه‌ی اعلی نسبت به مرتبه‌ی اسفل جوهر است و [نسبت به] مرتبه‌ی اسفل[5] عَرَض. و این‌که به‌صورت

---

۱. در نسخه‌ی خطی: «اکمال».

۲. در نسخه‌ی خطی: «سازند».

۳. بیت از مولوی است و در «مثنوی معنوی»، دفتر سوم، بخش «وفات یافتن بلال رضی‌اللّه عنه با شادی» آمده است.

٤. چنین جمله‌ای در کتاب «ان‌شاءاللّه ماشاءاللّه» آقاخان کرمانی نیز آمده است.

٥. احتمالا «اسفل» نادرست و «اعلی» درست است.

مشاهده می‌کنیم که آن‌ها از جسم ظاهر می‌شود چنین نیست، بلکه اجسامِ غلیظه حجابِ آن‌ها است و چون غلظتِ اجسام برطرف شود، آن‌ها ظهور می‌کنند، که نفیِ نفیْ اثبات است.

و بقای جسم به روح است، چنان‌چه قوامِ عَرَض به جوهر. اگر به صورتِ خلاف و عکسِ آن مشاهده می‌شود و مطلقاً از برای هر چیزی لطیف و نفیس و جوهری است، یعنی نفس به نفسِ نفیس و جوهرِ لطیف هر چیز است.[1] و مادّه‌ی غاسق[2] و جسمِ ظلمانی را چون به حقیقت بنگریم، بر هیچ‌چیز صدق نمی‌کند، سهل است، که اجزاء خودش هر جزئی غیر جزء دیگر و فاقد و عادم مرتبه‌ی آن است. از این جهت، وجود در اجسام و هیئتِ غاسقه، در نهایت، ضعف را به هم رسانیده و هرچه رو به عالمِ وجود و نور و لطافت حرکت می‌کند، سعه و حیطه‌ی آن بیشتر می‌شود و بر خود و [بر] خارج از خود صدق و شمول می‌کند. مثلاً، همین‌قدر که سنگِ غلیظِ ظلمانی فی‌الجمله صفا و نوری پیدا نموده و اجزاء آن اتّحاد به هم رسانیدند و آینه مصقول[3] شد، به همان درجه، می‌بینیم که سعه و حیطه و شمول آن بیشتر می‌شود و بر خود و [بر] چیزهای دیگر صدق می‌کند، تا چه رسد به روح و عقل و علم و نور و ادراک که صدقِ کُلٍّ اعیانِ موجودات می‌نماید. امّا، جسمِ غاسق و مادّه‌ی ظلمانی بر خودش هم[4] صدق نمی‌کند؛ یعنی خودش خودش نیست، مگر وقتی که خود را به فتراکِ نور و روح ببندد. و از این‌جا، فرقِ میانِ جزئی و کُلّی معلوم می‌شود،

---

۱. جمله نارساست و احتمالا افتادگی دارد.

۲. در اینجا به معنای «تاریک» بکار رفته است.

۳. یعنی: «زدوده»، «صیقل‌شده»، «جلا داده‌شده».

۴. در نسخه‌ی خطی: «همه».

زیراکه جزئی تنها بر خودش صدق می‌کند و کلّی بر کثیرین صدق می‌نماید. و امّا، وجود، که فوقِ کلّی و جزئی است، عینِ کلِّ اشیاء است.

اصلِ سیزدهم

فوقِ کلِّ مراتبِ وجودْ عشق و تحیّر است که آن را وله[1] و حیرت بحت بات[2] و غیب‌الغیوب و مرتبه‌ی اخفی گویند، و اللّه از آن بیرون آمده و آن مقامی است که ادراک را متحیّر می‌سازد.

عقل در شرحش چه خر در گل بخفت
شرح عشق و عاشقی هم عشق گفت[3]

ولی باید دانست که بنی نوع بشر، در هر دوره‌ای، حدّ یقفی[4] مخصوص داشته و در رتبه‌ی مخصوص واله و متحیّر می‌شده. چنان‌چه تاریخ به ما نشان می‌دهد که وقتی ابر و باد و، بعد از آن، ارواح را پرستش می‌کرده‌اند، و چون دَوَرات کون دائماً رو به ترقّی هستند، در هر دوره‌ای، معبودِ دوره‌ی نخستین، که مقام

۱. یعنی: «ترسیدن و بیمناک شدن»، «سرگشتگی».

۲. منظور از «حیرتِ بحتِ بات»، «حیرت محض قطعی» است.

۳. بیت از مولوی است، و در «مثنوی معنوی»، دفتر اول، بخش «بردن پادشاه آن طبیب را بر بیمار تا حال او را ببیند» آمده است.

٤. یعنی: «نقطه‌ی توقف».

وله و حیرت اشخاص آن دوره بود، کشف و ظاهر می‌شود. بر مثالِ آن بِر[1] مخفی است که از میانِ شاخ و برگ‌های درخت ظاهر می‌شود و حال آن‌که اوّل مقامِ غیب بود و هیچ‌کس بدان راه نداشت. این است که در دوره‌ی شیخ احمد [احسائی][2] رتبه‌ی فوقِ عقل پیدا شد و آن را فؤاد و مشیّت گفتند و معلوم گشت که عقولِ حکما و عرفای دوره‌ی سابق در رتبه‌ی فؤاد، که مشیّت باشد، واله و متحیّر شده بودند. لهذا، به‌اعتباری می‌توانیم گفت که خدای دوره‌ی نخستین نسبت به [خدای] این عصر از اصنام هم ضعیف‌تر است. از این جهت، اگر کسی رجوع به ادیانِ ازمنه‌ی قبل بکند، عود به قشرِ نخستینِ خود [نموده] و بُت پرستیده است و این معنی دلالت بر آن نمی‌کند [که] سابقون بر ضلالت و کفر بوده‌اند و بت‌پرستی کرده، زیراکه منتهای ادراک و سیرِ افهام و عقولِ ایشان تا همان درجه بوده و ظهوراتِ لایتناهی و مجلّی از کلٍّ جلوات و تطوّرات ظاهر.

درون هر بتی جانی است پنهان   بزیر کفر ایمانی است پنهان[3]

این است که امرِ ناسخ و منسوخ در هر دوره‌ای[4] ناچار از آن بوده و این منافاتی ندارد با ایمانِ اشخاصِ قبل و به‌حقیقت معبودِ حقیقی را پرستیده باشند.

---

۱. در اینجا احتمالا بمعنای «ثمره» و «میوه» بکار رفته است.

۲. این نام با خطی برجسته و به این شکل در نسخه‌ی خطی آمده است: «(شیخ) (ا ح م د)».

۳. از شیخ محمود شبستری است و در «گلشن راز»اش آمده است.

٤. در نسخه‌ی خطی: «دوره».

اصلِ چهاردهم

همچنان‌که نور، به ذاتِ خود، ظاهر و مُظهرِ غیر است و عقل، بذاته، مدرکِ غیرِ خود است، همچنین وجودْ در خود ذاتی است؛ یعنی معلول به علّتی نیست و در غیرْ علّتِ وجود و ظهورات است. بنابراین، شکّی نیست که قوامِ عرضیِ اکتسابی به ذاتی حقیقی است، و چون ما ثابت کردیم که قوامِ اجسام و موادّ به ارواح و نفوس است و قوامِ آن‌ها به عقول و افئده،[1] پس عقولِ اکتسابیِ استراقیِ عرضی نیز قائم و باقی به عقلِ ذاتیِ فطری و نورِ اصلی هستند. لهذا، تمامِ موجودات در قوامِ ذات و حقیقت [و] بقای امنیّتِ خود محتاجِ به نقطه‌ی ذاتی هستند که آن را[2] «عقل اوّل» و «روح قدسی» و «صاحب علم لدنّی» و «متنبّئ من الغیب»[3] و «صاحب وحی و تنزیل» نیز گفته‌اند.

اصلِ پانزدهم

آیتِ عقل در رتبه‌ی کلمه و کلام است و آیتِ عقلِ فعّال، یعنی نور، خود به ثبات کلمه ذاتی فطری است که به طریقِ فرداب[4] و فرناب، از نفوسِ ساذجه‌ی قدسیّه و جان‌های پاک ظاهر می‌شود. کلمه اعظم مَا فِی ٱلْإِمْکانِ،[5] و کلمه و

---

۱. جمع «فواد» است و به معنای «دل‌ها»، «قلب‌ها» بکار رفته است.

۲. در نسخه‌ی خطی: «در».

۳. به معنای «خبردار از غیب» و در نسخه‌ی خطی: «منبتئ من الغیب».

٤. یعنی: «افشا و اظهار و آشکاراکردگی».

۵. یعنی: «کلمه بزرگترین چیزی است که در عالم امکان وجود دارد». (این اصطلاح تقریبا به همین شکل در «حکمت نظری» نیز آمده است).

کتاب، معجزه‌ی انبیاء [و] حقیقتِ انسان است و کلمه‌ی ذاتی، چون نورِ قاهر، به خود ظاهر می‌باشد، و مُظهر غیر نیز هست؛ یعنی کسی آن را ظاهر نمی‌کند، بلکه او اشیاء را ظاهر می‌سازد. چنان‌چه وجودِ حقّ به خودِ حقّ موجود است نه به وجودی دیگر. لهذا، این کلمه حجّت است بر جمیعِ «مَا فِی ٱلْإِمْکانِ» و همه‌چیز در ظلِّ این کلمه خلق می‌شود و او مخلوق نیست، بلکه واسطه‌ی خلق است، که «خَلَقَ اللّهُ الأشْیَاءَ بِالْمَشِیَّةِ، وَالْمَشِیَّةُ بِنَفْسِهَا».[1]

و به اعتقادِ بعضی، نقطه‌ی علم، علمِ حضوریِ هر شیء به نفسِ خویش است و سایرِ علوم، همه، از این نشأت نموده؛ چنان‌چه سقراطِ حکیم معرفتِ نفسِ انسانیّه را نقطه‌ی بدایتِ فلسفیّات قرار داد. و این علم برای هر موجود غیراکتسابی است؛ یعنی بالذّات حاصل است. مثلاً، اگر شخصی را از زمانِ ولادت تا حدِّ رشد در مکانِ تاریکِ خلوتی بگذاریم و سدِّ جمیعِ ابوابِ مشاعر و ادراکاتِ او بنماییم که هیچ ادراک و احساس نکند، همان اکل و شرب به قدر ضرورت، از همه‌ی اقسام علم عاری خواهد بود، مگر علم به نفسِ خود، و این است که، در واقع، علم به حقیقت است؛ پس در این صورت احتیاجی به انبیاء باقی نمی‌ماند، و حال این‌که این معنی سهوِ عظیم است، زیراکه اربابِ عقولِ اکتسابیّه ذاتِ خودشان عاریت از غیر است، چه جای این‌که علم به ذات خودشان باشد و انبیاء خودِ مردم را به مردم می‌شناسانیدند و اگر ایشان نبودند، کسی خود را نمی‌شناخت، بلکه از علم و معرفت اثر و اسمی در میان نبود.

---

۱. یعنی: «خداوند اشیاء را با اراده آفرید و اراده قائم به خویش است.» (طبق «جامع الاحادیث» این حدیث منتسب به امام ششم شیعیان است، و در جامعیت بشرح زیر آمده است: «خَلَقَ ٱللّٰهُ ٱلْمَشِیَّةَ بِنَفْسِهَا ثُمَّ خَلَقَ ٱلْأَشْیَاءَ بِالْمَشِیَّةِ»).

اصلِ شانزدهم

روح و حقیقتِ انسان کلمه است و جسمِ انسان کتاب. و قبل از پیدایشِ خط و قلم، جسمِ انسانی با جسمِ[1] حیوانی و نباتی و جمادی متّحد بود، ولی اکنون جدا شده است به‌واسطه‌ی سطورِ الواح و تسطیراتِ قلم. و عنقریب، جسمِ حیوانی از نباتی نیز جدا خواهد شد به‌واسطه‌ی پیدایشِ حرکاتِ ماشینِ الکتریسته، و شاید بعد از این برای جسمِ نباتی هم مظهری پیدا شود، که «إنَّ یَوْمَ الْفَصْلِ کانَ میقاتاً»؛[2] زیراکه حقیقتِ روح و نفسِ انسانیْ کلمه است و قالبی از برای کلمه بهتر از سطور و الواح و مطبوعات متصوّر نیست، و همچنین حقیقتِ روح و نفسِ حیوانی حِسّ و حرکت است و مرکزِ حرکت باید چرخ‌ها و اسبابِ میکانیکی باشد و آلات تحریکیّه‌ی الکتریسته. و همچنین روحِ نباتی خود نشو و نما و ارتقاء است. و از برای آن نیز قالبی خواهند جست، مانند عینک، دوربین و سمعک و ذرّه‌بین و دیگر آلاتِ احتساسیّه و رصدیّه که «أبَی اللّهُ أنْ یُجْرِیَ الأمُور إلّا بِأسْبَابِها».[3]

و مقصود از این آن است که القاب و زحمات از نفوسِ انسانی برداشته شود تا این‌که پیکرِ ضعیفی را از برای این همه حرکات و افعالِ مختلفه آلت

۱. در نسخه‌ی خطی: «جرم». فریدون آدمیت در کتاب «اندیشه های میرزا آقاخان کرمانی»اش نیز «جسم» ضبط کرده است (ص. ۸۹).

۲. یعنی: «بی‌گمان روز داوری، هنگامی معین است» (قرآن، سوره‌ی ۷۸، آیه‌ی ۱۷).

۳. یعنی: «خداوند ابا دارد از این‌که امور را جز از طریقِ اسباب فراهم آورد.» (بخشی از یک حدیث شیعی است و در کتابِ «کافی»، اثر کلینی، نیز آمده است. این جمله در کتاب دیگری از آقاخان کرمانی به نام «تاریخ شانژمانهای ایران» که مصححش خودم بوده‌ام، نیز به کار رفته است. مشخصات این کتاب را در پیشگفتار بدست داده‌ام).

قرار ندهد، بلکه اجرای جمیعِ حرکات، اسباب و آلاتِ خارجه شود. و چون آلاتِ الکتریسته که در هر دقیقه حرکاتِ لایتناهی از آن‌ها به ظهور می‌رسد که ابدانِ حیوانیّه از عهده‌ی اجرای صدهزار یکِ آن عاجزند؛ زیراکه هر چیزی آفریده شده و شأنِ اراده‌ی انسانی تنها همان است که هر راهی را به راهدارش بسپارد و هر کاری را به صاحبِ آن گذارد، نه این‌که تنها خودش مباشرت به امورِ جزئیّه و افعالِ دقیقه‌ی مختلفه که شأنِ طبیعت است بنماید. از این‌که صُنعِ اراده محال است به اتفاقِ صنعِ طبیعت برسد، هزار حکیمِ دانا همچون نخل ترکیبات ساختن نتواند، صدهزار نقّاش و رنگ‌ریز چون طبیعتِ نامیه به صباغت قادر نیستند، هزار نسّاج چون عنکبوت تارِ باریک نخواهند بافت، بدین قیاس سایرِ افعالِ متقنه‌ی عجیبه‌ی طبیعت.

اصلِ هفدهم

علم جفر اکبر[1] و علمِ حروف و فقه و عدد حساب،[2] روحِ جبر و مقابله است، [به]خصوص که مدارِ آن را واحد قرار بدهند که روح و جوهرِ لگاریتم نیز خواهد بود. و همچنین، علمِ طلسمات روحِ هندسه و میکانیک، و علمِ خواص اسماء اشیاء فوق طبیعی و فیزیک و نبات و حیوان، و علمِ اکسیر فوق شیمی و معدن، و علمِ تأویل روحِ فلسفه و حکمت و معجزه فوق شعبده و نیرنگ است. و علمِ اشتقاقِ اکبر فوقِ صرف و نحو و سایرِ علومِ ادبیّه، و علمِ عشق

۱. در باورِ علمای شیعه «جفر اکبر» کتابی است که علوم اهل بیت در آن منقوش و در اختیار خودشان است و هیچ کسِ دیگر از آن‌ها خبری ندارد.

۲. پس از «حساب»، «واو»ی آمده که زائد بنظر رسید.

فوقِ حکمتِ عملی و اخلاق است، زیراکه این‌ها جهتِ سماویّه‌ی آن علوم هستند و در رتبه‌ی روحانیّت و جوهریّت واقع می‌باشند.

و مراد از این جفر و حروف و طلسمات و اکسیر نه آن خرافاتی است که پاره‌ای جهّال گمان می‌کنند، بلکه جفر اکبر استخراجِ جواب است از نفسِ سؤال، به‌طوری که طبیعت تفصیلیّه و معنی ترتیبیّه سؤال [را] جواب قرار بدهند لاغیر؛ زیراکه سؤال جز مقامِ اجمال، و جواب غیر از مقامِ تفصیل، چیزِ دیگر نیست. و علمِ طلسمات و اوفاق آن است که قوای عِلوی را به قوای سِفلی ترکیب نموده تا امری عجیب حاصل شود، و طلسمِ اعظمْ پیکرِ انسانی است. و معجزهْ اتّحادِ قوه‌ی علوی است به قوّه‌ی علویِ دیگر، مانندِ ترکیبِ ارواحِ نفسانی با الواحِ کلمات. همچنین، اکسیرِ اعظم مقامِ تضادِ طبایع است تا روح‌الاکسیر ظاهر گردد؛ چنان‌چه در کسر و انکسار مراتبِ جسمیّتِ نور و لطافتِ روح ظاهر می‌شود. و همچنین، خواصِ اسماء و تأویلِ آیات و احادیث و اِعجاز نه آن چیزی است که پاره‌ای مردمِ دجّال‌سیرت گمان کرده‌اند و، در آخرِ این کتاب، از خواصِ علومِ مزبوره و حقایقِ آن‌ها بحث خواهیم کرد. عجالتاً، باید بینندگان این مقدّمه را بر سبیلِ مصادره اتّخاذ کنند تا مقامِ اثباتِ آن برسد.

اصلِ هیجدهم

وحدتِ جمعیّه‌ی[1] حیطیّه‌ی انبساطیّه‌ی کلّیّه‌ی حقّه‌ی حقیقیّهْ فوقِ وحدتِ فرقیه‌ی[2] انفصالیّه‌ی جزئیّه است، زیراکه او محیط است به اعداد و کسور و

---

۱. در نسخه‌ی خطی: «جمعیَت».

۲. در نسخه‌ی خطی: «فرقه».

میرزا آقاخان کرمانی

جامعِ کُلِّ اضداد است و همه‌ی تباینات[1] را در حلقه‌ی خود جمع می‌کند و هیچ‌چیز از سلسله و دایره‌ی آن خارج نیست و این همان یکی است که دو ندارد و هیچ عددی ضدّ و مقابلِ آن نیست. به‌خلافِ وحدتِ انفصالیّه که در مقابلِ اعداد واقع شده و غیر و ضدِّ کُلِّ اعداد است و با کثرت نزاع دارد، وحدتِ حقیقی، همان وحدت که به‌صورتِ ظاهر از جمعِ همه‌ی کثرات پدید آمده، بذاته، منشأ کثرات است و جمعِ بینِ همه‌ی مباینات صرفه و متخالفات محضه می‌نماید، و آن رتبه‌ی بیان است که رتبه‌ی جمع‌الجمع باشد.

و امّا وحدتِ[2] انفصالیّه‌ی فرقیّه‌ی جزئیّه در رتبه‌ی فرقان واقع است و قرآن برزخ است میانِ این دو وحدت. و کلمه‌ی انسانیّه، یعنی انسانِ حقیقی، صاحبِ وحدتِ کلّیّه‌ی جمعیّه‌ی نوریّه‌ی حقّه‌ی حقیقت است و، از این جهت، او را «کَوْنِ جامع» گفته‌اند.

مجمع البحرین اگر خواهی وی است
صورتاً جام است و در معنی می است[3]

---

۱. احتمالا جمع «تباین» است و بمعنای «تفاوت‌ها»/«مغایرت‌ها» بکار رفته است.

۲. پس از «وحدت»، «واو»ی در نسخه‌ی خطی آمده که زائد بنظر رسید.

۳. بیتی شبیه آن‌چه آقاخان آورده در «مثنویات» شاه نعمت‌اللهِ ولی بدین شکل آمده است:

مجمع البحرین اگر جویی دِلَست / جامع مجموع اگر گویی دِلَست

اصلِ نوزدهم

اساسِ معرفتِ حقایقِ وجود بر شناختنِ بدا[1] و قائل شدن به ناسخ و منسوخ است، والّا ظهورِ کمالاتِ وجودیّه هیچ معنی نخواهد داشت: «مَا عُرِفَ اللَّهُ بِشَیْءٍ کَمَا عُرِفَ بِالْبَدَاءِ».[2] و معنیِ ناسخ و منسوخ آن نیست که آیه ثانی است، نخستین را ابطال و محو سازد و آن را الغاء نموده، معلوم کند که خطا و غلط و سهو بوده است، بلکه ناسخ و منسوخ یا بدا امری است طبیعی در کُلِّ موجودات، و هر چیزی در عالمِ وجود، همین که به کمال رسید، این صورت منسوخ شده، صورتِ اکمل ظاهر می‌شود. نهایت این است که ظهورِ صورتِ ثانی کماهی مفسّرِ صورتِ اوّلی است؛ یعنی با او موافق و مطابق می‌نماید و گاهی مخالفِ صورتِ نخستین است. مثلاً، از میانِ یک برگ سبزی گاهی برگی به همان صورت ظاهر می‌شود و گاه گُلی بر یک صورت ظهور؛ ولی در هر حال، صورتِ ثانی مکمّل و متمّم و مصدّقِ صورتِ نخستین خواهد بود. و معنیِ ناسخ و منسوخ یا بدا به حسبِ مآل یکی است. فقط فرقی که هست، بدا در آیاتِ تکوین است و ناسخ و منسوخ در آیاتِ تشریع و خلق.

هر ظهوری تا کمال حاصل[3] نکند ظهورِ دیگر ظاهر نخواهد شد و ظهورات لایتناهی است و هر کس به این معنی قائل بشود که بعد از این ظهوری دیگر نیست، اصحابِ حدّ و اهلِ وقوف است و به انقطاعِ فیض قایل شده؛ و همچنین، اگر قائل بشود که شقاوت و سعادتِ نفوس ازلی است و تغییربردار نیست، او

---

۱. یعنی: «بوجود آمدن رایی برای خالق بجز آنچه که قبلاً اراده ای بر وی تعلق گرفته بود».

۲. یعنی: «خداوند با هیچ چیز به اندازه بداء (تغییر مقدرات) شناخته نشده است.»

۳. در نسخه‌ی خطی: «ظاهر». فریدون آدمیت در کتاب «اندیشه‌های میرزا آقاخان کرمانی»اش نیز «حاصل» ضبط کرده است. (ص. ۹۰).

نیز منکرِ بدا گشته؛ و باز اگر کسی بگوید قبل از کامل شدنِ ظهورِ نخستین آیتی دیگر ظاهر شد، جبت سامری[1] و طاغوت[2] اکبر و دجّال است؛ یا این‌که بگوید بلاسبب سعیدی شقی شده و شقی سعید شد، آن کس ابلیس و شیطان است، زیراکه نظامِ طبیعی و قانونِ فطرت در همه‌ی امور جاری است و خلقت تابعِ قوانینِ وجود است.

ممکن است که انسان بعضی یا کلِّ کُتبِ شرایعِ انبیاء را منکر بشود و لیکن ممکن نیست یک کلمه‌ی کتاب و قانونِ طبیعت را انکار نمود. امّا کدام کتاب؟ کتابِ خلقتِ اصلی و قانونِ فطرتِ الهی که نسخه‌ی اصلِ آن در عقولِ مستکفیه‌ی[3] فلکیّه است، والّا در این کتابِ تکوینیِ عرضی، به‌واسطه‌ی تصادفِ اعراض و تهاجمِ الواح، پاره‌ای غلطات[4] روی داده که محتاجِ تصحیح و اصلاح [است]، و شرایعِ الهیّه و افکار، همه، از برای اصلاحِ این غلطات[5] است؛ وگرنه بر قلمِ صنع هیچ‌گاه[6] خطایی نرفته بود. پس، آن کتابِ خلقتی که چون لوح محفوظ، محو و اثبات ندارد. و امّ‌الکتاب، فطرتِ صافیه و طبیعتِ ساذجه‌ی انسانی است، که نسخه‌ی اصلیّه و کونِ جامعِ تکوین و تشریع هر دو او است.

---

۱. در قرآن، از شخصیت سامری و گمراه شدنِ بنی‌اسرائیل به دستِ او یاد شده است. بنگرید، از جمله، به سوره‌ی ۲۰، آیه‌های ۸۵، ۸۷ و ۹۵.

۲. یعنی: «بت»، «هر چه جز خدا که آن را پرستند».

۳. به نظر می‌رسد ک «عقول مستکفیه» به معنای عقولی ست که از غیر بی‌نیاز شده‌اند.

٤. در نسخه‌ی خطی: «غلظات».

۵. در نسخه‌ی خطی: «غلظات.

٦. در نسخه‌ی خطی: «هر گاه».

مجمع البحرین اگر خواهی وِیَست
صورتاً جام است و در معنی می است[1]

دایره‌ی نخستین: [دایره‌ی تکوین]

[دایره‌ی نخستین]، دایره‌ی تکوین است و آن مشتمل بر دو قوس می‌باشد: صعود و نزول. قوسِ اوّل قوسِ نزولی است و تقسیم می‌شود به دو وَتَر.

وَتَر اوّل: در بیانِ کُرات و عناصر و موالید، مشتمل است به نوزده جوهر

جوهرِ نخستین: در بیانِ ابتدای آفرینش و پیدایشِ اجرامِ علوی

پس از استکشافاتِ بسیار، حکمای عصرِ نوزدهم چنین یافته‌اند که ابتدای اجسامِ کیهانی از آتش پاره‌ای سیّال است، یعنی نوری که مُمْتَزَج از آب باشد، چه یکی مادّه‌ی هستی است و دیگری مایه‌ی حیات، و هوا از ترکیبِ آتش و آب حاصل شده و فضا از هوا پدید[2] آمده. و حکمای فرس عالم را از آن جهت سپهر گفته‌اند که سه پهر است، دو جزء ترکیب و یک صورت حاصله؛ چنان‌که لفظِ آفتاب نیز مرکّب از آب و تاب است و مَآل سخنانِ کُتبِ سماویّه نیز در سِفرِ تکوین همه به این است و در نهج‌البلاغه حضرت امیر فرموده است: «ثُمَّ

---

۱. بیتی شبیه آن‌چه آقاخان آورده در «مثنویاتِ» شاه نعمت‌الله ولی بدین شکل آمده است:
«مجمع البحرین اگر جویی دِلَست / جامع مجموع اگر گویی دِلَست»
۲. در نسخه‌ی خطی: «پیدا»..

أَنْشَأَ سُبْحَانَهُ فَتْقَ الأَجْوَاءِ وَشَقَّ الأَرْجَاءِ وَسَكَائِكَ الهَوَاءِ»؛[1] زیراکه لازمه‌ی ذات و طبیعتِ هوا احداثِ فضا و مکان است، و این خاصیّت، یعنی تشکیلِ فضا برای هوا، پس از ترکیب نور و حیات، یعنی آب و آتش، پیدا شد. امّا در حالت بساطت، آن هر دو از فضا می‌گریزند و به نقطه منتهی می‌شوند، به‌واسطه‌ی حرکتِ دَوریِ سرمدی که لازمه.[2]

و باید دانست که مقصود از نارِ بسیط و آبِ بسیط، آب و نارِ صوری نیست، که مادّه و صورتِ اثیری است که یکی منبعِ نورِ وجود و دیگری منشأ حیاتِ آن‌ها است؛ چنان‌که معلّمِ مشائیّه[3] این هر دو را در کتابِ «لا اثو ثوری»[4] شرح کرده. و اشراقیّین نیز اجسام را هیأت می‌دانند که از تنزلاتِ نور حاصل شده. و اگر فی‌الجمله دقّتی بکنیم، این معنی را به دلایل حسّیه می‌توانیم مربوط ساخت که مبدأ [و] منشأ کلِّ اجسامِ صعبه به‌واسطه‌ی تلاقیِ این حرارت است یا برودتی[5] سخت.

و زمین را از این جهت زمین و زمی نامیده‌اند که آتشِ آن افسرده و سرد شده. زم به معنیِ زمهریر است و زمستان از این مأخوذ است و همچنین که مُظهِرِ اَجسامْ نور است، اعراضِ آن‌ها نیز، مثل الوان و اشکال و روایح و طعوم،

---

۱. یعنی: «سپس خدای سبحان جَوها را شکافت و اطرافِ آن را گشود و فضاهای خالی در آن ایجاد کرد.» (در نهج‌البلاغه، خطابه‌ی یکم، آمده است.)

۲. جمله ناتمام است.

۳. منظور ارسطو است.

٤. شاید منظور کتاب «اثولوجیا» باشد. فریدون آدمیت در بخشی از کتاب «اندیشه های میرزا آقاخان کرمانی»اش با استناد به «تکوین و تشریع» از «ارسطو» و «اثولوجیا»اش یاد کرده است. (ص. ۱۳۰).

۵. یعنی: «سردی».

به‌واسطه‌ی نور می‌باشد و بقای اجسام به‌سببِ قوّه‌ی جاذبه و میلِ ترکیبی است که آن هم از آثارِ[1] نور می‌باشد. و تأثیر و حرکت در اجسام که مساوقِ وجودِ تدریجی است نیز به‌واسطه‌ی نور است و منتهای سیر و غایتِ حرکاتِ موالیدِ جسمیّه نیز نور است؛ مانند این‌که مشاهده می‌کنیم حرکاتِ طبیعتِ نامیه[2] در نباتات منتهی می‌گردد به تولید ادهان[3] و لُبوبی[4] که به نور استحاله می‌شوند. و در سوره‌ی نور و سوره‌ی یس و حکایاتِ موسی و در چند جا تصریح شده که نور و نار از شجره‌ی اخضر یا شجره‌ی مبارکه ظاهر شده و در احادیثِ اهل بیت و همچنین در ابتدای تورات نیز مذکور است که اوّل تجلّی از تجلّیاتِ آثاریّه‌ی حق سبحانهْ نور بود که به صورتِ آتش پدید آمد.[5] حکیم فردوسی نیز مذهبِ حکمای پارسی را در پیدایشِ کیهان چنین بیان می‌کند. نظم:

یکی آتشی برشده تابناک — میان باد و آب از در تیره خاک
نخستین که آتش ز جنبش دمید — ز گرمیش بس خشکی آمد پدید
وزان پس زِ آرام سردی نمود — ز سردی همان باز تری فزود
چو این چار گوهر به جای آمدند — ز بهر سپنجی‌سرای آمدند
پدید آمد این گنبد تیز رو — شگفتی نماینده‌ی نو به نو
فلک‌ها یک اندر دگر بسته شد — بجنبید چون کار پیوسته شد
ستاره به سر شگفتی نمود — به خاک اندران روشنایی فزود

---

۱. پس از «آثار»، «واو»ی آمده که زائد به نظر رسید.

۲. در نسخه‌ی خطی: «نامیده»، و «نامیه» بمعنای «بالنده» و «نمو کننده» است.

۳. جمع «دُهن»، و به معنای «روغن‌ها».

٤. یعنی: «دانه‌ها».

۵. در نسخه‌ی خطی: «آید».

همی برشد آتش فروریخت آب		همی گشت گِرد زمین آفتاب
ز دانا شنیدم دگرگونه زین		که دانست راز جهان آفرین[1]

و از کلمه‌ی فروغ در زبان پارسی معلوم می‌شود که اعتقادِ حکمای ایشان این بوده که جمیعِ اجسام تنزّلات و تجلّیات است، چه فروغ یا فروز دلالت به فرود دارد، و فرد که به معنی جوهر است از همین کلمه اشتقاق یافته است.

نتیجه‌ی همه‌ی بیاناتِ سابق این شد که باید این معنی را زودتر و بیشتر از همه‌چیز اعتراف بکنیم که مبدأ آفرینشِ کیهان، یعنی واسطه‌ی نخستین خلقِ کینونات اشیاء، نورِ عشق است که متجلّی در ماء وجود شده: «وَکانَ عَرْشُهُ استقرّ عَلَی الْمَاءِ».[2] و به عبارت اخری، این همان تمثیل است که در مرتبه‌ی مشّاءآت تنزّل نموده؛ چه، مشیّت به معنیِ خواستن است، و خواستن مرادف است با عشق، و اشیاء همه از مشیّت مشتق شده‌اند. لاجرم، در حدیثِ شریف

---

۱. در نسخه‌ای از«شاهنامه» که به تصحیح جلال خالقی مطلق صورت گرفته، همه‌ی ابیات یادشده از سوی آقاخان کرمانی آمده‌اند. در بخش «گفتار اندر وصف آفرینش عالم» هشت بیت نخست، و در بخش «گفتار اندر آفرینش مردم» آخرین بیت، بدین شکل آمده‌اند: «یکی آتشی برشده تابناک / میان باد و آب از برِ تیره خاک // نُخُستین که آتش ز جنبش دمید / ز گرمیش پس خشکی آمد پدید // وُزان پس از آرام سردی نُمود / ز سردی همان باز تریّ فزود // چو این چار گوهر به جای آمدند / ز بهر سِپنجی‌سرای آمدند // گهرها یک اندر دگر ساختند / دگر گونه گردن برافراختند // پدید آمد این گنبد تیزرو / شِگفتی نُماینده‌ی نو به نو // ستاره به سر شِگفتی نُمود / به خاک اندرون روشنایی فُزود // همی برشد ابرو فرو آمد آب / همی گشت گِردِ زَمین آفتاب // شنیدم ز دانا دگرگون ازین / چه دانیم راز جهان‌آفرین».

۲. یعنی: «و عرش او بر آب بود». (قرآن، سوره‌ی ۱۱، بخشی از آیه‌ی ۷). در آیه‌ی مذکور واژه‌ی «استقرّ» نیامده است.

ـ «کنتُ کنْزًا مَخْفِیًّا فَأُحْبَبْتُ أنْ أُعْرَفَ، فَخَلَقْتُ الْخَلْقَ لِکیْ أُعْرَفَ»[1] ـ محبّت، سببِ آفرینش است، چنان‌که علّت بقاءِ[2] صُور و ترکیبِ اجسام نیز همان جذبه‌ی ناریه و کششِ مخفی است که در کمون[3] اجزاء آن‌ها است، وگرنه هباءً منثور می‌شدند. در هر جسم، چندان که این کششِ آتشین به تناقص می‌نهد، به همان درجه، فیضِ حیات و بقاء از آن صورت قطع می‌شود.

هر که این آتش ندارد نیست باد[4]

هر آن دل را که سوزی نیست دل نیست
دل افسرده غیر از آب و گِل نیست[5]

بالجمله، مبدأ بودنِ نور و آتش را از برای عالمِ جسم از روی این قاعده می‌توان فهمید که ابتدای ظهورِ هر چیز را در عالمِ کیهان بروز و بارقه[6] می‌گویند، و چون این بارقه در اجسام مستقر نیست، پس باید ببینیم که مبدأ و منشأ این آتش و نورِ عرضی کجا است.

---

۱. یعنی: «من گنجی پنهان بودم و دوست می‌داشتم شناخته شوم، پس آفریدگان را آفریدم تا شناخته شوم».

۲. در نسخه‌ی خطی «بقا» آمده است.

۳. در نسخه‌ی خطی «مکون» آمده است.

٤. از مولوی ست و در «مثنوی معنوی»اش، آغاز دفتر یکم، آمده است.

۵. از وحشی بافقی است، و در «فرهاد و شیرین»اش آمده است.

٦. یعنی: «چیزی که درخشنده باشد و مجازاً بمعنی روشنی و درخشندگی»، «درخشنده».

جوهرِ دوّم: در بیانِ عرش و کُراتِ فلکی

یکی از علمای این عصر، به‌توسّط پاره‌ای آلاتِ رصدیّه، کشف و معلوم کرده است که محیط بر این فضای لایتناهی و کُراتِ لاتحصی، یک عالمِ روشنِ لطیفِ شعشعانی است که از کمالِ بُعد غیرمتناهی که به ما دارد، نه خطِ شعاعِ بصر بدان عرصه می‌رسد و نه به قوّه‌ی نظر آن نور را ادراک می‌کند. و آن عالم صاحبِ ابعادِ ثلاث و بُعد مکانی نیست، زیراکه پیدایشِ مکان، چنان‌که گفتیم، از طبیعتِ هوا می‌باشد، و هوا ابعد[1] از ترکیب و تجلیِ نور در آب است. پس، ابعادِ آن صقع[2] اعلی از جنسِ بُعدِ مجرّد خواهد بود و نمونه‌ای که از آن روشنستانِ حقیقی در عالمِ اَعراض ظاهر است کهکشان[3] می‌باشد که نقطه‌ی ضوء آن محدود به جهاتِ نورانی است؛ چه، حکمای متأخّرین به علمِ شعاع معلوم کرده‌اند که ضیاء از صورتِ بُعد مسافت به‌شکلِ منطقه‌ی منکسر عکس انداز می‌شود و این معنی در برق‌ها و درخشانی‌ای[4] که از دور در شبِ تار می‌جهد، تا یک درجه، مشهود و محسوسِ همگان است. امّا سرِّ این‌که چرا این منطقه منکسر است یا چرا به این‌طور ابصار می‌کند، در علمِ شعاع و فنِّ مَناظِر و مرایا، مشروحاً تنقیح شده.

خلاصه، آن صقعِ نورانی فضای جسمانی را به‌هیچ‌وجه مشغول نکرده و در بُعد مادّی نیست، بلکه بُعد مجرّد را مشغول داشته، به‌طوری که از همه‌ی این اجسامِ سیّارات و شموس و کُرات نه خارج است و نه در آن‌ها داخل، بر مثابه

---

۱. یعنی: «دورتر».

۲. یعنی: «گوشه زمین»، «ناحیه».

۳. در نسخه‌ی خطی «کاهکشان» آمده است.

٤. در نسخه‌ی خطی: «درخشائی».

شعاعِ بصر در مبصر است و نور او را که در دماغِ انسان و نور خارجی جلیدیّه.[۱] و مَجَرَّه[۲] را از این جهت فابریک [یا] کارخانه فلکَین نامیده‌اند که همه‌ی کُرات از آن بیرون آمده.

پیدایشِ کُراتِ فلکی

به‌مثابه آن‌که در حمّام‌ها با[۳] کفِ صابون کُره می‌سازند و در فضای حمّام رها می‌کنند و آن کُره را در فضای حمّام جاذبه‌های مختلف به هر [سو] سوق می‌دهد، همچنین از این عالمِ حارّ و رطب که مزاج حیات دارد و از این عرضِ ثلج[٤] و نار و از این آتشِ سیّال و نورِ مخفی که مجمع‌الاضواء است و صافیِ بنیاناتِ آتش، پاره‌های سیّال به‌شکل کُره یا ذَوات‌ُالأذناب[٥] رها شده، در این فضای لایتناهیِ اجسام می‌افتد و مدّت‌ها از شدّتِ سرعتِ سیر و لطافت در این فضای اِتِر، یعنی در میانِ اثیریّات، دیده نمی‌شود، رفته‌رفته به‌واسطه‌ی برودتی که از اکسیژنِ هوا کسب می‌کند، انعقاد و انجمادی در آن به هم رسیده، ذوذَنَب[٦] می‌گردد، بعد از مدّت‌ها که جسم صُلید، یعنی یاقوت منجمد از روی سطحِ آن انعقاد یافت، از اثرِ میلِ آتش، در آن برآمدگی‌های صنوبری پیدا گشته و هر یک از آن‌ها کُره‌ی آتش‌فشانی شده، دائماً غازات[۷] و شعله‌ها از آن کوه‌ها بر سطحِ

---

۱. جمله ناتمام است.

۲. یعنی: «کهکشان».

۳. در نسخه‌ی خطی: «در».

٤. یعنی: «برف».

٥. یعنی: «ستاره‌های دنباله‌دار»، «دُمداران».

٦. یعنی: «ستاره دنباله دار».

۷. منظور «گازها» است.

آن کُره فرومی‌ریزد. و در این حال شمسی از شموس است که سپس سیّارات از آن جدا می‌شوند؛ یعنی به قوّه‌ی فرار از مرکز، بعضی از آن برآمدگی‌ها جدا شده، بر گردِ آن دَوَران می‌کند و از سیّارات نیز اقمار پاره و مفروز[1] خواهد شد. در هنگامِ سیّاره بودنِ کُره، بر روی آن حیوانات و موالید تکوّن می‌یابد و در منتهای حال، ارواح و لطایف و انوارِ مهمیّه‌ی آن‌ها به مبدأ خود رجوع می‌کند تا آن وحدتِ جمعیِ حیطی و کمالِ کلّی که نتیجه‌ی وجود است ظاهر گردد.

جوهرِ سیّم: در بیانِ کُراتِ سکَنه‌دار

مسئله‌ی اسکانِ کُرات سخنی تازه نیست که ما بگوییم، بلکه هر یک از قدما در این خصوص بیانات نموده‌اند، چنان‌چه حکیم نظامی می‌فرماید:

شنیدستم که هر کوکب جهانی است
جداگانه زمین و آسمانی است[2]

اگر اوراقِ ظهورِ اولّیّت را تصفّح کنیم، می‌بینیم که تصوّر گاهی در لباسِ شریعت به اسمِ انتقالِ ارواح [بوده] و گاه در جلباب[3] هیأت به‌عنوانِ قابلیتِ اسکانِ کُرات از آن‌ها استفاده می‌شود. از آن جمله، در آثار و اساطیرِ هندوان، یعنی کتاب «ویده»،[4] این عقیدت بیان شده، جایی که می‌گوید ارواح، بعد از تبدیلِ

۱. یعنی: «جدا».
۲. از نظامیِ گنجوی است و در «خسرو شیرین»اش آمده است.
۳. در اینجا بمعنای «پوشش» آمده است.
٤. منظور «وداها» است.

جسدِ خاکی در اجرامِ منوّره، از منازلِ متعدّده خواهند گذشت و نظیرِ این معنی باز در کتابِ دستور مأفو، «زند و پازند»،[1] ذکر شده است. ساکنینِ قدیمِ فرانسه، که کولووا نام داشتند،[2] در اثنای ذکر و مناجات که یکی از حکمای عصرِ پنجم قبل از میلاد بود مسکون.[3]

تابعینِ حکمتِ «اپیکور» نیز در این رأی با دیگران مشترک [بودند] و علاوه‌بر هفت سیّاره‌ی سیّار، بر مسکون بودنِ انبوهی از اخترانِ دیگر متّفق بودند. اپیکور بنای طریقه‌ی خود را بر این دلیل می‌نهاد که چون عللِ ایجاد در عالمْ نامتناهی و بی‌پایان است، آثار و نتایجِ آن‌ها نیز باید افزون از حدّ و شمار بُوَد. دموکریتوس[4] و هراکلیتوس،[5] [از] شاگردانِ فیثاغورث، [را] اعتقاد این بود که زمین، چون سیّاراتِ دیگر، گردِ آفتاب حرکت می‌کند و سیّارات نیز[6] مسکون می‌باشند و گوئیا این اعتقاد را نهانی از استادِ خود گرفته بودند.

«ترون دیمر»، یکی از حکمای روم در جزیره‌ی سپمبا،[7] کتابی در نجوم بنگاشت. حکیم مومی‌الیه، غیر از عالمِ خاک، یکصدوهشتادوسه جرمِ دیگر از کواکب [را] مسکون پنداشت. اگرچه این عدد ابتدا مُهمَل و خالی از معنی می‌نماید، ولی به‌موجبِ عقیده‌ی او، در نتیجه‌ی حساب درست می‌آید، زیراکه مومی‌الیه کائنات را مانند مثلثی تصوّر می‌کرد که هر یک از اضلاعِ آن از شصت

---

۱. در نسخه‌ی خطی: «وزند و پازند».

۲. «جمله ناتمام است».

۳. «جمله ناتمام است».

٤. در نسخه‌ی خطی: «ده‌عوکریت».

٥. در نسخه‌ی خطی: «اهراکلیت».

٦. در نسخه‌ی خطی، پس از «نیز»، «چون» آمده، که زائد به نظر رسید.

۷. شاید منظور «ساپینزا» (Sapientza) باشد.

عالمِ مختلف متشکّل[1] گردیده و بر هر سه زاویه‌اش سه عالمِ دیگر آفریده بود. پس، نقطه‌ی وسطِ آن مثلثِ موهوم را مرکزِ تکوین و منشأ خلقت قرار می‌داد و آن را منبعِ صدورِ قوای طبیعی می‌دانست.

تنها افلاطون را در این باب عقیده‌ی روشن نیست، زیراکه مشارالیه اجرامِ فلکی را از حدودِ دایره‌ی شهود بیرون می‌نهد و آن‌ها را جزء عالمِ مثال و خیال می‌شمارد. حتّی بعضی برآن‌اند که بر سکونِ کُره‌ی زمین نیز معتقد نبوده و سکنه‌ی آن را اظلالِ عکوس و خیالاتِ ربّ‌النّوع می‌دانسته و می‌گوید اوضاعِ عالم تحضّراتِ حیاتِ سابقه یا عکوسِ ذاتِ فارقه است.

«فلاماریون»، که از اعاظمِ حکمای متأخّرین است و به تکرارِ دَوَرات قائل است و اصحابِ او در اروپا مشهور و بسیارند، در این باب می‌گوید [که] هر گاه بخواهیم چگونگیِ این حقیقت را دریابیم، باید خود را در یک شبِ تاریک[2] و لطیفی فرض کنیم که اطراف و جوانب هوایش زلال و غیرمکدّر بوده و حواشیِ آسمانش از شعاعِ کواکب درخشان و فروغِ نجوم رخشان و ماهِ تابان منوّر. در چنین شبی، اگر کسی لوحه‌ی دلربای سپهر را به چشمِ عبرت تماشا کند، موقعِ حقیقیِ خود را در کائنات می‌بیند؛ چه، در آن دم، سمندِ فکرتِ انسانی به‌واسطه‌ی جذباتِ قدرتِ یزدانی از عالمِ سِفلی[3] خاک درگذشته، به خطّه‌ی تابناک می‌رسد که دیگر از پویه بازمی‌ماند و سمندِ تحیّر عنان از دستِ طاقتش درمی‌رباید. در هنگامِ استغراق بدین افکار، ستارگان را می‌بینیم که [یک]

۱. در نسخه‌ی خطی: «مشکّل».

۲. در نسخه‌ی خطی: «باریک».

۳. یعنی: «پائینی».

وقتی مانندِ ریزهای الماس یا[1] چون یاقوتِ فراضه‌های زر بر نطع[2] سپهر می‌لرزد و گاهی، در اثنای طیِ فضای بی‌پایانِ اثیر، از مدِّ بصر می‌گریزند.

همه هستند سرگردان چو پرگار   در آن گردش نه مستند و نه بیدار[3]

در این حالت، حیرتی که از تماشای این منظره‌ی فرح‌افزای طبیعت از برای ما حاصل می‌شود، فوراً مبدّل به یک حسِ ملال می‌گردد، زیراکه چون نخست اوضاع و حرکاتِ این اجرام را می‌نگریم، آن‌ها را در زیرِ تُتُقِ صَمت[4] و خفا از دیده‌ی بینشِ خود مستور، بر هر یک از آن‌ها چشمِ تأمّل می‌دوزیم[5] و هرچه سر در بحرِ تفکّر فرومی‌بریم، خالی و بی‌فایده بودنِ آن‌ها را در نزدِ عقل جایز نمی‌شماریم و به‌حسبِ وسعتِ ادراکِ خود، بر لوحِ خیال طرح‌ها می‌کشیم [و] آخر به این نقطه می‌رسیم: «رَبَّنَا مَا خَلَقْتَ هَذَا بَاطِلًا»؛[6] یعنی، این‌همه عوالمِ مسکون باید بُوَد، چنان‌چه این جهانِ گردِ دلیر، از برای جست‌وجوی آمالِ خود، مدّتی به زورقِ خیال، گردِ آب‌های عمیقِ بحر محیط را می‌پیمود و با جرأت

---

۱. در نسخه‌ی خطی: «با».

۲. در اینجا احتمالا بمعنای «پهنه» آمده است. معنای لغوی آن «بساط و فرش چرمین» است.

۳. از نظامی گنجوی است و در «خسرو و شیرین»اش بدین شکل آمده است:

همه هستند سرگردان چو پرگار
پدید آرنده خود را طلب‌کار

٤. «تُتُق صَمت» به معنای «پرده‌ی خاموشی» به کار رفته است.

٥. در نسخه‌ی خطی: «می‌دوزم».

٦. یعنی: «پروردگارا! این [جهان باعظمت] را بیهوده نیافریدی» (قرآن، سوره‌ی ۳، بخشی از آیه‌ی ۱۹۱).

میرزا آقاخان کرمانی

تمام از حدود منتهای برِّ عتیق گذر نمود تا قطعه‌ای را که چندین هزار سال در فهرستِ امکان نام و نشانی نداشت پیدا کرده، خیالش به حقیقت انجامید.

همچنین، [اگر] بَریدِ[1] تصوّرِ ما نیز از پسِ پرده‌ی غفلت به درآید[2] و بر کشتیِ هوایی نائل نشسته، به طبقاتِ رفیعِ سماوات برآید، هزاران عوالم مجهول دیگر را تواند یافت. پس از تحقیقِ این خیال، ذهنِ ما پی به عالمی می‌برد که در آن‌جا حیات به صورت‌های مختلفه نشو و نما می‌یابد و هزاران اقوام و ملل با هم در عرصه‌ی فسیحِ آن زندگانی می‌کنند. و این وجود عقیده‌ای است که از حیثِ قِدَم با خلقتِ ذکاء در میانِ بنی‌آدم توأم [است] و شرفِ ابداع و فضلِ ایجادش عاید به آن شخصِ ذی‌ادراک است که نخست به سابقه‌ی روحِ مستعدّ و استعدادِ عقلِ کامل، ترتیبِ دلاویزِ اجرامِ فلکی را نظاره نموده، به قوّتِ فکر و قوّتِ اذعان که موادعِ فطرتِ قدیمِ انسان است، این سرِّ سَربه‌مهر را که مکنونِ ضمیرِ طبیعت بود، در اطرافِ جهان شایع و فاش کرد.

لاجرم، اگر کسی در این فضای بی‌منتهی تنها همین عالمِ خاک را موجود پندارد و هزاران عالمِ تابناکِ دیگر [را] نابود انگارد،[3] بدان می‌ماند که در میانِ مزرعه‌ی وسیعی، از میانِ هزاران خوشه گندم، تنها یکی را قابل نشو و نما یابد و باقی همه را عاطل داند، که در واقع به فکرِ نارسا و رأیِ ضعیفِ چنین آدمی باید خندید، و بزرگان فرموده‌اند:

---

۱. یعنی: «نامه‌رسان».

۲. در نسخه‌ی خطی: «درآمد».

۳. پس از «انگارد»، «واو»ی آمده که زائد به نظر رسید.

تا تطاول نپسندی و تکبر نکنی
که خدا را چو تو در ملک بسی جانورند[1]

بلکه باید دانست که هر یک [از] ثوابت، جداگانه آفتابی است که، در جسامت و عظمت، نظیرِ این خورشیدِ منیر می‌باشند و در گِردِ هر یک از آن‌ها نیز، مانندِ محیطِ آفتاب، بعضی کُرات مظلم‌اند که پیوسته از آن‌ها اقتباسِ نور و حیات و کسبِ انواعِ فیوضات می‌کنند. سیّاراتی که حولِ آن‌ها گردش دارند، از غایتِ دوریِ مسافت و بُعدِ مکان، از چشمِ ما نهان‌اند و ضعفِ باصرهْ ما را از تدقیق [در] حالات و تتبّع [در] حرکاتِ آن‌ها مانع می‌شود. پس، هرگاه بشناسیم که این کواکب، در خاصیّتِ اضائه[2] [و] قابلیّتِ تنویر، فرقی از این آفتاب ندارند و شمس نیز، اگر به بُعد آن‌ها واقع شود، هرآینه در نظرِ ما مانند سیّاره‌ی بسیار کوچکی می‌نمود، آیا باز می‌توان گفت که این و آن، هر دو، از بهرِ یک مقصود آفریده شده‌اند و از آفرینشِ این‌همه ستارگان برای موجودات هیچ فایده مترتب نیست؟ انتهی.

جوهرِ چهارم: در بیانِ لایتناهی بودنِ کُرات

حرارت و نورِ مطلق، مادام[3] که در بساطت و لطافتِ صرفه‌ی خود باقی است، محسوس نمی‌شود و ابداً ضَوئی[4] و شعاعی که مستلزمِ غلظت و جسامت است

---

۱. از سعدی است و در «غزلیات»اش آمده است.

۲. یعنی: «روشن شدن»، «روشن کردن».

۳. در نسخه‌ی خطی: «مدام».

٤. یعنی: «روشنی»، «نور».

ندارد. همین که برودت، که دخانِ مُکَلِّس[1] احداث می‌کند، مخلوط و مجاور شد، مرئی و محسوس می‌گردد و چون در محلٍّ خود ثابت شده که حرارت و نور از اشیاء وجودی است و ظلمت و برودت از عدمیّات، از این‌جا ظاهر می‌شود که ظهورِ موادِّ جسمانیّه موقوف است بر اخلاطِ[2] وجود و عدم، و تولیدِ اجسامِ صلبیّه از اصطکاکِ حرارت با[3] برودت حاصل می‌شود و هرچه حرارت شدیدتر، جسمِ اصلب[4] انعقاد می‌یابد. و این است معنیِ عالمِ یاقوت و «نار فِی کبِدِ الثَّلْجِ»[5] که در احادیث و کلماتِ بزرگانِ دین وارد شده است.

لاجرم، بعد از آن‌که آن جذبه‌ی نوریّه و قبسه‌ی ناریّه در فضای اثیریات هبوط نمود و سطح آن به یک پارچه‌ی یاقوتِ سرخ پوشیده شد، در احقابها[6] آتش‌افشانی کرد. پس از آن، موالید در آن پدید آمد و در منتهای کار، ارواح و لطایف و انوارِ مُهمیّه در آن ظاهر شد. به اعتقاد بعضی، باز آن ارواح به مبدأ اصلیِ خود عود می‌کند و آن حرارتِ سیّال فیضِ خود [را] بازمی‌گرداند. شعر:

فَکَأَنَّمَا بَرْقٌ تَأَلَّقَ بِالْجَمَی — ثُمَّ انْطَوَی فَکَأَنَّهُ لَمْ یَلْمَعِ[7]

---

۱. یعنی: «دودهای آهکی».

۲. احتمالاً واژه درست «اختلاط» باشد.

۳. در نسخه‌ی خطی: «یا».

٤. یعنی: «سخت‌تر».

٥. یعنی: «آتش در دل برف».

٦. یعنی: «زمانهای درازپی درپی».

٧. یعنی: «گویی برقی بود که در میان دشت درخشید و سپس ناپدید شد، پس گویی هرگز ندرخشیده است.»

ولی، بنا بر قولِ اصحّ، قطعِ فیض از مبدأ فیّاض، در هر حال، محال است و عنقریب مشروحاً بیانِ این بیاید. خلاصه، آن قوّه‌ی جاذبه و دافعه که سیّارات را گِردِ شموس دَوَران می‌دهد و کُرات را از تماسِ یکدیگر مانع است، [چیزی] نیست مگر از اثرِ جذبه‌ی مقناتیسِ[۱] انوارِ عشق و کهربای بروقِ تجلّیِ وجود و حرارتی که در کمونِ هر یک از این کُرات مکنون و مخزون است. وقتی که اجزاء آن حرارت مجتمع می‌شوند، هیات[۲] مجموعه‌ی آن ذرّات را اثیر می‌گویند؛ یعنی آتشِ سیّالی که از غایتِ لطافت مرئی و محسوس نیست و لازال[۳] در این فضای لایتناهی متحرّک است. از آن پس، به‌واسطه‌ی اصطکاک و تلاقیِ آن با برودت‌های شدیده که از این فضا به هم رسید، فی‌الجمله انعقاد و جمودتی در آن اجرامِ اثیری حاصل گشته، اگرچه تمامِ سطحِ آن با یک پرده یاقوتِ سرخ پوشیده می‌شود، چنان‌چه حکیم فردوسی گفته است: «ز یاقوت سرخ است چرخ کبود / نه از باد و آب و نه از گرد و دود»،[۴] ولی باز تمامِ آن کُره سیّال است. به این واسطه، از فرطِ ذَوَبانی[۵] که دارد، به اَشکالِ مختلفه تشکیل می‌یابد و غازاتِ[۶] آن، که مایه‌ی ترکیبِ معدنیّات است، با[۷] اکسیژن ترکیب یافته، مرئی می‌گردد و شعله‌های رنگ‌رنگ از آن ظاهر است و، در این

---

۱. منظور «مغناطیس» است.

۲. در نسخه‌ی خطی: «هیهات».

۳. یعنی: «همیشه».

٤. در نسخه‌ای از «شاهنامه» که به تصحیح جلال خالقی مطلق صورت گرفته، بیت یادشده در بخش «گفتار اندر آفرینش مردم» آمده است.

٥. در اینجا احتمالا بمعنای «حرارت زیاد و نرم بودن» بکار رفته است.

٦. یعنی: «گازها».

۷. در نسخه‌ی خطی: «یا».

حال، آن را ذوذبابه می‌گویند، چراکه از غایتِ سیّال بودن، هر ساعتی به شکلی بیرون می‌آید و مدارِ آن بر قطعاتِ ناقص است تا این‌گونه در روی سطحِ یاقوتِ سختی دیگر منعقد شده که آن را صُلید خوانند، و این طبقه‌ی دوم از این کُره می‌باشد. آن‌گاه، ثقلین به هم رسانیده، به‌واسطه‌ی تجاذب‌های مختلف، بر مرکزِ خود دَوَران می‌کند، بر مثالِ دَوَران از گداخته به سموک، در سبیلی که ذهبیّه،[1] یا آن که چون به شکلِ کُروی کسب نموده، هنگامی که جاذبه‌ی شمسی دیگر بر دَوَرانِ کُره‌ی آن شمسِ اعظم حرکت می‌دهد، در اثنای حرکتِ انتقالی ناچار است از حرکتِ وضعی علی کلًا[2]التقدیرین. در این حال، برآمدگی‌ها در آن پیدا می‌شود که هر یک بنای آتش‌فشانی می‌گذارند و غازات از آن صادر گشته، سُدومِ آن بر سطحِ سایرِ کُرات می‌ریزد. در این حال، شمسی از شموس است. پس، به‌سببِ غازات و معدنیّات، بعد از دور شدن از هوای مجاورِ شمس، باز بدان رجوع نموده، محترق می‌شوند و آن‌ها را رجوم[3] گویند.

لاجرم، به‌سببِ قوّه‌ی فرار از مرکز، از این کره‌ی شمسیّه، پارچه‌های بزرگ و ستون‌های جسیم که هنوز سیلانی در آن‌ها موجود است مفروز شده، این قطعات و پارچه‌های مفروزه بعضی تنها به شکلِ کُره و بعضی کُره‌ی ذات‌الخلق می‌باشند و بر گِردِ آن شمس دَوَران می‌کنند و به‌واسطه‌ی انجمادی که در سطحِ آن‌ها به هم رسیده، سیلانِ ذَواتُ الأَذناب[4] و ارتجاعاتِ شموس را دارا نیستند و سببِ کرویّتِ شکلِ آن‌ها دو چیز است:

---

۱. جمله نامفهوم است.

۲. در نسخه‌ی خطی: «کلّ».

۳. در نسخه‌ی خطی: «ارجوم».

٤. یعنی: «دنباله‌دار».

اول، سیّال بودنِ پارچه‌ی مفروزه در حالِ جدا شدن؛ و ثانی، دیده شدنِ هر جسمِ ذوزوایایی از مسافتِ دور به شکلِ کُره پارچه‌های نخستین که از شمس مفروز می‌شوند، چون خفیف‌تر می‌باشد. از این جهت، بُعد آن‌ها از شمس به مسافتِ بسیار بعید اتّفاق می‌افتد و آن‌چه پس از آن‌ها جدا شود، رفته‌رفته، ثقیل‌تر و وزین‌تر خواهد بود، زیراکه پارچه‌های آخرین، همه، مایه‌ی فلزّاتِ وزین می‌باشند [و] بنابراین به شمس نزدیک‌تر می‌شوند.

و از این‌جا معلوم می‌گردد که عطارد و زهره و زمین از مریخ و مشتری و زُحل وزین‌تر و رزین‌ترند و غیر از حرکت بر گِردِ مرکزِ خود، از برای شموس حرکتِ دیگر معلوم کرده‌اند که با طایفه‌ی سیّارات و اقمارِ خود، از برای شموسی دیگر حرکت می‌کنند و آن شمس نیز با طایفه‌ی خود بر گِردِ شمسی دیگر؛ به این معنی که تمامیِ ثوابت، که هر یک به‌مثابه‌ی شمسی هستند، نسبت به شمس دیگر سیاره محسوب‌اند و آن شمس نیز با شموس دیگر که در عرضِ او هستند گِردِ شمسِ اعظم و هکذا، رفته‌رفته تا عنانِ آسمان. از این‌جا معلوم می‌شود که از برای آن کُرات اندازه و انتهایی نیست.

نه زین رشته سَر می‌توان تافتن
نه سررشته را می‌توان یافتن[1]

و بعضی دیگر چنین کشف کرده‌اند که همه‌ی این عوالمِ ثوابت و سیّاره به‌منزله‌ی کُره‌ی سیّاری است از برای عالمِ وسیعی دیگر که شموس و سیّاراتِ

---

۱. از نظامیِ گنجوی است، و در «اسکندرنامه»اش آمده است.

او نیز به همین نسبت می‌باشند و مؤیّدِ این معنی در احادیث و کلماتِ بزرگان نیز آمده که: «إِنَّ لِلَّهِ سَبْعِینَ أَلْفَ أَلْفِ حِجَابٍ، وَلِکلٍّ حِجَابٍ أَلْفُ أَلْفِ عَرْشٍ».[۱]

جوهرِ پنجم: در بیانِ دَوَرانِ کُرات به‌واسطه‌ی جاذبه

این معنی را باید دانست که تجاذب بدون تدافع برحسب دَوَران کُره بر محور نمی‌شود و برای تدافعْ ثقلیّت[۲] و جمودت لازم است، چنان‌چه برای تجاذبْ حرارت و لطافت در کار می‌باشد. لاجرم کُرات در حالتِ اثیریّت هیچ مداری ندارند، بلکه حرکاتِ آن‌ها حرکاتِ واله و متحیّر است و در حالتی که ذوات‌الاذناب می‌شوند، مداراتِ آن‌ها ناقص می‌باشند و باز سیلان دارند و در حالت این‌که شموس می‌گردند بر محورِ[۳] خود مداری پیدا می‌کنند و اگرچه ثابت‌اند، امّا خالی از ارتجاجات نمی‌باشند. و در حالتِ سیّاریّت صاحبِ دو مدارند، یکی بر گِردِ خود و دیگری بر گِردِ شمس. و در حالتِ اقماریّت صاحبِ سه مدارند، یکی بر گِردِ محورِ خود و دیگری به تبعیّتِ سیّاره بر گِردِ شمس. ولی باید دانست که حرکت بر گِردِ محورِ خود در شمس ذاتی است به‌واسطه‌ی تجاذب و تدافعِ دو میلِ مختلف دورِ سیّارات و قمرِ عرضی. یعنی، حرکتِ

---

۱. یعنی: «همانا خداوند هفتادهزار حجاب دارد و برای هر حجابی، هزار هزار عرش است.» (در «جامع الاحادیث» حدیثی از پیامبر اسلام نقل شده است که تا حدی با آن‌چه آقاخان کرمانی بیان کرده همخوانی دارد. این حدیث به شرح زیر است: «إِنَّ لِلَّهِ سَبْعِینَ حِجَاباً وَ فِی رِوَایَةٍ أُخْرَی سَبْعَمِائَةِ حِجَابٍ وَ فِی أُخْرَی سَبْعِینَ أَلْفَ حجابا [حِجَابٍ] مِنْ نُورٍ وَ ظُلْمَةٍ لَوْ کشَفَهَا عَنْ وَجْهِهِ لَاحْتَرَقَتْ سُبُحَاتُ وَجْهِهِ مَا أَدْرَکهُ بَصَرُهُ مِنْ خَلْقِه»).

۲. احتمالاً به معنای «سنگینی» و «سختی» به کار رفته است.

۳. در نسخه‌ی خطی: «محود».

وضعیّه‌ی آن‌ها از حرکتِ انتقالیه بدون حرکتِ وضعی ممکن نیست، مگر بنابر این قول که شمس گِردِ شمسِ دیگر دَوَران می‌کند. در این صورت، حرکتِ وضعیّه‌ی او نیز عرضی می‌شود، یعنی به تبعِ حرکتِ انتقالی.

مثال این کُره را روغن زیت[1] که فی‌الحقیقة عقد و جمودت کسب کرده باشد سوزنی را محورِ آن قرار داده، در ظرفی آب به سرعتِ تمام چرخ می‌دهیم، به‌طوری که آب‌های اطرافِ آن کره هم به مشایعتِ آن دَوَران نماید. در این حال، مشاهده می‌کنیم که دائماً از قطبین می‌کاهد و به منطقه می‌افزاید و چون حجمِ وافری در منطقه پدید آید، فوراً قطعه‌ای از آن جدا شده، بر گِردِ آن کره‌ی بزرگ به گردش [در]می‌آید و همچنین از آن قطعه‌ی مفروز، اگر سریع بچرخد، قطعه‌ی دیگر جدا می‌گردد.

آری، به همین نسبت، قطعاتِ مفروز از شمس را سیّاره گویند و همه‌ی این شموس و سیّارات را با هم جاذبه و دافعه‌ای است که آن‌ها را در محورِ خود ثابت داشته. و اگر این فضای لایتناهی نبود یا محیط بر آن عالمی نورانی نمی‌بود، قطعاً همه در یک نقطه جمع می‌شدند، زیراکه جاذبه‌ی کُراتِ مرکزیّه بر جاذبه‌ی محیطات غالب می‌باشد. ولی، در صورتی که قوّه‌ی دافعه نیز در کُرات به همین نسبت موجود بود، این سخن وارد نمی‌آمد، خصوصاً که ما اثبات کردیم این‌که دافعه لازمه‌ی برودت است، چنان‌چه جاذبه لازمه‌ی حرارت می‌باشد، و پس از آن‌که سیّارات همه قمر شدند و شمس سیّاره شد، ناچار است از شمسی دیگر.

در این‌جا، میانِ حکمای متأخّرین اختلاف می‌باشد. بعضی گویند که باز از جنسِ همین شموسِ دوره‌ی نخستین، شمسِ دیگر از شهب و نیازک، یعنی

---

۱. یعنی: «روغن زیتون».

غازات، تشکیل می‌یابد و صاحبِ این قول قائل به تکرار است؛ و پاره‌ای دیگر از فُحولِ[1] حکمای عصر گویند [که] شموسِ دوره‌ی ثانیه از جنسِ الکتریسته تشکیل می‌شوند و مطلقِ شموسِ دومین دوره‌ی مهین چرخ از جنسِ غازات و شهب نخواهد بود، و این فصلِ ثانی با لسانِ شریعتیان اوفق است که می گویند در روزِ قیامت شیطان را سر می‌برند، زیراکه مادّه‌ی اصلیّه‌ی شیاطین از غازات و نار و شهب است.

جوهرِ ششم: در اثباتِ جوهرِ اثیر

چون از هوای مجاورِ هر کُره‌ای فراتر رویم، رفته‌رفته، هوا رو به تناقص می‌نهد، زیراکه هوا نیز مانندِ سایرِ اجسام وزن دارد و موافقِ وزنی که از برای یک عمود هوا تا سطحِ ارض معلوم کرده‌اند، باید تا مقدارِ هشتادهزار متر بالا تقریباً این فضا را هوا بیشتر مشغول نکرده باشد. لاجرم، از آن پس، چنان‌که بعضی گفته‌اند، «لا خَلَأُ وَلا مَلَأُ».[2]

با آلاتِ فنّیه کشف کرده‌اند به اینکه جسمی شبیهِ غازات که هیچ وزن ندارد فضا را مشغول کرده و انوارِ کواکب و شعاعِ بصر به‌توسّط او نقل می‌شود و آن را اِتِر گویند، یعنی اَثیر. و آن از فرطِ لطافت غیرمرئی است و مبدأ همه در آب بسیطه‌ی اجسام او است. چه، ما بعد از انتهای ابعادِ هوای اتمسفر چاره نداریم جز این‌که به یک جرمی بی‌وزن که فضا را مشغول ساخته قائل شویم و آن فضا

۱. یعنی: «نامداران».

۲. یعنی: «نه خلأ هست و نه پُر بودنی».

نیز جنسِ فضای هوا نیست، زیراکه این فضای مادّه از حاقِّ جوهرِ هوا پیدا شده که فی حَدِّ ذاته[1] طالبِ انتشار و موجبِ انبساط است.

و امّا فضای اثیری همان است که بُعدِ موهوم و بُعدِ مجرّد تعبیر از آن کرده‌اند. و در این عصر، نتیجه‌ی اکتشافاتِ همه‌ی حکما این شده که جمیعِ آثار و خواصِ اجسام تابعِ تَمَوُّجات[2] اثیری باشند. از آن جمله، «ویلیم کروکس»[3] را اعتقاد بر این است که مادّه عبارت است از زوبعه‌ی دقایقِ اثیر که دقایقِ اثیرِ درهم‌پیچیده تأثیرِ قوای خود را بر روی یکدیگر بنمایند. و «مُسیو لاد»[4] می‌گوید برق نوعی از اثیر است و مادّه از حرکاتِ زوبعیّه، یعنی درهم‌پیچیده‌ی اثیر، حاصل می‌شود و دور نمودنِ این قوّه را از مواقعش بسیار دشوار دیده، به‌واسطه‌ی سرعت و دور این‌که آن دقایق بر محورِ خود دارند و برق مادّه‌ای است که به اثیر متّصل شده. و «نیکولات»[5] معلوم کرده که در یک ذرع مکعّبِ اثیر مساویِ قوّت ده‌هزار تن موجود است؛ یعنی برای بلند کردنِ ده‌هزار تن، قوّه‌ی یک ذرع مکعّب اثیر کافی است.

و ممکن است که مادّه بنفسها عَرَضی از اَعراضِ اثیر باشد؛ چنان‌چه «سِر ویلیم طامسِ»[6] انگلیسی معلوم کرده و «مسیو کروس»، استاد الکتریکی مشهور، می‌گوید [که] آن قوّه که به‌واسطه‌ی آن دقایقِ اثیر به هم می‌خورد بزرگ‌ترین

---

۱. یعنی: «به خودی خود».

۲. در اینجا احتمالا بمعنای امواجی است که از اشیاء ساطع میشود.

3. William Crookes

۴. شاید منظور فردریک لاد (Frédéric Lagrange) باشد.

۵. شاید منظور نیکولا تسلا (Nikola Tesla) باشد.

۶. شاید منظور ویلیام تامسون (William Thomson) باشد.

میرزا آقاخان کرمانی

قوّت‌هایی است که تا کنون انسان آن‌ها را به کار برده[1] و در یک غُرفه از دقایقِ اثیر، مقابلِ قوّتِ صدهزار دینامیت موجود است که بتواند کوه‌ها را مندکّ و زیروزبر کند، و این قوّه قوی‌تر است از هزاران هزار قوای بخاریّه.

و لکن ما درک نمی‌کنیم این قوّه را و فعلش را نمی‌بینیم، چراکه دقایقِ مادّه به هم از هر طرف اصطکاک می‌کند و به‌جهتِ موازنه‌ی قوای آن، عمل و تأثیرِ او مخفی می‌ماند و تنها چیزی که از این قوّه استفاده توانسته‌اند بکنند واسطه برای روشنایی است و مصرفی اندک بدون هیچ حرارتی در آن؛ زیراکه این معنی ثابت شده که افروختنِ چیزی در افعالِ شیمیایی بدونِ احراق ممکن است. و اگر این معنی چنان‌چه باید و شاید از قوه به فعل رسد، عملِ ذغال‌سنگ و غازات به‌کلّی باطل خواهد شد و دیگر نباید منّتِ دود و احراق و آتش را کشید.

خلاصه، مآلِ[2] نوامیسِ علومِ طبیعیّه در این عصر برگردانیده است تمامِ ظواهرِ آثارِ نور و حرارت را به یک چیزِ معیّن، و آن حرکتِ دقایقِ اثیر است؛ چراکه نور و حرارت از شمس افاضه می‌شوند و به‌واسطه دقایقِ اثیریّه و قوّه‌ی الکتریسته و مقناتیس نیز با آن‌ها می‌آید. و این قوایی که از شمس و کواکب پیدا می‌شود، همه، بر دقایقِ اثیر محمول است تا واصل می‌گردد به جوِّ زمین و در آن‌جا مبدّل می‌شود به نور و حرارت و الکتریک و مقناطیس و حیات و حرکت و روح و غیره.

و از این‌جا یک موضوعِ بسیارِ مهمّ دیگری را کشف نموده‌اند که مادّه‌ی اثیر و برق را با حیاتْ علاقه و نسبتِ بزرگی است؛ به‌طوری که می‌توان گفت

---

۱. در نسخه‌ی خطی: «نبرده».

۲. یعنی: «مرجع»، «بازگشتگاه».

جوهرِ حیات از روحِ الکتریک است. و غالباً این قوّه از حیوانات خارج می‌شود، چنان‌چه از ماهی عادتاً پدید می‌آید،[1] و شکّی نیست که دقایقِ اثیر، هر لحظه [و] با نهایتِ سرعت، به یکدیگر اصطکاک می‌کنند، به قوّتی[2] که از آن شدیدتر و سریع‌تر ممکن نباشد. و این است سببِ آن‌چه ما درک نمی‌نماییم از صلابتِ مادّه یا رخاوت و لطافتِ آن، زیراکه صلابت و رخاوتِ مادّه مطلقاً تابعِ تَمَوُّجاتِ اثیری است، اعمّ از این‌که مادّه را شیء مستقلّی بدانیم غیر از حرکت، یا آن‌که آن را حرکتی از حرکاتِ اثیر بشماریم.

و استادِ معروف به «سکولات سلا»[3] در این اواخر موفّق شد بر این‌که قوه‌ی اثیر را تا یک درجه استخدام و استخراج نماید، به حیثیتی که متدافع نباشد و بر روی طرفی یگانه و مقصودی واحد سوق و اجرا شود.

بالجمله، دقایقِ اثیر مشغول ساخته است آن فضایی را که مشائین «لا خَلَأٌ وَلا مَلَأٌ» تعبیر از آن آورده‌اند و امیرالمؤمنین علی (ع) «سَکائِکَ الْهَوَاءِ»[4] فرموده است.

---

۱. در نسخه‌ی خطی: «پیدا می‌آید».

۲. در نسخه‌ی خطی: «بقوّه».

۳. شاید منظور نیکولا تسلا (Nikola Tesla) باشد.

٤. یعنی: «فضاهای خالی». در خطبه‌ی نخستِ نهج‌البلاغه آمده است، و کل جمله به شرح زیر است: «ثُمَّ أَنْشَأَ سُبْحَانَهُ فَتْقَ الْأَجْوَاءِ وَ شَقَّ الْأَرْجَاءِ وَ سَکائِکَ الْهَوَاءِ فَأَجْرَی فِیهَا مَاءً مُتَلَاطِماً تَیَّارُهُ مُتَرَاکِماً زَخَّارُهُ» (سپس خدای سبحان جوّها را شکافت و اطرافِ آن را گشود و فضاهای خالی در آن ایجاد کرد. آن‌گاه، آبی را که امواجش درهم‌شکننده و خود انبوه و متراکم بود، در آن فضای بازشده روان ساخت).

جوهرِ هفتم: در احوالِ پنج‌گانه‌ی اجرام

چون در علمِ حکمت معلوم شده که وزن و ثقل از برودت ناشی است، و برودت نیز چیزی جز عدمِ حرارت نیست، و لون و شکل نیز از جمودتِ اجسام حاصل می‌شود، و جمودت شقیقِ[1] برودت است، لاجرم هرچه حرارت بیشتر در جسم قوّت دارد، لون و شکل و ثقل در آن جسم کمتر خواهد بود، و هرچه از حرارت می‌کاهد، بالعکس، این اَعراض بیشتر غلبه می‌کنند و آخر درجه‌ی الوان سیاهی است، که بالای سیاهی رنگی نیست، و آن مرادفِ ظلمت است.

امّا حالات پنج‌گانه:

حالتِ نخستین حالتِ اثیریّت است که، در آن حال، جسم صاحبِ لون و شکل و وزن، هیچ کدام، نیست و لازال حرکتی مولّهانه دارد.

حالتِ دوم حالتِ ذوات‌الاذناب و شُهُب است که مدارِ حرکتِ آن بر قطعاتِ ناقص و قوّت‌های ناتمام می‌باشد. از غایتِ ذَوَبان،[2] هر لحظه به شکلی درمی‌آید و هر وقت در این فضای لایتناهی با[3] برودتی تصادف کند دیده می‌شود، و چون از برودت نمی‌گذرد باز از نظر ناپدید می‌گردد. شهب و نیازک، که از فرطِ سیلان به شکل‌های مختلف متشکل می‌شوند، و قطعاتِ اجرامِ اثیریه یا ذوات‌الاذناب، قبل از آن‌که شمسی از آن‌ها متشکل گردد، به یکدیگر اتّصال و اتّحاد پیدا می‌توانند نمود. امّا در حالتِ شمسیّت، و پس از آن‌که انعقاد و جمودت به هم رسانید، دیگر قابل اتصال نیست، بلکه پارچه‌ای از آن مفروز

۱. در نسخه ی اصلی: «شفیق».

۲. یعنی: «آب شدن»، «گداختن».

۳. در نسخه‌ی خطی: «یا».

می‌گردد و اتّحادِ حقیقی، که جمع‌الجمع باشد، بعد از تکوینِ الکتریسته پدید خواهد آمد.

حالتِ سوّم حالتِ شمسیّت[1] است که به‌واسطه‌ی التقای با برودت‌های شدید روی سطحِ آن طبقه یا از قوّت و صلید منعقد شده، حرارت آن اجسامِ صلبیّه‌ی معدنیّه را می‌سوزاند[2] و احداثِ ضیاء در آن می‌کند؛ چه در احتراق، هر قدر مایه‌ی احتراق بیشتر است، شعاع و ضیاء آن بیشتر و نورِ آن رنگین‌تر خواهد بود. و پیدایشِ کلِّ اجسامِ صلبیّه‌ی معدنی به‌واسطه‌ی التقای حرارت با[3] برودت است و این‌که[4] پاره‌ای بزرگانِ دین معدنیّات را مرکّب از روحِ کبریت و زَیبَق[5] دانسته‌اند اشاره به همین حرارت و برودت است. ولی، بعضی جهّال به خیالاتِ واهیِ دور و دراز افتادند، به‌خصوص وقتی که قریب به معدنِ زر و سیم، همه‌جا، زیبق و کبریت را نیز یافتند.

حالتِ چهارم [حالت] سیّارات است که از شمس پاره می‌شوند و حرارتِ آن‌ها روی به تناقض نهاده، جمودت غلبه می‌کند. به این سبب، وزن و ثقل و دیگر خواصِّ اَعراض در آن‌ها غلبه دارد، ولی چون در مرکزِ آن‌ها آتشِ سیّال موجود است، از این سبب، گاهی کوه‌های آتش‌فشان در آن‌ها پیدا می‌شود و اطرافِ آن‌ها همیشه روشن است و نور احاطه دارد و غالباً سیّارات قابل سکون و مخلوقات ذوی‌الحیات هستند. ولی، به‌اقتضای تخالفِ عنصر و تباینِ نسبت و ترکیبِ قوی که در آن‌ها جاری است، البتّه در حالتِ عنصریِ اجسام و

---

۱. در نسخه‌ی خطی: «سمسیّت».

۲. در نسخه‌ی خطی: «می‌سوزد».

۳. در نسخه‌ی خطی: «یا».

٤. پس از «اینکه»، «از»ی آمده که زائد بنظر رسید.

۵. یعنی: «گوگرد».

موجوداتِ آن عوالم نیز تنوّعی عظیم و اختلافی جسیم شهود خواهد گردید. اگر فرضاً احوالِ مشتری را [به‌عنوان] یکی از کواکبِ سیّارات از برای مثال تفتیش نماییم، می‌بینیم که عنصرِ این کُره، کوتاهیِ روزها و شب‌های آن، سرعتِ سیرِ دَوَرانش، درجه‌ی ثقلیّتِ آن و مقدارِ روشنایی و گرمی‌ای که از آفتاب می‌گیرد و بالجمله هیئات[1] مجموعه‌ی شرایطِ اوضاعی که مخصوصِ کره‌ی مذکور است، هیچ نسبتی با امرِ تعیّش و زندگانیِ کره‌ی خاک ندارد.

قدری نزدیک‌تر ببینیم عدد و درجه‌ی شدّتِ حواسِ خودِ ما، همه، متناسب[2] به حالِ عالمی است که در آن زیست می‌کنیم. مثلاً، قوّه‌ی باصره‌ی ما به درجه‌ی شعاعی است که از آفتاب می‌گیریم؛ قوّه‌ی سامعه‌ی ما به درجه‌ی تَمَوُّجاتِ صدا در فضای هوای این عالمِ خاک است؛ ذائقه و شامّه‌ی ما به درجه‌ی قوای بدنی و متناسبِ هیئاتِ ترکیبِ جسمانیِ ما است. پس، در موادِّ طبیعیِ این عالم نیز، خواه در صورتِ تَرَکُّب و خواه در طرزِ فطرتشان، اختلافات بسیار و تغیّرات بی‌شمار است. لهذا، آنان که تا کنون سکنه‌ی عوالمِ فلکی را از هر جهت نظیرِ مردمِ خاکی پنداشته‌اند، در فرضیاتِ خود خطا رفته، و کسانی که در تصویرِ طورِ خلقت و چگونگیِ هیئاتِ آنان زبان گشوده‌اند، باز از شگفتی و حیرت، کلک[3] از بنان[4] افکنده‌اند.

حالتِ پنجم حالتِ اقمار است که به‌کلّی فیضِ حرارت و رطوبت از آن‌ها مقطوع است و صرفِ جمودت و برودت هستند و در پیرامونِ آن‌ها روشنی ابداً نیست، زیراکه در مرکزِ آن‌ها حرارت وجود ندارد. این است که بالذّات

---

۱. جمع «هیئت» و بمعنی «اشکال» است.

۲. در نسخه‌ی خطی: «تناسب».

۳. یعنی: «خامه»، «قلم».

۴. یعنی: «انگشت»، «سرانگشت».

تاریک‌اند. احجاری که از کُره‌ی قمر گاهی بر زمین می‌افتد غلبه‌ی رطوبتِ آن‌ها در حینِ سقوط به حدّی است که تماس به آن‌ها ممکن نیست و، به این سبب، حکمای فرنگ می‌گویند [که] اقمار در حالتِ نَزع[1] می‌باشند و مزاجِ ایشان مزاجِ موت است و گرفتنِ فیض از شمس نمی‌توانند و فیضِ حیات به‌کلّی از آن‌ها قطع شده، حتّی رطوبت هم که یکی از موادّ حیاتیه[2] است در آن‌ها موجود نیست و دیگر شایسته‌ی ادراکِ افاضه‌ی شموس نیستند: «حَتَّیٰ عَادَ کالْعُرْجُونِ الْقَدِیمِ، و لَا الشَّمْسُ یَنبَغِی لَهَا أَن تُدْرِک الْقَمَرَ».[3]

و باید دانست که اجسامِ حَیَوی[4] بالفعل در اقمار موجود نیست، بلکه آن‌ها قبورِ حیوانات می‌باشند، زیراکه در وقتِ سیّاره بودن، آن‌قدر روزها بر آن‌ها گذشته که تمامِ جرمِ آن‌ها عبارت است از اجسامِ عضویِ حیوانی که بر آن‌ها تکوّن یافته بود.

جوهرِ هشتم: در خاصیّتِ اقمار

مبدأ اثیر، در نزدِ اهلِ حقیقت، ادراک است و مبدأ ادراکْ وجود، و مبدأ وجودْ عشق که آن را مشیّت گویند. امّا، اثیر مبدأ برق است، یعنی جاذبه، و برق مبدأ نور، و نور مبدأ حرکت، و حرکت مبدأ حرارت، و حرارت منشأ حیات. لاجرم، جرمِ اثیر مبدأ ذرات است، و ذوذَنَب منشأ تجاذب، و حرارتِ شمس مبدأ نور،

---

۱. یعنی: «حالت جان کندن».

۲. در نسخه‌ی خطی: «حیوتیه».

۳. یعنی: «تا [در سیر خویش] همچون شاخه خشکیده دیرینه باز می‌گردد؛ نه خورشید را سزاوار است که [در سیر خود] به ماه برسد» (قرآن، سوره‌ی ۳٦، بخشی از آیات ۳۹ و ٤۰).

٤. یعنی: «زنده».

و حرکاتِ[1] سیّارات منشأ حیات، و اقمارْ مفیضِ علم و ادراکِ وجود در هر موت. یعنی [با] فنای رتبه‌ی اولی، رتبه‌ی ثانی به‌صورت اکمل ظاهر خواهد شد، زیراکه حرارتِ اثیری هرچه بیشتر جمودت کسب می‌کند مخفی‌تر می‌شود و هرچه مخفی‌تر لطیف‌تر می‌گردد.

و ادراکِ حقیقت عبارت است از حرارتِ مخفیِ لطیف. موافقِ تاریخِ طبیعی[2] نوعِ ظهور و خلقتِ انسان در کره‌ی زمین مصادف است با پاره شدنِ قمر از کُره‌ی[3] ارض، و هرچه در این مدت بر جمودتِ قمر افزوده، به همان نسبت، بر ادراکاتِ نوعِ انسانی می‌افزاید. از این قرار، معلوم می‌شود که اگر قمر نمی‌بود، نوعِ انسانی پیدا نمی‌شد، و اگر سایرِ کُرات دیگر نیز از آن‌ها مفروز شود، فضای کائنات را نورِ ادراک پر می‌کند. این است که حکمای اقدمین عقولِ بشری [را] در تحتِ تربیتِ جرمِ قمر دانسته‌اند. یکی از حکمای الهی می‌گوید [که] تا جسمِ جزئی نمیرد،[4] روحِ مجردِ جزئی، یعنی ادراکاتِ جزئیه، پیدا نمی‌شود و تا جسمِ کلّی نمیرد، روحِ مجرّدِ کلّی، یعنی عقلِ فلکی، پدید نمی‌آید.

این بقاها زین فناها یافتی[5]   زین فنا پس رخ چرا برتافتی[6]

---

۱. در نسخه‌ی خطی، پس از «حرکات»، «واو»ی آمده که زائد بنظر رسید.

۲. در نسخه‌ی خطی: «صبیعی».

۳. در نسخه‌ی خطی: «کُر».

٤. در نسخه‌ی خطی، پس از «نمیرد»، «واو»ی آمده که زائد بنظر رسید.

۵. در نسخه‌ی خطی: «نیافتی».

٦. از شیخ بهایی است و در «کشکول»، بخش پنجم، بدین شکل آمده است:

این بقاها زین فناها یافتی

از فنایش رو چرا برتافتی

هر یک از این اقمار بر وسعت و شعشعه‌ی عالمِ انسانی و عقولِ بشری می‌افزاید، و در کُراتی که اقمار بیشتر است، مانند مشتری و زُحل، ادراکاتِ انسانی از آن‌جا مکمّل‌تر خواهد بود. و چنان‌چه شموس مفیّضِ حرکات‌اند و سیّارات منشأ حیات، اقمار نیز مبدأ ادراکات می‌باشد؛ چنان‌چه در شریعتِ مطهّره وارد شده که مرکزِ روح‌الامین حاملِ وحی و تنزیلِ فلکِ قمر است و جمیعِ ادراکاتِ انسانی و ارواحِ قُدسی را حکما در تحتِ تربیتِ فلکِ قمر می‌دانند. حکمای متأخّرین را غالباً اعتقاد بر این است که هرچند غازات در کُره‌ی قمر تمام و افسرده[1] شده، اما از آن طرف، قوه‌ی الکتریسته، که منشأ آن انجماد و برودت است، در کُره‌ی قمر به سرحدِّ کمال است. دیگری از حکمای الهی می‌گوید همان نسبتی که در بدنِ انسان مُخ و عصب را با شریانات[2] است، همان نسبت در عالمِ کبیر میانِ اقمار و شموس می‌باشد. یعنی، اگرچه دِماغ منبعِ زمهریرِ بدن است و حرارت در اعصاب مفقود است و آتش‌فشانی‌ها همه از قلب می‌باشد و حرکات و دَوَران آن‌ها در شریانات،[3] با وجود این، منشأ حواس و ادراکاتِ بدن اعصابِ دِماغیّه‌اند.

و همچنین، شموس به‌ظاهر مبدأ حرکات و حرارت‌اند و اقمار منبعِ ادراکات و مشاعر. ویکارت[4] [را]، که یکی از حکما بود و حقیقتِ حکمت را به میان آورد، اعتقاد بر این است که قبل از این قمر، کُره‌ی ارض را قمری دیگر بوده

---

۱. در این‌جا، احتمالاً به معنای «منجمد» آمده است.

۲. در نسخه‌ی خطی: «ثریّانات».

۳. در نسخه‌ی خطی: «ثریّانات».

٤. شاید منظور رنه دکارت (René Descartes) و یا ویلهلم شیکارد (Wilhelm Schickard) باشد.

و متلاشی گشته؛ چنان‌که در کتابِ کریم[1] هم به انشقاقِ قمر خبر داده شده است. معلوم است که موتِ آن جِرم کُلّی سبب پدید آمدنِ ارواحِ قُدسیّه و نفوسِ ملکوتیّه در کُره زمین می‌باشد، که «مَا نَنْسَخْ مِنْ آیَةٍ أَوْ الا نُنْسِهَا نَأْتِ بِخَیْرٍ مِنْهَا».[2]

جوهرِ نهم: در بیانِ ظهورِ الکتریسته و معنیِ جنّت و نار و بعث از قبور

چون مادّه‌ی غاز در کُرات تمام گردد، اکسیژنِ آن‌ها متحجّر و منجمد می‌شود، مانند فلزّی گداخته که چون حرارتِ او برطرف شد، صلابت و عقد به هم می‌رساند، ولی باز یک نوع حرارتِ مخفی در آن‌ها کامن[3] خواهد بود که تعبیر از آن را الکتریک می‌آورند. از این جهت، مادّه‌ی الکتریسته در اجسامِ جامده بیشتر از مایعات است که در بخارات و غازات ابداً وجود ندارد؛ زیراکه تمامِ حرارتِ آن‌ها ظاهر است. در این عصر، از یخ و سایرِ منجمداتِ الکتریک بسیار استفاده کرده‌اند بر مثابه‌ی استفاده‌ی حرارت از بنک.

و امّا، اگرچه گفتیم برودتْ عدمِ حرارت است، باز می‌گوییم [که] در بطون و غیب، برودت مکنون و مختفی است، چنان‌چه در عرش، ثلج و نار و یا «نَارٌ فِی کَبِدِ الثَّلْج»،[4] صورت برف است و باطن آتش. و هرچه جسم افسرده‌تر و

۱. منظور «قرآن» است.

۲. یعنی: «هر آیه‌ای را که نسخ کنیم یا فروگذاریم، بهتر از آن یا همانندش را در میان آوریم» (قرآن، سوره‌ی ۲، بخشی از آیه‌ی ۱۰۶. واژه‌ی «الا» در این جمله از قرآن نیامده است).

۳. یعنی: «پنهان»، «پوشیده».

٤. یعنی: «آتش در دل برف».

منجمدتر است، مانندِ فلزّات و احجار،[1] فُسفر و الکتریسته، بیشتر در آن مخفی خواهد بود. و بنابراین، همین‌طور که شمس از غازات پُر است، قمر نیز از فُسفر و الکتریک پر خواهد بود. دلیل [آن] این سنگ‌هایی است که از کُره‌ی قمر سقوط می‌کند؛ چنان‌چه در بدنِ انسانی نیز، ماده‌ی الکتریسته و فُسفر در عصب، و استخوان در دِماغ و نخاع است. و از این جهت، قوه‌ی مقناطیس در قطبین بیشتر از هر جا است و در فولاد بیشتر از آهن جریان می‌کند و در آهن قوی‌تر از سنگ مقناطیس می‌شود. ولی، این را نیز باید دانست که خواه قوه‌ی مقناطیس و خواه الکتریک و خواه حرارتِ مخفی، بدون حرکت و دلک[2] و تماس[3] ظاهر نمی‌شود و همچنین فُسفر.

و باید دانست که اجسامِ کُره‌ی قمر غالباً بر مثابه‌ی صدفِ مروارید و یَشم[4] و مرجان و تباشیر[5] و مرمر می‌باشند، زیراکه تمامیِ جرمِ قمر غالباً، چنان‌که گفتیم، از اندفاعاتِ اجسامِ حیوی منعقد و تشکیل شده، یعنی قبورِ حیوانات است، و معنیِ بعث از قبور را، به یک اعتبار، همین ظهورِ الکتریسته و تولیدِ فُسفر می‌توانیم قرار بدهیم که از این‌گونه اجسام ظهور می‌کند. و هر قدر برودت و موت بر مزاجِ قمر بیشتر غلبه می‌کند، تولیدِ برق بیشتر می‌شود. لاجرم، پس از انشقاقِ قمر و موتِ طبیعیِ او، تمامِ سطحِ زمین را الکتریسته فراخواهد

۱. پس از «احجار»، «که»ای آمده که زائد بنظر رسید.

۲. یعنی: «مالیدن».

۳. در نسخه‌ی خطی: «تمارس».

٤. یعنی: «سنگی قیمتی که از چین یا هند می‌آورند و گویند هر که آن را با خود داشته باشد، از آفتِ برق ایمن خواهد بود»؛ «سنگی قیمتی که مایل به سبزی باشد».

۵. یعنی: «چیزی باشد سفید که از میان نی هندی که بابانس و بنبو گویند برآید».

گرفت: «و إِذَا بُعْثِرَ مَا فِی الْقُبُورِ».[1] و می‌توانیم جهنّم را در منابعِ غازات قرار دهیم و جنّت را در منابعِ الکتریسته و اقمار. و در نزدِ یونانیّین، جهنّم عبارت بود از نهرِ ستیکس[2] و تاتار، که خون‌های جمّ غفیری[3] از ایشان به‌دست تاتارها در آن نهر ریخته شده بود، و بهشت عبارت از قران که مابینِ نهرِ فرات و دجله باشد، و فردوس، که پردیس باشد، از فراتیس مأخوذ است.

جوهرِ دهم: در پیدایشِ خاک و گِل

بعد از آن‌که [در] محیط بدان سیّال، به‌واسطه‌ی ملتقای برودت‌های فوق‌العاده، سطحی از یاقوتِ سرخ منعقد شد و روی آن طبقه [را] صلید فراگرفت و در آن سطحِ کروی، به‌واسطه‌ی سیلانِ نارِ مرکزی، پاره‌ای برآمدگی‌ها به هم رسیده که کوه‌های آتش‌فشان بودند، و به‌سببِ قوه‌ی فرار از مرکز بعضی از آن نتوها[4] پاره شده و گِرداگِرد[5] فضای همان کره به گردش [در]آمد، چون هنوز آتشِ سیّالِ مرکزی از پاره‌ای منافذِ آن آتش‌فشانی داشت، از خودِ آن کُره، بر روی سطحِ همان کره، سدوم باریدن گرفت و از کُراتِ دیگر رجوم بر روی آن همی‌ریخت و هبا از این میانه پدید آمد. یعنی، از صعودِ سُدوم‌های وُلکان[6] و

۱. یعنی: «آن‌چه در گورها است زیر و زبر شود» (قرآن، سوره‌ی ۱۰۰، بخشی از آیه‌ی ۹). در آیه‌ی مذکور، پیش از «اذا»، «واو»ی نیامده.

۲. منظور «استیکس» (Styx) است که جزو اساطیر یونان باستان قرار می‌گیرد.

۳. یعنی: «تعداد زیادی».

٤. یعنی: «برآمدگی‌ها».

۵. در نسخه خطی: «گرداو گرد».

٦. در نسخه‌ی خطی: «دُلکان». وُلکان به معنای «آتش‌فشان» است.

سقوطِ[1] رجوم، ذرّاتی شبیه به غبار احداث اَمطار[2] نمود. به‌واسطه‌ی[3] شدّتِ بخاراتِ کربُن و غازات که با هوای زَمهَریر[4] التقا نمودند، آن‌قدر اَمطار شجّاج بود که بعد از آن حالتِ آتش‌فشانی، طوفانِ آب روی سطحِ زمین را پوشانید، زیراکه حرارتِ شدید از زمهریر قهراً احداثِ بخار و اَمطار می‌نماید؛ چنان‌که [در] اوقاتِ گرمیِ هوا در سواحلِ دریا این حال مشهود است و اگر هبا، یعنی ذرّاتِ هوایی، نبود، قطراتِ باران تقدیر نمی‌شدند.

خلاصه، از این اَمطار، دریاها پدید آمدند، زیراکه در ادوارِ سابقه، تمطیرات بر تصعیدات فائق بود، و از آن ماده‌ی رجوم و هبا در ذرّات چیزی به صورتِ معجونِ مستون تشکیل یافته، آن مادّه صلصالی[5] خمیرمایه‌ی طینتِ همه‌ی نباتات و حیوانات شد: «لَا طَهَا بِالْبُلَّةِ حَتَّی لَزِبَتْ».[6]

و باید دانست که به همان اندازه که آتشِ مرکزیْ پاره‌ای از نتون‌های زمین را بالا آورده، به همان درجه، در میانِ این نتوها، وهاوهای[7] عمیق به هم رسیده که آب‌ها در آن‌جا جمع شده‌اند. و اگر کوه‌ها در سطحِ ارض نمی‌بود، آب همه‌جای روی زمین را به قدرِ یکصد متر بر نسبتِ متساوی فرامی‌گرفت و در

---

۱. در نسخه‌ی خطی: «سطوط».

۲. یعنی: «باریدن»، «بارانیدن».

۳. در نسخه‌ی خطی: «واسطه».

٤. یعنی: «سرمای سخت».

٥. یعنی: «گل نیکو یا به ریگ آمیخته یا گلی که هنوز سفال نساخته باشند آن را»، «گل با ریگ آمیخته»، «گل خشک».

٦. یعنی: «آن را با رطوبت (یا آب) آن‌قدر آمیخت تا سفت و چسبنده شد.» (طبق «جامع الاحادیث»، این حدیث منتسب به امام نخست شیعیان، علی بن ابی‌طالب است).

۷. یعنی: «دره‌ها».

میرزا آقاخان کرمانی

روی ارضِ مخلوق، خشکی به هم نمی‌رسید و ارتفاعِ اعظمِ قُللِ جبالِ ارض به قدرِ عمقِ عمیقترین دریاها است.

و تکوّنِ سنگ‌ها نیز، همه، در قعرِ دریا بوده و به‌تدریج بالا آمده است و قلّه‌های کوه شده؛ چه، ما اغلب پارچه‌های سنگ را می‌بینیم که این مواد از بقیّه‌ی صخورِ قدیمه و انقاضِ[1] دوره‌ی سابقه بوده و تدریجاً ریزریز گشته، به قعرِ دریا فرو رفته‌اند و در آن‌جا به هم پیوسته، رفته‌رفته کسبِ صلابت و تحجّر نموده، و از آن‌جا به‌واسطه‌ی قوّه که زلزله‌ی زمین و جبالِ بُرکانیه را واجب می‌شود، از قعرِ دریا ارتفاع یافته، مبدّل به خشکی و صحرا گشته است.

از این‌جا معلوم می‌شود که از برای تشکّلِ جبال و صحاریِ زمین، دو سببِ طبیعی در کار است: سببِ نخستین این‌که، آب‌ها، سنگ‌ها و خاک‌ها را به‌واسطه‌ی مجرای رودخانه‌ها به قعرِ دریا داخل می‌کنند؛ و سببِ ثانی آن‌که، قعرِ دریا، به قوّتِ بخارات و حرارتِ زمین، به مرورِ زمان بالا آمده، متساویِ[2] سطحِ خشکی می‌شود، و عموماً این حوادث و انقلاباتی که بر سطحِ کره‌ی زمین از سیول و اَمطار طاری شده و می‌شود، برحسبِ قوانینِ طبیعت، موجبِ خضارت[3] و نَضارَت[4] و مزیدِ صفا و لطافت و رونق و بهای آن خواهد شد و طراوتِ غیاض[5] و بَهجَتِ ریاضِ[6] آن را باعث می‌گردد. و این انحلالِ دائمیِ

---

۱. احتمالا در اینجا به معنای «بازمانده‌ها» یا «ویرانی‌ها» بکار رفته است.

۲. در نسخه‌ی خطی: «تساوی» آمده است.

۳. یعنی: «سرسبزی».

٤. در نسخه‌ی خطی: «تضارت». نَضارَت به معنای «تازگی»، «طراوت»، «آبداری»، «سرسبزی» است.

٥. جمع «غَیضَهٔ» و به معنای «بیشه و جنگل و درختان انبوه در ایستادنگاه آب» است.

٦. جمع «روضه» و در این‌جا، احتمالاً، در معنای «باغ و بوستان» آمده است.

ارض و انحرافِ آن در بحار و تجدیدِ صخور و براریِ مرتفعه از بحور تکراری به‌عبث نیست، بلکه بالمآل کمالِ طبیعی و حیات منتظر تکوّنات دیگر حیوانات که بدون آلت تنفّس می‌باشند، مانندِ اسماک و خراطین[1] و دیدان[2] به طریقِ ندرت تکوّن یافته بوده است، و این را دوره‌ی فحمی[3] گویند.

امّا، دوره‌ی دوم که آن را دوره‌ی دباب‌الارض[4] خوانند. حیواناتِ این دوره، اگرچه آلتِ تنفّس داشته‌اند، امّا جنسِ آن‌ها باقی است، مانندِ ثَعابین[5] و حیّات[6] بزرگ و تمساح، و مطلقاً آن حیوانات را صاحبِ اعضای متناسب و اندامِ معتدل نمی‌توان گفت، و فامیلِ آن‌ها از احافیرِ ارض بیرون می‌آید که متحجّر شده و کیفیّتِ تحجّر بدین نسق می‌شود که اولاً پوسیده مبدّل به خاک، به صورت حجر درمی‌آید. و[7] هر قدر از اجزاء آن فرار می‌کند، از خارج خاک، قایم مقام اجزاء رفته می‌شود. و در این دوره، مرغانِ بسیار بزرگِ عجیب‌الخلقه تکوّن کرده و معلوم می‌شود که آن‌ها با حیّات و اسماک یک‌جنس بوده‌اند. مار، چون در خاک می‌غلطد، بی‌پروبال شده؛ ماهی، چون در آب افتاد،[8] مقتضیاتِ حاجاتِ طبیعی آن را بدین صورت آورد؛ و مرغ، چون در هوا محتاجِ پرواز بود، به‌حسبِ

---

۱. یعنی: «معرب خراتین است و آن کرمی باشد که در گل نرم تکون پیدا کند».

۲. جمع «دودة» و به معنای «کرم‌ها» است.

۳. «فحم» بمعنای «ذغال» است؛ ظاهرا اشاره به دوره تشکیل ذغالسنگ دارد.

٤. یعنی: «جنبندگان».

٥. جمع «ثعبان» و به معنی «اژدرها» است و، در این‌جا، به معنای مارهای بزرگ به کار رفته است.

٦. جمع «حیة» و به معنای «مارها» است.

۷. در نسخه ی خطی: «او»..

۸. در نسخه‌ی خطی، پس از «افتاد»، «واو»ی آمده که زائد به نظر رسید.

احتیاجاتِ طبیعت بدان شکل درآید. لاجرم، یکی برای شنا نمودن در آب فِلس درآورد و دیگری بال و پر تا طیران تواند. امّا، اماموت [1] از حیواناتِ این دوره است و، همچنین، جنسِ فیل و کرگدن و شتر و ذرّافه قریب به آن. و باید دانست[2] [که] نباتاتِ این دوره، فی‌الجمله، لطیف‌تر و معتدل‌تر از نباتاتِ دوره‌ی فحمی بوده‌اند.

دوره‌ی سوم دوره‌ی حیواناتِ ذَواتُ‌الثَّدی[3] است. در این دوره، حیوانات، فی‌الجمله، اعتدال و تناسبِ اندامی کسب نموده، در آن‌ها پستان پدید آید و دنباله‌های درازِ خود را مانند ضَفادِع[4] بینداختند و فیل و کرگدن و ذرّافه و شتر و دیگر حیوانات قوی‌جثه در اولِ این دوره پدید آمده است. و سَبُع و بَهایِم از تکوّناتِ آخر این دوره می‌باشد. و حیوانی بسیار عظیم‌الخلقه قریب به شکلِ بوزینه و خرس، که گاهی بر دو پا می‌ایستاد و صاحبِ دُمٍّ معتدلی چون دُم خرس و بوزینه بوده، از احافیرِ ارض کشف شده. و به اعتقادِ بعضی، جنسِ انسان از آن حیوان خارج گشته و بوزینه و خرس صورتِ منسوخِ آن می‌باشد و مرغانِ خوش‌اندام و مسوخات مانندِ سنگ‌پشت و قُنفُذ،[5] همه، در آخرِ این دوره تکوّن یافته‌اند و جنسِ اونعوتان[6] و یام یام[7] نیز در آخرِ این دوره، چنان‌که

---

۱. منظور «ماموت» است.

۲. در نسخه‌ی خطی: «بایست».

۳. یعنی: «پستانداران».

٤. جمع «ضِفْدَع» و بمعنی «قورباغه‌ها» است.

٥. یعنی: «جوجه‌تیغی».

٦. منظور «اورانگوتان» است.

۷. در نسخه‌ی خطی: «یامر یامر». واژه «یام یام» را جمال الدین اسدآبادی (که آقاخان کرمانی با او در مقطعی حشر و نشر داشته) در رساله‌ای در رد نظریه داروین سالها پیش از نگارش

گفتیم، از حیوانِ عظیم‌الخلقه‌ی دوپا تکوّن نموده، رفته‌رفته جنسِ انسانِ وحشی از آن به وجود آمده، که آن را نسناس گویند و تکوّنِ انسانِ قوقاسی[۱] در اوّلِ دوره‌ی چهارم بوده است.

جوهرِ دوازدهم: در تکوّنِ مسوخات

از هر جنسی که حیوانی شریف‌الخلقه خارج می‌شد، نوعِ خسیسی دیگر باقی می‌ماند که آن را مسوخات گویند. مثلاً، از آن جنس سمکه‌ای که مرغ به وجود آمد، ممسوخِ آن عبارت شد از سنگ‌پشت و جوجه‌تیغی و حیّات و حِربا و بُزمچّه، و از آن جرثومی که شیر و ببر و پلنگ[۲] بیرون آمدند، ممسوخِ آن‌ها به صورت گرگ و سگ و شغال باقی ماند، و از آن جرثومی که انسان خارج شد، بوزینه و خرس و عنتر ممسوخِ آن گشتند؛ چنان‌که آیه‌ی «کونُوا قِرَدَةً خاسِئِینَ»[۳] مبیّنِ آن است. در این قیاس قنفد ممسوخِ طاوس است، و ضِفدَع[۴] ممسوخِ حوت:[۵] «وَلَوْ نَشَاءُ لَمَسَخْنَاهُمْ عَلَى مَكانَتِهِمْ».[۶]

کتاب «تکوین و تشریع» از سوی آقاخان کرمانی بکار برده بوده است. (بنگرید به: محمد گمینی، *رویارویی با نظریه‌ی تکامل داروین در عصر قاجار*، ص. ۳۰۴).

۱. شاید منظور انسان راست قامت باشد که ستون مهره هایش بصورت مستقیم است.

۲. در نسخه‌ی خطی: «پلینگ».

۳. یعنی: «بوزینگان مطرود باشید» (قرآن، سوره‌ی ۲، بخشی از آیه‌ی ٦٥).

٤. یعنی: «قورباغه».

٥. یعنی: «ماهی».

٦. یعنی: «و اگر خواهیم آنان را در جایشان مسخ گردانیم» (قرآن، سوره‌ی ٣٦، بخشی از آیه‌ی ٦٧).

لاجرم، جرثومِ نخستین چیزی مشترک میانِ ممسوخ و مبعوث بوده است و برای هر نوعی از انواعِ حیوانات و نباتات، بلکه معادن نیز، ممسوخی است، مانندِ قَلع که ممسوخِ نقره است، و پاره‌ای از حیوانات ممسوخِ حیوانی دیگر شوند، مانندِ ذباب[1] و دیدان[2] و زنبور و عقرب و جَراد[3] و قُمَّل[4] و امثالِ آن‌ها. غالباً، حیواناتِ زهرناک از جنس مسوخ‌اند[5] و گاه باشد [که] حیوانات به نباتات فسخ شوند، مانند مردم [به] گیاه، و گاهی به معادن، چون تباشیر[6] و صدف و مرجان، و گاه نباتات به معادن، چون ذغال‌سنگ. و همچنین، پاره‌ای موالید نسبت به هم ناسخ و منسوخ نیز واقع می‌شوند، بنابه قاعده‌ی اصطِفای طبیعت که قانونِ امکانِ اشرف است.

بالجمله، انواعِ موالید، هر کدام، از ولایتِ حق تأبّی و انکار نمودند، یعنی از سلوک و ترقّی در سلسله‌ی نوریّه‌ی وجودیّه بازایستادند، بر جای خود مسخ گشتند، در صورتِ این‌که بعضی دیگر به عالمِ نور متحرّک باشند. از این جهت، آن جنس تقسیم می‌شود به مبعوث و ممسوخ. و مبعوث تصدیق به ولایتِ حق نموده و هر کدام از مرتبه‌ی وجودیّه سقوط نمودند، هم فسخ بر آن صادق است و هر یک به قاعده‌ی اصطفای طبیعت که برحسبِ احتیاجاتِ عمومیّه ابقای جنسِ اشرف و انفع را می‌کند، ناسخ و منسوخِ یکدیگر می‌شوند، آن را

---

۱. یعنی: «مگس».

۲. جمع «دوده»، و به معنای «کرم» است.

۳. یعنی: «ملخ».

٤. یعنی: «شپش».

۵. در نسخه‌ی خطی: «منسوخ‌اند».

٦. یعنی: «چیزی باشد سفید که از میان نی هندی که بابانس و بنبو گویند برآید؛ چیزی باشد سفیدرنگ، مانند استخوان سوخته، و آن را از درون نی هندی برمی‌آورند که بنبو باشد».

نسخ گویند، مانند عرقِ ابیض و اصفر که عرقِ احمر و اسود[1] را نسخ نمودند و فیلْ ماموت را. بلی، پاره‌ای حیوانات و نباتات از زیر خط و آفاق قریب بدان یافت می‌شوند، مانند شتر و فیل و ذرّافه و کرگدن و امثال آن‌ها از حیواناتِ عظیم‌الخلقه و غالبِ مخلوقاتِ عجیبه‌ی دریایی و نباتاتِ جسیمه که هنوز جنس آن‌ها به مبعوث و منسوخ تقسیم نگشته و ندای دعوتِ سلسله‌ی وجودیّه در اصطفای طبیعت به گوشِ ایشان نرسیده و بر حالتِ ابتدای دوره‌ی سیّم باقی مانده‌اند، اگرچه این‌ها را هم به اعتباری ممسوخ توان گفت. ولی، در ثانی، محتمل است که از آن‌ها جنسِ شریفی مبعوث شود، والّا منقرض خواهد شد.

و در این‌جا، مناسب چنان دیدیم به احوالِ «یأجوج و مأجوج» اشاره برود. در دَوَرات نخستین که ابتدای خلقت بود، صُوَرِ حیوانات کَیْفَ مَا اتَّفَق[2] بعضی بزرگ و بعضی کوچک تشکیل و ترکیب می‌یافت. و در یک نوعِ واحد از سنخ، نسخِ بسیار بزرگِ آن یافت می‌شد تا نسخِ بسیار کوچکِ آن؛ چنان‌چه در اقسامِ تمساح و ماهی و حیّات و ثعابین، این معنی مشهور می‌افتد که درجه‌ی بزرگی و خُردیِ آن‌ها از حدِّ قیاس و اندازه‌ی تعیّن خارج است. به همین نسبت، در میانِ سایرِ انواعِ حیوان و نباتات، این قاعده جاری بوده، چنان‌چه نسبتِ بشیر و پلنگ قیاس می‌شود و از جنسِ مورچه تا بزرگیِ سگ دیده شده.

انسان نیز از هشتاد ذرع و صد ذرع قالب تا نیم ذرع، بلکه ربع ذرع، یافت می‌شده، مانندِ عَوَج در قزام[3] و بجمع (؟)، و در خلقتِ اعضای ایشان نیز تناسب یافت نمی‌شد، چنان‌که گوش و دماغِ بعضی زیاده از حدّ بزرگ بود و همچنین

---

۱. «ابیض» به معنای «سفید»، «اصفر» به معنای «زرد»، «احمر» به معنای «قرمز»، و «اسود» به معنای «سیاه» است.

۲. یعنی: «هر طور که پیش آید».

۳. یعنی: «کجی در فرومایگان».

پاره‌ای مربّع و پاره‌ای پهن و مدوّر بودند. رفته‌رفته، به‌حسبِ احتیاجاتِ طبیعی و قاعده‌ی «سلکسیون دو ناتور»[1] که سُمِّ شکافته‌ی اسب را متّصل می‌سازد و از فیل خرطوم[2] رویانَد و گردنِ شتر و ذرّافه را دراز می‌کند و پاره‌ای حیوانات را شاخ می‌دهد [و] گوزن را هر سال شاخ می‌اندازد و سبُع را چنگال و دندان تیز می‌نماید و گوسفندانِ اهلی را دُنبه‌ی فربه می‌دهد. و سایرِ اقسام منقرض گشتند و قسمِ اَنفع و اَعدل باقی ماند؛ چنان‌که مرغان، قرمزرنگ و سبزرنگ و سیاه‌رنگ شده و رنگِ خاکی غلبه نمود.

و سببِ انقراضِ اقسامِ دیگر این بود که از افرادِ عظیم‌الخلقه، نسبت به افرادِ صغیرالجثّه‌ی مستضعف، دائماً صدمه و آزار می‌رسید و از افرادِ صغار کاری چندان برنمی‌آمد و این هر دو منافیِ احتیاجات و منافعِ طبیعت بود. لهذا، قرار بر خلقِ وسط داده شده: «جَعَلناکُم اُمّةً وَسَطاً».[3] لاجرم، امّت، به قوّتِ برتری، جنسِ کوچک‌تر از خود را که نافع به احتیاجاتِ طبیعت نبودند منقرض ساختند و از ایشان جز پاره‌ای اقزام[4] و بجمع (؟)، که در بعضی جنگل‌های[5] دوردست سکونت ورزیدند، باقی نماند، و هم در سایه‌ی اتّفاق و تدبیر، بنیادِ آن جنسِ بزرگ‌تر را که برایشان یعنی هم آکل را تمام کردند و هم مأکول را[6] قرار بر اعتدال و مساوات دادند. ولی، هنوز این شَبَه آکل و مأکول در میان طیور و

---

۱. در نسخه‌ی خطی «سیلکسیمون ودناتور» آمده و منظور «sélection de nature» است.

۲. در نسخه‌ی خطی: «خرطومی».

۳. یعنی: «شما را گروهی بهینه گرداندیم» (قرآن، سوره‌ی ۲، بخشی از آیه‌ی ۱۴۳).

٤. جمعِ «قَزَم»، و به معنای «مردم فرومایه» است.

٥. در نسخه‌ی خطی: «جنگ‌های».

٦. در نسخه‌ی خطی پس از «را»، «واو»یی آمده که زائد بنظر رسید.

اسماک و حیّات باقی است و از سَبُع ضارّه نسبت به بهائم نیز این حال جریان دارد.

و اگر کسی علمِ فاصیلِ[1] انسان و حیوانات و نباتات را بخواند، مشاهده می‌کند که چقدرها از حیوانات و نباتاتی که الان از جهتِ خلقت و ترکیب و بزرگی و کوچکی با هم شباهتی ندارند، از یک جنس و فامیل بوده‌اند؛ مثل آن‌که گربه[2] از جنسِ اقزامِ سبع است، و گوسفند از جنسِ خُرد[3] بهایم و سُتور،[4] و ازگیل که از جنس به است، و سنجد که از جنسِ زیتون و بدین قیاس است. و در این‌که تنفّسِ نباتات، در هر صورت، برعکسِ حیوانات است شکّی نیست؛ چه، آن هوای کربانیک به آلاتِ تنفسیّه‌ی حیوانات سمّیّت دارد و نسبت به نباتات مفرّحِ ذات و ممدٌ حیات است. لاجرم، در دوره‌ی فحمی، نباتاتِ ارض قوی‌جثّه و بسیار بوده‌اند. پس از دَوَرات عدیده که آن جنگل‌ها در زیرِ طبقات و احافیرِ زمین پنهان شدند، حرارتِ داخلیِ زمین آن‌ها را محترق کرده، به ذغال‌سنگ مبدّل نمود، و اکنون اشکالِ درخت‌های آن دوره که صخورِ مشجّره گویند، از کشفِ طبقاتِ زمین معلوم می‌گردد؛ چه، ذغال‌های اخراج‌شده از معدن، همه، بر شکلِ درختانِ قوی‌جثّه می‌باشند. قوله تعالی: «وَالَّذِی أَخْرَجَ الْمَرْعَی، و جَعَلَهُ غُثَاءً أَحْوَی».[5] و از این‌که از ابتدای تکوّن، خواه نباتات و خواه

---

۱. منظور «فسیل» است.

۲. در نسخه‌ی خطی، پس از «گربه»، «را» آمده که زائد به نظر می‌آید.

۳. در نسخه‌ی خطی: «خورد».

٤. در نسخه‌ی خطی: «دستور».

۵. یعنی: «و همان کسی که چراگاه‌ها[ی سبز و خرم را] رویانید و سرانجام، آن را خاشاکی [پژمرده و] سیاه گردانید» (قرآن، سوره‌ی ۸۷ آیات ٤ و ۵). در قرآن نه «و جَعَلَهُ»، بلکه «فجَعَلَهُ» آمده است.

حیوانات، از ذرّاتِ کوچک به عمل آمده‌اند حرف نیست و تولیدِ آن‌ها بدون بذر و تخم بوده؛ یعنی، نباتات از ریشه‌های کوچک تألیف یافته و حیوانات از دیدانِ مختلف تشکیل گرفته، آن‌گاه بعضی دیگر را آکل شده، عظیم‌الجُثّه شده‌اند.

جوهرِ سیزدهم: در بیانِ سببِ تفرّقِ نباتات و تلقیحِ میانِ آن‌ها

هر قدر در هوا حرارت و رطوبت[1] بیشتر موجود باشد و هر قدر هوا غلیظ‌تر بوده، نشو و نمای نباتات بیشتر خواهد بود، چنان‌که در جنگل‌ها این معنی مشهور است. بنابراین، نقطه‌ی اوّلِ تکوینِ نباتات آفاقِ استوائیّه بوده. پس از آن‌ها، بادها و آب‌ها و تخم و ریشه‌ی آن‌ها به سایرِ مناطق متفرّق گشت و حیوانات هم بعضی اوقات سببِ تفرّقِ نباتاتِ جغرافی می‌شوند. و در ابتدا، نباتاتِ خودرو، یعنی ائتلافِ[2] ذرّاتِ باکتری، از زمین تکوّن پیدا کردند. پس از آن، تخمِ آن‌ها ریشه و شاخ بود، چنان‌که هنوز در غرسِ پاره‌ای نباتات متداول است. سرانجام، به بذر و تخم قرار گرفت، پس در پاره‌ای تلقیح را اجرا داشتند. در دوره‌ی دوم که حیوانات ذوی‌الثدی[3] نبودند، تکوّن و تولیدِ آن‌ها نیز بر مثالِ درختانِ بدون بذر بود؛ یعنی، یک پارچه از بدنِ دباب‌الارضِ مفروز شده، حیوانی از جنسِ او می‌شد. از این جهت، اعتدال و تقویم در خلقتِ آن‌ها نبود و کَیْفَ مَا اتَّفَقَ تکوّن می‌افتد، و کنون نیز نمونه از آن حال در حیوانات باقی است که از عفونتِ گوشتِ آن‌ها حیوانات دیگر، مانند دِیْدان وَ ذُباب وَ عَقارِبِ

---

۱. در نسخه‌ی خطی: «رطبت».

۲. در نسخه‌ی خطی: «ایتلاف».

۳. «ذَواتُ الثَدی» بمعنای «پستانداران» است.

وَ قُمَّل وَ جَرَاد،[1] به وجود می‌آید و از نباتات نیز گاهی حیوانات یا نباتاتِ دیگر تولید می شود[2] و این ناموس هنوز در غالبِ نباتات مشاهده می‌شود.

خلاصه، چه در نباتات و چه در حیوانات، عموماً تکوّن بر سه نوع است: تجزّی و تولّد و تبیّض. تجزّی در نباتات همان است که شاخه‌ای از درختی را به زمین کرده، درختِ دیگر می‌شود. و تولّد آن‌که نهال‌ها و بیخه‌های کوچک از کنار درخت‌های بزرگ می‌روید، که آن را اصله گویند و در نخیلات این معنی بیشتر از سایرِ نباتات موجود است. و تبیّضْ روییدن به‌واسطه‌ی بذر و دانه است، همان فعل و انفعالی که لازمه‌ی حقیقتِ نورِ عشق و ماء وجود بود و همه‌ی ممکنات را زوجِ ترکیبی می‌خواست، حیوانات و نباتات را نیز جویای جفت گردانید: «وَأَنْبَتْنَا فِيهَا مِنْ كلِّ زَوْجٍ بَهِيجٍ».[3]

و این معنی، همچنان‌که در نخله‌ی خرما به سرحدّ وضوح رسیده و عشقِ طبیعی میانِ نر و مادّه‌ی آن مشاهده می‌افتد، در سایرِ اشجار و نباتات نیز این مسئله ثابت و جاری است؛ به‌طوری که تا از نرینه‌ی آن‌ها تلقیح نشود، هیچ ساقه[ای] آبستن و بارور نخواهد شد و واسطه‌ی تلقیح، بعضی اوقات،

---

۱. «دِیْدان» به معنی «کرم‌ها»، «ذُباب» به معنی «مگس‌ها»، «عَقارِب» به معنی «عقرب‌ها»، «قُمَّل» به معنی «شپش‌ها»، و «جَرَاد» به معنی «ملخ‌ها» است.

۲. در نسخه‌ی خطی: «می‌کند».

۳. یعنی: «و چه بسیار از گونه‌های خرم برویاند» (قرآن، سوره‌ی ۲۲، بخشی از آیه‌ی ۵).

حیواناتِ[1] شهدخوار است، مانندِ نحل[2] و امثال آن‌ها، و در سایرِ اوقات ریاح و نسائم[3] می‌باشند: «وَجَعَلنا الرِّیاحَ لَواقِح».[4]

بلی، نسیمِ سحرگاهی است که پیغامِ جوانانِ نباتات را به نباتِ شاخ می‌رساند و عاشقان را به معشوقان ربط می‌دهد. و در میانِ جمادات هم، همین حال، موسوم به میلِ ترکیبی است و عشقِ هیولا به صورتْ از همین مسئله نشأت نموده است.

بالجمله، نوعی دیگر از نباتات هستند که رابطه‌ی مناسبت و التیام میانه‌ی دو نبات می‌شوند، مانندِ تاک و نیلوفر و عشقه و پیچک و امثال آن‌ها. و این نوع نبات از تمایل[5] و عشقِ نباتات به یکدیگر پیدا شده؛ چه، هر جا نباتاتِ دیگر نروییده، این‌گونه نبات نشو و نمای طبیعی ندارد و در جنگل‌ها شاخه‌ی تاک را دیده‌اند که هشت فرسخ مسافت از درختی به درختی رفته است. و همچنان‌که حیات و روحِ نباتات از نور و ضیاء افاضه می‌شود، حرکتِ وجودیِ نباتات نیز به جانبِ عالمِ نور و شعاع است؛ چنان‌که می‌بینیم نتیجه‌ی حرکاتِ آن‌ها پدید آوردنِ الباب و ادهانی است که مستحیل به عالمِ نور می‌شود و این نور زاید بر آن قدر شعاع و نوری است که از شمس و کواکب استفاده و اکتساب نموده‌اند؛ چه، آن نوری که از آفتاب استفاده کرده‌اند همان قدری است

---

۱. در نسخه‌ی خطی: «نباتات».

۲. در نسخه‌ی خطی: «نخل». «نحل» به معنای «زنبور عسل» است.

۳. «ریاح» به معنی «بادها»، و «نسائم» به معنی «نسیم‌ها» است.

٤. یعنی: «و بادها را باردارکننده فرستادیم» (قرآن، سوره‌ی ۱۵، بخشی از آیه‌ی ۲۲). این بخش از سوره در قرآن این‌چنین آمده است: «وَأَرْسَلْنَا الرِّيَاحَ لَوَاقِحَ».

۵. در نسخه‌ی خطی: «تمامی».

که در چوبِ آن‌ها مودوع می‌باشد و از این است که مدّتِ اشتعالِ هر مادّه به مقدارِ آن شعاعی است که از کواکب تدریجاً کسب نموده است.

جوهرِ چهاردهم: در بیانِ صخورِ رسوبیّه و اندفاعیّه و معادن و قبور

«متن» که یکی از مشاهیر و اعاظمِ علمای این عصر است و اصحابِ او را اعتقاد بر این است که حرارت نار مرکزیّه زمین و پاره‌ای موادِّ مصوّره به حرارت، یعنی معدنیّاتِ سیّاله، را در[1] خُلُل و فُرَج سنگ‌ها جای می‌دهد و اختلافِ انعقادِ صخورِ متنوّعه تابعِ تنوّعِ آن مواد است. بنا بر قول و رأیِ حکیمِ مزبور، همه‌ی تغییراتی که در اعصارِ خالیه[2] بر روی زمین هم حادث شده است مثل تغییراتی است که در این عصر به ظهور[3] می‌رسد. پس، لازم نیست [که] اسبابِ دیگری را برای تغییرات و تطوّراتِ حادثه بر روی کره‌ی زمین فرض کنیم، که همین اسبابِ مشهوده در این عصر برای احداثِ آن‌چه در روی زمین به وقوع پیوسته است کافی است؛ چه به اعتقادِ حکیمِ مزبور وجه[4] کُره‌ی زمین همیشه بر نسقِ کنونی نبوده و نخواهد بود.

و از این بیانات معلوم شد که جمیعِ براری و صحاری،[5] از تیغِ کوه تا کنارِ دریا، به‌واسطه‌ی آتشِ آفتاب و برف متحمّل شده از سیلاب و انهار به دریاها می‌ریزد، و باز در تهِ دریا موادِّ انعقادیافته به‌واسطه‌ی حرارتِ مرکزیِ زمین از

---

۱. در نسخه‌ی خطی: «از».

۲. یعنی: «گذشته».

۳. در نسخه‌ی خطی: «در این عصر ظهور می رسد».

٤. در نسخه‌ی خطی: «وچه».

۵. «براری» به معنی «مناطق سرسبز»، و «صحاری» به معنی «مناطق خشک» است.

دریا بیرون می‌آید و در نوبتِ ثانی، وقفِ آن موادّ از نوبتِ نخستین بیشتر خواهد بود. لاجرم، زمینِ حاضر از انقاض و ادواتِ مکسوره‌ی زمینِ سابق ترکیب و تشکیل یافته است و کوه‌ها، همه، موادّی هستند که حرارتِ مرکزیّه‌ی زمین آن‌ها را متحجّر کرده، غالباً به شکل[1] صنوبری که شکلِ مخصوصِ آتش است ارتفاع پیدا کرده‌اند و هرچه از آن‌ها تحلیل می‌یابد، باز جای آن نموّ می‌کند.

از این جهت، بعضی از حکما جبال را صاحبِ قوّه‌ی نامیه و بَدَلِ ما یَتَحلّل[2] دانسته‌اند: «وَهِيَ تَمُرُّ مَرَّ السَّحَابِ».[3] و اگر این‌طور نبود، لازم می‌آمد که تمامِ زمین در دلِ دریا فرو برود، لیکن قوای مستنبطه در جوف زمین می‌کاهد و برآمدگی‌های تازه در سطحِ زمین احداث می‌کند.

مختصر این‌که، «متن» مزبور اغلبِ حوادثِ روی زمین را نسبت می‌دهد به فعلِ حرارتِ مرکزیّه، و انعقادِ همه‌ی صخور را از تأثیرِ حرارتِ آتش می‌داند.

و امّا، «وتر»، «حکیم ساکد» را اعتقاد این است که همه‌ی حوادثِ روی زمین از تأثیرِ فعلِ میاه[4] می‌باشد و همه‌ی صخور را رواسبِ شیمیائیّه‌ی آب می‌داند. و در این عصر، اصحابِ او در شهرِ ایدنبرگ[5] بسیار شده و درصددِ ترویج و اشاعه‌ی مذهبِ او هستند. و میانِ اصحابِ «متن» و اصحابِ «وتر» اختلافِ عظیم امتداد[6] یافته. اصحابِ «متن» را با اصحابِ پلوتون و اصحابِ

---

۱. در نسخه‌ی خطی: «تشکیل».

۲. یعنی: «عوض چیزی که تحلیل می شود از بدن»، «آن چه از غذا که هضم شود و جانشین مافات گردد».

۳. یعنی: «و حال آن‌که آن‌ها ابرآسا در حرکت‌اند» (قرآن، سوره‌ی ۲۷، بخشی از آیه‌ی ۸۸).

٤. جمعِ «ماء»، و به معنی «آب‌ها» است.

٥. شاید منظور شهر Edinburgh باشد.

٦. در نسخه‌ی خطی: «امیداد».

«وتر» [را] با اصحابِ نبتون[1] ملقّب ساختند، که یکی ربّ‌النوع آتش و یکی ربّ‌النّوع دریا بوده است.

ولی «اسمیت»، حکیمِ معروفِ زوالوژی،[2] میانِ این دو مذهب را توفیق و تطبیق داده، پاره‌ای صخور را از خدای صخورِ اندفاعیه می‌داند، مانندِ کبریت و نشادر و یاقوت و الماس و سنگِ چقماق و فلزّات، و پاره‌ای را صخورِ رسوبیّه می‌خواند که [از] اثرِ فعلِ شیمیاییِ آب منعقد شده‌اند، مانندِ املاح و طبرزد و اصداف و مروارید و فلورون و مرجان و یشم و فیروزه. و برای کیفیّتِ تولّدِ این صخور بیاناتِ بسیار بدیعِ لطیف نموده، می‌گوید سنگ‌ها طبقاتی دارند که آن‌ها را از هم ممتاز می‌سازد به‌واسطه‌ی آن‌چه از اجسامِ عضویّه و بقایای آلیه در آن‌ها دیده می‌شود، مانندِ صدف و امثال آن. و به اعتقاد او، ادوارِ کثیره بر زمین گذشته است که در آخرِ هر دوره‌ای، زمین به‌کلّی خراب شده، ناچار از نو آباد گشته، و آثار و ادوارِ سابقه در قشرِ زمین باقی مانده، که آن‌ها به‌منزله‌ی تاریخِ طبیعیِ زمین می‌باشند و این اجسامِ آلیه، که در طبقاتِ ارض کشف می‌شوند، دلالت می‌کند بر قدَمیّتِ تاریخِ[3] زمین و ادوارِ متعاقبه‌ی متوالیه‌ی آن، و این‌که در ادوارِ ماضیه و اعصارِ خالیه، حیوانات و نباتاتِ مختلفه [وجود] داشته است که انواعِ آن‌ها در این عصر پاره‌ای بالمرّه انقراض یافته و پاره‌ای تغییرِ کلّی پذیرفته‌اند و پاره‌ای تبدّلِ اندک قبول نموده: «مِنْهُمْ مَنْ قَضَی نَحْبَهُ وَمِنْهُمْ مَنْ یَنْتَظِرُ».[4]

---

۱. منظور «نپتون» است.

۲. منظور جانورشناسی (Zoology) است.

۳. در نسخه‌ی خطی: «تارنج».

۴. یعنی: «و از ایشان کسی هست که [با] عهد خویش [تا پایان حیات] به سر برده است، و کسی هست که [شهادت را] انتظار می‌کشد» (قرآن، سوره‌ی ۳۳، بخشی از آیه‌ی ۲۳). کل آیه

میرزا آقاخان کرمانی

خلاصه، تاریخِ احوالِ زمین را از احافیرِ ارض و حیوانات و نباتاتِ هر ناحیه و جبالِ شامخه[1] و اودیه‌ی[2] عمیقه و صخورِ مشجّره و جلامیدِ[3] مفرده و قعرِ دریاها می‌توان فهمید. و همچنین، از صدف‌های دریایی که در میانِ قلّه‌های سنگ دیده می‌شود و استخوان‌هایی که متحجّر شده و پارچه‌های سنگ و رودخانهایی که در قُللِ جبال منعقد گشته و طبقاتی که از آمدنِ سیل‌های کوه در اراضیِ مسطّحه تشکیل یافته، عمرِ کُره‌ی زمین را تخمین و برآورد می‌توان کرد، زیراکه جریانِ قوای طبیعی، غالباً، بر نسقِ واحده[4] و نَهج فارِدَه[5] بوده و می‌باشد.

باز برویم بر سرِ مطلب، یعنی بیانِ صخور را. اجمالاً، باید دانست که فلزّات، همه، از آثارِ حرارتِ مرکزیِ زمین انعقاد یافته [و] از قبیلِ صخورِ اندفاعیّه محسوب‌اند. از این جهت، به‌واسطه‌ی آتش قابل ذوب و تطرّق هستند. و اما، معدنیّاتِ دیگر، از قبیلِ مرمر و یشم و زرنیخ و مرجان و مروارید و صدف و آهک، از صخورِ رسوبیّه محسوب می‌باشند که به معاونت و تأثیرِ آب‌ها انعقاد یافته و، غالباً، هر یک قبرِ حیوانی هستند. امّا، مروارید و صدف از مادّه سریشم

به شرح زیر است: «مِنَ الْمُؤْمِنِینَ رِجَالٌ صَدَقُوا مَا عَاهَدُوا اللَّهَ عَلَیْهِ فَمِنْهُمْ مَنْ قَضَی نَحْبَهُ وَمِنْهُمْ مَنْ یَنْتَظِرُ وَمَا بَدَّلُوا تَبْدِیلًا» (از میان مؤمنان مردمی هستند که در پیمانی که با خداوند بسته‌اند راست و درست رفتار کرده‌اند، و از ایشان کسی هست که [با] عهد خویش [تا پایان حیات] به سر برده است، و کسی هست که [شهادت را] انتظار می‌کشد و هیچ‌گونه تغییر و تبدیلی در کار نیاورده است).

۱. یعنی: «کوه‌های بلند».

۲. در نسخه‌ی خطی: «ادویّه». و «اودیه» جمع «وادی»، و بمعنای «دره‌ها» است.

۳. جمع «جُلمود»، و بمعنای «سنگهای بزرگ» است.

٤. یعنی: «رَوِشی واحد».

٥. «نَهج فارِدَه»، در این‌جا، احتمالاً به معنای «روشی خاص» به کار رفته است.

تکوین و تشریع

و آهکِ حیوانِ مرسوم به بیلون تکوّن یافته، و مرجان از اجسادِ مرده‌ی حیوانِ موسوم به پولیب و بقایای[1] عضویّه‌ی آن متکوّن گردیده. پولیب حیوانی [است که]،[2] صورتاً، به حبابِ کوچکِ شفّافِ سریشمی می‌مانَد و از یک گوشه‌ی خود دهنی دارد که از پیرامونِ آن موهای نازکِ ذرّه‌بینی روییده و به‌توسّطِ آن‌ها حیواناتِ ذرّه[ای] را که غذای او هستند به جوفِ خود می‌کشد. و تولیدش بر مثالِ تخمِ ماهی است. به محضِ این‌که تخم‌ها متحرّک شده، از خودشان مایعِ سرخی، که مادّه‌ی آهک است، دفع می‌کنند و تخم می‌گذارند و می‌میرند و تخم‌ها به همان قرار متحرّک شده، مادّه‌ی آهکی دفع نموده، تخم گذارده، می‌میرند، و بر این تسلسل و استمرار [از] مرده‌هایِ پولیب شاخه‌ی مرجان به عمل می‌آید. و مرمر از استخوان‌های ماهی در قعرِ دریا منعقد گشته، و سنگ‌های تباشیر، همه، قبورِ حیواناتِ کوچک هستند.

و بالجمله، هر یک از این قلّه‌های کوه و خرسنگ‌های عظیم را چون نیکو بنگریم، می‌بینیم [که] در قعرِ دریا منعقد شده، از آن پس به‌تدریج بالا آمده‌اند. و همچنین، یشم و فیروزه و عقیق و زُمرّد و سیلان و زرنیخ و کهربا و چشم گربه و سایرِ سنگ‌های متلألی[3] که قابلِ ذوب و تطرّق نمی‌باشند، هر یک، قبرِ یک نوع حیوانات بوده‌اند که به تأثیر آب‌ها این صورت را کسب کرده، تنها یاقوت شده‌اند، چنان‌که گفتیم، از ترکیباتِ اوّلیه‌ی حرارت با[4] برودت است در بدوِ تکوین. و الماس از صافیِ احتراقاتِ دوره‌ی فحمی به عمل آمده. دیگر هر

---

۱. در نسخه‌ی خطی: «بقای».

۲. پس از «حیوانی» واژه‌ی «است» آمده که زائد به نظر رسید.

۳. در نسخه‌ی خطی: «متلألا».

٤. در نسخه‌ی خطی: «یا».

یک از احجار را ملاحظه می‌کنیم، بدونِ تأثیرِ آب بر روی آن ممکن نیست انعقاد یافته باشد.

جوهرِ پانزدهم

روی هم رفته، همه‌ی طبیعتِ اشیاء تکوینیّه، از اثیر و کُرات و عناصر و موالید و بسایط و مرکّباتِ لَوْ خُلِّیَ وَطَبْعَهُ،[1] روی به کمال و ترقّی دارند، مادام که در مراتبِ سلوکِ وجودی، سقوطی از برای آن‌ها حاصل نشده. در صورتِ سقوط، باز ناچار است از توبه‌ی تکوینی و رجوع به کمالِ ذاتیِ خود؛ چه، تبدّلاتی که در انواع و اجناسِ حیوانات روی داده و فاصیلهای[2] آن‌ها به ما نشان می‌دهد که عالمِ کون و کینونیّاتِ اجسام در ترقی است، ولی این ترقّی و تبدّل به تدریجاتِ بسیار بطیء[3] است نه به فور؛ خاصّه در اوایلِ تکوین که اسباب مساعد نیست.

و چون معلوم شد که کلیّه‌ی همه‌ی کُرات و سیّارات و موالیدِ آن‌ها به[سوی] عالمِ ترقّی و کمال حرکت می‌کنند، مگر سقوطی یا وقوفی در آن‌ها حاصل شود که از سیرِ وجودی بازایستند و امّا باز در ثانی ناچار می‌شوند از توبه‌ی تکوینی؛ چه، برای هر سقوطی توبه‌ای است: «انّه کانَ تَوّابًا رَحیمًا».[4]

---

۱. یعنی: «اگر آن‌ها را به حال خویش گذارند».

۲. منظور «فسیل‌های» است.

۳. در نسخه‌ی خطی: «بطی». و «بطیء» به معنای «آهسته»، «کند» است.

۴. یعنی: «زیرا خدا همواره بسیار توبه‌پذیر و مهربان است» (قرآن، سوره‌ی ٤، بخشی از آیه‌ی ١٦). کل آیه به شرح زیر است: «وَاللَّذَانِ يَأْتِيَانِهَا مِنكُمْ فَآذُوهُمَا فَإِنْ تَابَا وَأَصْلَحَا فَأَعْرِضُوا عَنْهُمَا

در این حال، همه‌ی باقیمانده‌های ذرّاتِ نبات و حیوان را مشاهده می‌کنیم که پس از وقوف و سقوط از حرکتِ طولی، باز به توبه‌ی تکوینی، رجوع به عالمِ ترقّی و کمال می‌نمایند. در این صورت، قطعاً نمی‌توانیم حُکم کنیم بر این‌که همه‌ی این کُرات، پس از قطعِ فیضِ اثیری و عروض انشقاق، حالتِ اقمار پیدا نموده، از آن پس هبا و منثور می‌شوند، بدونِ فایده‌ای که موجبِ ترقّی باشد؛ زیراکه، پس از هر حلّ، عقدی استوارتر خواهد بود. و البتّه، در ثانی، اجسامی که از هباء اثیر متکوّن می‌شود شریف‌تر و لطیف‌تر از تکوّناتِ سابقه می‌باشد؛ گذشته از این‌که به اعتقادِ بعضی از حکمای تکوین، حلّ[1] ــ یعنی متلاشی شدنِ جسمِ کُره ــ تنها مخصوصِ آن کُراتی است که از سلوکِ تکوینی و حرکتِ وجودیِ خود بازایستاده و در مراتبِ صعود به کمالات، سقوط برای آن‌ها دست داده. لاجرم، برای عقدِ ثانی، ناچار از حلّ و تلاشی شده‌اند، والّا برای مطلقِ این کُرات، حلّ[2] عموم و شمول ندارد.

تدقیق: پاره‌ای از اوقات، متفکّرین در خلقِ سماوات[3] و ارضْ کُراتِ جدیدی چند کشف می‌کنند که به یکدفعه در این فضای لایتناهی درخشیده، پا به عرصه‌ی ظهور می‌نهند، بدون این‌که اولاً اثری از آن‌ها پدیدار باشد. به اعتقادِ بعضی از اصحابِ فنّ، این کُرات موجود[4] بوده‌اند، ولی از غایتِ بُعدِ مسافت، تا این وقت، نورِ آن‌ها به زمین نرسیده، زیراکه در رصد و حساب معلوم کرده‌اند

إنَّ اللَّهَ كانَ تَوَّابًا رَحيمًا» (و کسانی را که مرتکب آن [ناشایستی، زنا] شوند برنجانید، آن‌گاه اگر توبه کردند و به صلاح آمدند، از آنان دست بردارید که خداوند توبه‌پذیر مهربان است).

۱. در نسخه‌ی خطی: «حال».

۲. در نسخه‌ی خطی: «حال».

۳. در نسخه‌ی خطی: «سموات».

٤. در نسخه‌ی خطی: «موجوده».

که بعضی از کُرات، از غایتِ بُعد آن‌ها به مرکزِ زمین، [در] عرضِ شانزده‌هزار سال نورشان به کُره‌ی ارض واصل می‌شود. و به اعتقادِ بعضی دیگر، چنان‌که سابقاً کیفیّتِ تکوّنِ کُرات را گفتیم، آن کُره تکوّن می‌کند و میانِ این دو قول با هم منافاتی نیز موجود نیست. ولی، در این اواخر، یکی از علمای این فنّ چند کُره‌ی جدید کشف نموده و، بَعدِ آن، از تجربه معلوم کرده است که شعاع و نورِ آن‌ها از جنسِ غازات نیست، بلکه با الکتریک اشبه است و هنوز سرِّ این معنی [را] نتوانسته‌اند دریابند.

و ما، به‌جهتِ مزیدِ تبصّرِ خوانندگان، می‌گوییم به نسبتی که تکوّنِ حیوانات و نباتات اولاً به جدا شدنِ پارچه‌ای از آن‌ها بود، یعنی به طریقِ تجزّی، و بعد از آن پای ولادت به میان آمد، یعنی به طریقِ تولّد، آن‌گاه تخم و بیضه پیدا شد، یعنی به طریقِ تبیض، و سپس تلقیح اجرا[1] نمودند، و همچنین می‌توانیم تصوّر نمود [که] در بعضی از این کُرات که نایل به کمالِ وجودیِ خود گشته‌اند و ساکنینِ آن‌جا حیاتِ منتظرِ وجودی را درک نموده‌اند و از حیاتِ طبیعیِ مُرده به حیاتِ ارادی زیست می‌کنند، مقتدر بر صُنع کره به طریقِ بذر و تناسل و بر سبیلِ تلقیح شده باشند؛ به این معنی که مادّه‌ی الکتریسته را بذرِ آن کُرات قرار بدهند. لاجرم، از آن سماوات[2] عالی، پیدایشِ شموسِ سیّارات مصنوعی و ارادی است؛ یعنی، به تولید و تناسل و تلقیح از شعله‌ی الکتریسته نه برحسبِ اتّفاقاتِ طبیعت، یعنی به پاره شدنِ پارچه ای[3] از آن کَیْفَ مَا اتَّفَقَ، و حفظِ امرِ مصنوعی، دائماً در حیّزِ امکان است.

---

۱. در نسخه‌ی خطی: «اجری».

۲. در نسخه‌ی خطی: «سموات».

۳. در نسخه‌ی خطی: «پارچه».

از این تصوّر معلوم می‌شود که آن کُراتی که به کمالِ وجودیِ خود نائل گشته‌اند، در سیرِ صعودی [خود]، سقوطی برای آن‌ها طاری نشده، مخلوقِ آن‌ها به درجه‌ای از نور و کمال و ادراک رسیده که به تدبیراتِ عقلانی و قدرتِ مشاعر و ادراکاتِ عظیمه، دائماً، بر روی سطحِ آن کُره، از انوارِ وجودیِ مصنوعیِ عقلانی، مانندِ الکتریسته و امثالِ آن، اِشراق و افاضه می‌کند، تاریک‌تر فیضان و انشقاقی برای آن‌ها ممکن نباشد و مصداق «خُلِقْتُمْ لِلْبَقَاء، لا لِلْفَنَاء»[1] نیز صادق آید؛ چه، احوالِ این کُرات و مخلوقاتشان که در این فضای لایتناهی پراکنده هستند بر مثابه‌ی مراتبِ وجود بر نهجِ واحد نیست، بلکه متفاوت می‌باشند. در پاره‌ای [از] آن‌ها، هنوز مخلوقات تکوین نیافته و مشغولِ آتش‌فشانی می‌باشند؛ در پاره‌ای، مخلوقاتِ آن‌ها از سنخِ نار است، مانند اجنّه و شیاطین؛ و در پاره‌ای، مخلوقِ مائی و هوایی دارند، امّا همه‌ی آن‌ها میکروب و ذرّاتِ باکتری است؛ و در پاره‌ای، مخلوقاتشان، مانندِ خراطین، فاقدِ اغلبِ حواس و آلاتِ ادراکاتِ مشاعر می‌باشند، غیر از لمس؛ و در پاره‌ای، مخلوقاتشان دباب‌الارض و حیواناتِ عظیم‌الجثّه است، چون تمساح و ماموت و کرگدن و فیل و زرّافه و شتر؛ و در پاره‌ای، مخلوقاتشان از جنسِ مخلوقِ کُره‌ی ارض [است]، ولی بزرگ و خردیِ جُثه‌ی آن‌ها نسبت به حالتِ عظیم و کُره‌ای است که مخلوق در آن‌جا تکوّن می‌یابد؛ و پاره‌ای مخلوقاتشان از تکوین و تولیدِ ثانوی و ذوات‌الاجنحه می‌باشد، مانندِ طیورِ لطیفه و فراشِ مبثوثه‌ی[2]

---

۱. یعنی: «شما خلق شده‌اید برای بقاء، نه برای فناء». طبق «جامع الاحادیث»، بخشی از یک حدیث نبوی است. کل حدیث به شرح زیر است: «مَا خُلِقْتُمْ لِلْفَنَاءِ بَلْ خُلِقْتُمْ لِلْبَقَاءِ، وَ إِنَّمَا تُنْقَلُونَ مِنْ دَارٍ إِلَى دَارٍ» (خلق نشده‌اید شما برای فنا، بلکه خلق شده‌اید برای دوام، و غیر از آن نیست که برده می‌شوید از خانه‌ای به خانه‌ی دیگر).

۲. یعنی: «پراکنده و گسترده»؛ «پراکنده و گسترده شده».

منقوشه‌ی شریفه، و به‌جای حواسِ پنج‌گانه، مشاعرِ حواسِ بسیار دارند؛ و پاره‌ای مخلوقاتشان از فرطِ[1] لطافت و نورانیّت مرئی نمی‌شوند و سر تا پا ادراک و نورِ عقل هستند و اجسامِ آن‌ها از صقع تعیّن و تقدیر خارج است [و] به هر شکل خواهند در هر آن متشکّل می‌شوند، مانندِ آن پروانه‌های رنگارنگی که هر یک از بیست‌وپنج‌هزار تا هزاروپانصد چشم دارند و کوچک و بزرگ شدنشان به‌دستِ خودِ آن‌ها است و موهای نازک مانند پشمِ مخمل بر [روی] آن‌ها است و، بدین قیاس، رفته رفته تا عنانِ آسمان. و حضرتِ شاهِ ولایت در یکی از خطباتِ نهج‌البلاغه که [در آن درباره‌ی] چگونگیِ خلقتِ آسمان و زمین می‌فرمایند، [در] اشاره به پاره‌ای از مخلوقاتِ کُراتِ سماویّه فرموده است: «[ثُمَّ فَتَقَ مَا بَیْنَ السَّمَوَاتِ الْعُلَا] فَمَلَأَهُنَّ أَطْوَاراً مِنْ مَلَائکته. مِنْهُمْ سُجُودٌ لَا یَرْکَعُونَ وَ رُکُوعٌ لَا یَنْتَصِبُونَ وَ صَافُّونَ لَا یَتَزَایَلُونَ وَ مُسَبِّحُونَ لا یَسْأَمُونَ لَا یَغْشَاهُمْ نَوْمُ الْعُیُونِ وَ لَا سَهْوُ الْعُقُولِ وَ لَا فَتْرَةُ الْأَبْدَانِ وَ لَا غَفْلَةُ النِّسْیَانِ.»[2]

همه‌ی این‌ها دلیل است بر این‌که در این کُراتِ نورانیه، مخلوقاتِ شریف‌تر و نورانی‌تر از مخلوقاتِ کره‌ی ارض بسیار موجود می‌باشند و چون کمالاتِ

---

۱. در نسخه‌ی خطی «صرف» آمده است.

۲. یعنی: «سپس میان آسمان‌های بلند را از هم گشود و از فرشتگان گوناگون خود پر کرد. گروهی در سجده‌اند و آنان را رکوعی نیست، برخی در رکوع‌اند بدون قدرت بر قیام و جمعی بدون حرکت از جای خود در حال قیام‌اند و شماری خالی از ملالت و خستگی در تسبیح‌اند، خواب در دیده، بیهوشی در عقل، سستی در کالبد و غفلتِ فراموشی به آنان راه ندارد». (بخشی از خطبه‌ی یکم نهج البلاغه).

آن‌ها حدً یقف ندارد، در میانِ آن‌ها، پاره‌ای «عِبَادٌ مُکرَمُونَ»[1] یافت شود که بر پدید آوردنِ کُراتِ نورانیِ دیگر مقتدر باشند؛ در این معنی، مصداقِ «أطِعْنِی أجْعَلْک مِثْلِی»[2] برهانی ناطق است. امّا، هر یک از این کُراتِ سیاره، اگر به کمالِ وجودی و سیرِ صعودیِ خود نائل نشوند و قدرتی چون در ساکنان آن‌جا به هم نرسد که حفظِ مرکزِ خود کردن نتواند، پس از قطعِ فیضِ اثیری، ناچار، برای آن‌ها سقوط از درجه‌ی حرکتِ تکوینی عارض می‌گردد و در این حال، «هَبَاءً مَنْثُوراً»[3] شده، برمی‌گردد به ذرّاتِ اوّلیِ هیولایی.

جوهرِ شانزدهم: در بیانِ هیولا و جوهرِ فرد و عالمِ ذرّات

چنان‌که هیولا در اجسام متصوّر است، و همچنین ذرّاتِ اوّلیّه‌ی موجودات[4] مشتمل بر عوالمی چند می‌باشند. اولاً در عالمِ ذرٌ اول که آن را اتمّ گویند، یعنی ذرّاتِ جرمِ اثیریّه که مبدأ آن‌ها وهمِ مطلق است. بعد از آن عالمِ ذرّاتِ ناریّه که آن را سُدوم خوانند. پس از آن ذرّاتِ هوائیّه که هباء منثور باشد. سپس اجسامِ

۱. یعنی: «بندگانی گرامی». (قرآن، سوره ۲۱، بخشی از آیه ۲۶). کل آیه بشرح زیر است: «وَقَالُوا اتَّخَذَ الرَّحْمَنُ وَلَدًا سُبْحَانَهُ بَلْ عِبَادٌ مُکرَمُونَ» («و گفتند که خداوند رحمان فرزندی برگزیده است، منزه است او، بلکه آنان [فرشتگان] بندگانی گرامی‌اند»).

۲. یعنی: «از من اطاعت کن تا تو را مانند خود سازم». (طبق «جامع الاحادیث» بخشی از یک حدیثی قدسی ست).

۳. یعنی: «هیچ و پوچ». (قرآن، سوره ۲۵، بخشی از آیه ۲۳). کل آیه بشرح زیر است: «وَقَدِمْنَا إِلَى مَا عَمِلُوا مِنْ عَمَلٍ فَجَعَلْنَاهُ هَبَاءً مَنْثُورًا» («و به هرگونه کاری که کرده‌اند می‌پردازیم و آن را هیچ و پوچ می‌گردانیم»).

٤. در نسخه‌ی خطی: «موجود است».

ذی‌مقناطیسیّه که آن‌ها را مادّه و هیولا نامند. آن‌گاه عنصرِ مفرده که عبارت از اُسطُقسّات[1] باشد تا منتهی به حیواناتِ میکروب و ذرّاتِ باکتری [شود]. و همه‌ی این عوالم را ذرّات گویند و مبدأ تشکیلِ اجسام و خواصِ مختلفه‌ی آن‌ها همین ذرّات می‌باشند و به‌حسبِ اختلافی که در اَشکال و اوضاعِ این ذرّات مودوع بود، خواص و آثار و افاعیلِ مختلفه را اقتضا نمودند. و اَشکال لازمه حدودِ تکوینیّه‌ی آن ذرّات است، یعنی آن‌چه از خواص و آثار و افاعیل و ظهورات در بسایط و مرکّباتِ عالم تکوّن روی داده و مبدأ همه‌ی نتایجِ خواص و آثاری است که در عالمِ ذرّ قبول کرده‌اند.[2]

ذرّاتِ جرمِ اثیر که از غایتِ لطافت، هیچ حسّی جز وهمِ ادراک [نبوده] و تقسیمِ آن‌ها ممکن نیست، مبدأ همه‌ی اختلافاتِ اجسامِ مادّی و منشأ همه‌ی خواص و آثارِ طبیعت می‌باشند. این‌ها را ذرّات وهمیّه از آن راه می‌گویند که جز وهم یا آلاتِ آن، چیزِ دیگری آن‌ها را درک کردن نتواند و هرچه به حواسِ پنج‌گانه درک نشود محسوس نمی‌باشد. موافقِ کشفیّاتِ جدیدِ حکمایِ فرنگستان، این ذرّاتِ اثیری، در آثار و افعال، از همه‌ی چیزهای دیگر، حتّی الکتریسته، قوی‌تر هستند و همه‌ی قوای مادّه، به اعتقاد ایشان، محمول بر دقایقِ اثیری است و اختلافِ اوضاعِ این ذرّات موجبِ پیدایشِ عالمِ مادّه و اختلافِ آن شده است.

---

۱. جمع «اسطقس» و در این‌جا، احتمالاً، به معنای «عناصر» و «اصل و ماده‌ی هر چیز» به کار رفته است.

۲. فریدون آدمیت در کتاب «اندیشه های میرزا آقاخان کرمانی»اش جمله را اینگونه نقل کرده است: «آن‌چه از خواص و آثار و افاعیل و ظهورات در بسایط و مرکّبات روی داده و می دهد همه نتایجِ خواص و آثاری است که در عالمِ ذر قبول کرده‌اند.» (ص. ۹۲).

و مادّه بنفسها زوبعه‌ای است[۱] از اثیر، و این عالمِ ذرًّ اول است و سایرِ ذرّات تابعِ این عالم می‌باشند و، به اعتقادِ بعضی، این ذرّات لایزال‌اند، یعنی [مشمول] کون و فساد نیستند، و به این جهت لااتمّ گویند. ولی، در نزدِ اربابِ حقایق، پاره‌ای سخنان دیگر است که آن‌ها، مِن حَیثُ المَجموع، قدیم‌اند[۲] و، مِن حَیثُ الأَجزاء، حادث[۳] و متجدّد.

سُدوم که از ذرّاتِ ناریه باشد و هبا که ذرّات هوائیّه است، ثانیاً از این ذرّات تکوّن یافته‌اند و سببِ تقدیرِ اَشکال و اوضاعِ عالمِ جسم می‌شوند. مثلاً، اگر ذراتِ هبائیّه نبودی، دانه‌های باران تشکیل نیافتی و بادها نوزیدی و نباتات نروئیدی؛ و اگر ذرّاتِ سدوم نمی‌بود، روشنی و الوان و حرارت پدید نمی‌آمد و هوا قابل انتقال صورت نمی‌گردید.

«موسیو اتکن انگلیسی» عددِ ذرّات را در هوا به‌واسطه‌ی آلتی مخصوص شمرده و معلوم کرده است که در یک عقده‌ی مکعّبِ هوای خارج از شهرِ کلاسکو[٤] هفت ملیون و نیم از ذرّات هبا و سدوم موجود است و در شهرِ ایدنبرگ[٥] شش ملیون و نیم و در هوای داخل بیشتر می‌باشد، به‌طوری که چهارصد و هشتاد و نه ملیون در یک کره مکعب از هوای داخلیِ شهر لوطرن شمرده شده است.

بالجمله، اگر این‌ها در فضای هوا متفرّق نبودند، ممکن نبود قطره‌های باران پدید آید یا روشنی و الوان ظهور نماید یا حرارت به اجسام اصطکاک کند.

---

۱. در نسخه‌ی خطی: «روبعه‌ای است» آمده است.

۲. «قدیم‌اند» درایجا بمعنای «همیشه وجود داشته‌اند» بکار رفته است.

۳. «حادث» درایجا بمعنای «پدیدآمده» بکار رفته است و متضاد «قدیم» است.

4. Glasgow

۵. شاید منظور شهر Edinburgh باشد.

اختلافِ گرمیِ هوا در فصول و مواقعِ مختلفه و نمایش‌های رنگارنگِ آسمان از قرمزیِ افق و هاله و قَوْسِ قُزَح[1] و شهب و حمرت[2] و لون زرقه[3] اکاس و شفق آسمان و دریا و کوه و درخشیدنِ صحرا و بوادیِ مقعّر، همه، به‌توسط هباء و سدوم می‌باشد.

آن‌چه از این ذرّات دقایق معدنی و بخارات است عبارت است از عناصرِ مفرده، و آن‌چه کریستال و بلوریّت حاصل نموده موسوم به اجسامِ ذی‌مقناطیسی،[4] و آن‌چه از اجسامِ عضویه‌ی حیوانات و نباتات و حشرات و هوامّ و سوامّ پدید آمده عبارت از میکروب است. و چنان‌چه ذرّات در جوّ موجودند، در میانِ آب و خاک نیز هستند و هرگونه آثار و اَعراضِ طبیعت داده منسوب به احوالِ آن‌ها است. مثلاً، چون ذرّاتِ اولیه‌ی آتش، همه، بر شکلِ مثلثاتِ حادّ[5]الزّوایا و ذرّاتِ اولیه‌ی آب بر شکلِ کروی بود، از این جهت، در طبع و خاصیّت از احراق و تأثیر در طبیعتِ آب تأثر و انفعال نهاده شده است.[6]

و همچنین است پیدایشِ سایرِ اَعراض مانندِ لونِ سیاهی که از سوراخ‌های[7] نوک‌های آتش در کریستال جسیمی دیگر پیدا شده، و لونِ سفید که از متفرّق

---

۱. میانِ «قَوْسُ» و «قُزح» یک «واو» آمده که زائد بنظر رسید. «قَوْسُ قُزح» به معنای «رنگین‌کمان» است.

۲. یعنی: «سرخی».

۳. یعنی: «رنگ آبی».

٤. در نسخه‌ی خطی: «ذی‌مقراطیسی».

٥. در نسخه‌ی خطی: «حارّ».

٦. شاید جمله صحیح اینگونه باشد: «از این جهت در طبع و خاصیّت نار، احراق و تأثیر، و در طبیعت آب، تأثُّر و انفعال نهاده شده است.»

٧. در نسخه‌ی خطی: «سورخ‌های».

شدنِ شعاع به‌واسطه‌ی کثرتِ اجسامِ خُردِ[1] شفاف حاصل گشته، و لونِ زرد که از نفوذِ شعاع و تمکّنِ آن در ذرّات جسیمی دیگر ترکیب یافته، و لونِ زرقه[2] که انعکاسِ اشعّه و اختلاطِ ظلمت بدان‌ها پدید آمده، و لونِ قرمزی که از اختلاطِ حرارت و رطوبت به خضرت[3] موجود گشته و، بر این قیاس، ارغوانی و زنگاری و بنفش و سایرِ الوانِ دیگر، همه، از اختلاطِ نور و ظلمت و اختلافِ اَشکالِ ذرات حاصل شده‌اند،[4] جز شفافت[5] که به اتحادِ اجزاء منسوب است و آن بی‌رنگی است. [به] همین نسبت، میکروب‌های حیوانات نیز، هر کدام، دارای شکل و طبیعتِ غیرمعتدلِ ناهمواری بودند، حیواناتِ مضرّه از آن‌ها تولید یافت و سموم از حیواناتِ مَیِتَه[6] پدید گشت، و باز همین حیواناتِ میکروب از برای ضرر و سمّیّتِ حادثه[7] خودشان فادزهر[8] هستند. از این است که در آتی، اگر ما محتاج به طبیب بشویم، بدواً[9] هرگز محتاج نخواهیم شد، زیراکه همه‌ی امراض از همین حیواناتِ باکتری است.

و پوشیده نماند که این ذرّات، در نزدِ هر طایفه، به اسامیِ مختلف مذکور است؛ شریعتیانْ «عالمِ ذرِّ اول» گویند، و متکلّمین «جزء لایتجزّی» و «جوهر

---

۱. در نسخه‌ی خطی: «خورد».

۲. یعنی: «کبود».

۳. احتمالاً منظور «رنگ سبز» است.

٤. پس از «شده‌اند»، «چرا»یی آمده که احتمالا زائد است.

٥. احتمالا منظور «شفافیت» است.

٦. یعنی: «مرده».

۷. پس از «حادثه»، «از»ی آمده که زائد بنظر رسید.

۸. منظور «پادزهر» است.

۹. در نسخه‌ی خطی: «برواً».

فرد» خوانند، و مشائینْ «هیولاء»، و اشراقیینْ «مادة الموادّ»، و صوفیهْ «وهم و خیال»، و حکمای هندْ «اِتمان»، و یونانیان و فرنگیانْ «اِتِر» یعنی «اثیر»، و فارسیانْ «اَند» نامند و اندیشه و اندک از آن مأخوذ است. خلاصه، اصطلاح در همه مختلف است و معنی واحد.

جوهرِ هفدهم: در بیانِ عناصرِ بسیطه و جوهر و اَعراض

قُدَما، چون به علمِ تجزیه پی‌نبرده‌اند، بسایطِ ارض را منحصر به چهار می‌دانستند، ولی، بعد از پیدایش و ترویجِ این فنّ، معلوم شد که هر یک از این عناصرِ چهارگانه مؤلّف‌اند از اجسامِ بسیطه‌ی دیگر و آن‌چه از اجسامِ مفرده تا کنون به علمِ تجزیه معلوم کرده‌اند شصت‌وهشت عنصرند که پنج از آن‌ها بخارات و مابقی معادن می‌باشند. و این پنج عنصری که از جنسِ بخار و غازات هستند عبارت‌اند از اکسیژن و هیدرژن و فُسفر، و معدنیات از قبیل آهن و مس و طلا و نقره و یاقوت و الماس و سَمُّ‌الفار[1] و نشادر و قلع و سُرب و گوگرد و زیبق[2] و انتیمون.[3] ولی، ظاهراً هنوز اسبابِ تجزیه[4] تکمیل نشده است، والّا این اجسام هم که اکنون ادّعای بساطت در آن می‌کنند تجزیه‌بردار نیست. و در این‌جا منافی نیست میانِ اقوالِ متقدّمین با متأخّرین، زیراکه[5] ایشان از بسیط،

۱. یعنی: «دوایی که موش را می‌کشد»، «ارسنیک».

۲. یعنی: «معرب جیوه که به معنی سیماب است».

۳. یعنی: «عنصری است درخشان متمایل به رنگ آبی، دارای خواص فلزی و شبه‌فلزی».

٤. در نسخه‌ی خطی: «تجربه».

۵. پس از «زیراکه»، «مقصود» آمده که احتمالا زائد است.

مجازی،[1] قصد می‌کنند، چنان‌چه لحم و استخوان و عصب را نیز بسیط می‌گویند.

سخنی که هست در خلأ اجسام است. قُدما آن را محال[2] می‌دانستند؛ یعنی، فضایی نمی‌توانستند تصوّر کنند که از این عناصرِ اربعه خالی باشد. و متأخّرین می‌گویند [که] ما به اسبابِ تخلیه‌ی هوا[3] چنین فضایی را تحصیل می‌توانیم بکنیم که از همه‌ی اجسام خالی باشد، غیر از اثیر، و حال آن‌که خودِ ایشان معترف‌اند بر عدمِ وجودِ خلأ حقیقی. و آن‌چه با اسبابِ تخلیه‌ی هوا حاصل می‌کنند، در واقع،[4] خلأ نسبی است، زیراکه هوا، اگرچه مقدارِ کمی از آن در فضای وسیعی باشد، قابل انبساطِ بسیار است.

و در این‌جا، مناسب چنان دیدم که، بر وجه اختصار، جواهر و اَعراض را بیان کنیم، اگرچه از برای جوهر و عَرَض، اهلِ این فنّ تعریفاتِ جامع و بالغِ بسیار نموده‌اند که یکی «مَوْجُودٌ لَا فِی ٱلْمَوْضُوعِ» است و دیگری «مَوْجُودٌ فِی ٱلْمَوْضُوعِ».[5] ولی، به‌جهتِ کشفِ قناع از چهره‌ی حقیقت، اکتفا به همین تعریف نمی‌کنیم و از بابِ واحد داخل نمی‌شویم، بلکه از بابِ متفرقه وارد می‌گردیم

---

۱. در نسخه‌ی خطی: «مجاری».

۲. در نسخه‌ی خطی: «محالا».

۳. در نسخه‌ی خطی: «هوای».

٤. پس از «واقع»، «یا» آمده که زائد به نظر رسید.

۵. «مَوْجُودٌ لَا فِی ٱلْمَوْضُوعِ» یعنی: «[جوهر] آن است که وجود آن وابسته به موضوعی (subject/substratum) نیست». منظور این است که جوهر قائل به خویش است. و «مَوْجُودٌ فِی ٱلْمَوْضُوعِ» یعنی: «[عرض] آن است که وجود آن وابسته به موضوعی (subject/substratum) باشد». منظور این است که عرض قائم به خویش نیست و وجودش مستلزم دیگری است. مثلا جسم آدمیْ «گوهر» است و حرکت دست‌اش «عرض».

و می‌گوییم [که] جوهر عبارت است از بودِ بی‌نمود، و عَرَض [عبارت است] از نمایشِ بی‌بود، و جوهر عبارت است از نفیسِ و لطیف، و عرض [عبارت است] از کثیف و ثقیل، و جوهر عبارت [است] از روح، و عرض عبارت [است] از جسم. جوهر نفس است، یعنی نفیس، و عرض جسد است، یعنی خسیس؛ جوهر باقی و دائم است، [و] عرض فاسد و داثر و زائل؛ جوهر[1] به‌مانند الماس و بلور و یاقوت است، [و] عرض چون سنگ و خزف و اوساخ؛ جوهر لُبّ هر چیز و مغز و نغز آن است، [و] عرض قشر و پوستِ خفیرِ آن؛ جوهر صافیِ نورانی و شفّاف است، [و] عرض کدر و ظلمانی و رُسوب. بنابراین، ممکن است چیزی نسبت به مافوقِ خودش عرَض باشد و نسبت به مادونِ خود جوهر؛ چون آن قوه که عرض است نسبت به ادراک، یعنی متأثّر است از آن، و جوهر است نسبت به حرکت، یعنی مؤثر در آن است.

همچنین است در بابِ ایساغوجی[2] که جنسِ ذاتی است نسبت به نوع و [جنسِ] عرضی است نسبت به فصل. از این جهت، جوهرِ حقیقی، که جوهرالجواهر است، یکی بیش نیست، و آن حقیقتِ وجودِ مطلق و عشق [است] و مابقی، همه، اَعراض‌اند. امّا، عرضِ حقیقی هم، که مادونِ آن چیزی نیست، آن نیز یکی است که مقدمه اضافه باشد، یعنی نسبتِ مکدره، و حقیقتِ آن صِرف ارتباط و انتساب به غیر است و هیچ استقلالی فی حَدِّ ذاته ندارد و مابقی مراتبی که میان [این] دو واقع است به اعتباری عرض‌اند و به اعتباری

۱. در نسخه‌ی خطی: «چوهر».

۲. در نسخه‌ی خطی: «ایساغوچی».

[دیگر] جوهر، و آن‌ها را اَعراضِ متوسطه گویند و هر کس آن‌ها را طوری شمرده و اقرب به واقع این تعدادی است که ما می‌کنیم و آن این است:[1]

اول، «اتمان» [یا] «وجود» که ظهورِ عشق است و وحدتِ حقّ و اللّه و غیب‌الغیوب؛ دوم، «هوش خِرد»[2] که ادراکِ ظهورِ علم و عقل می‌باشد و آن به‌سببِ فوتوگراف‌هایی[3] است که در دماغ شده؛ سیّم، «خواست و منش» [یا] «طبیعت» که اراده‌ی بسیطه باشد و ظهورِ افاعیل و آثار و خواصِ کلّیّه، همه، از او است، اعمّ از روح یا جسم؛ چهارم، «تاب» [یا] «قوّه» که سببِ پیدایشِ ارواح و اجساماتِ جِرمیه و حیات عبارت از او است؛ پنجم، «کشش» [یا] «جاذبه» که سببِ وجودِ اجسامِ لطیفه و غیرلطیفه و اثریّات و موجبِ حرکاتِ دوریّه [است]؛ ششم، «فروهر»[4] [یا] «اثیر» که منشأ هرگونه آثار [است]؛ هفتم، «شید فروغ» [یا] «نور» که سببِ پیدایشِ اجسام و حرکت و محرّقِ هوا است و مفیّضِ شعاع؛ هشتم، [«جنبش» یا] «حرکت» که رسمِ زمان و موجبِ حرارت و سببِ کمالِ تدریجیِ اشیاء است؛ نهم، «چرخ» [یا] «زمان» که مدّت و امتدادِ حرکت است، به‌خصوص حرکتِ جسمِ کلّی؛ دهم، «هور» [یا] «حرارت» که سببِ انعقادِ عناصرِ بسیطه و تولیدِ موالید و نشو و نما [است]؛ یازدهم، «اتمان ریزش» [یا] «هیولا» که ظهورِ مبدأ و ذرّاتِ اولیه و اجسامِ ذی‌مقناطیسی [است]؛ دوازدهم، «پیکر» [یا] «صورت» که سببِ محسوس شدنِ ذرّاتِ اولیه به‌واسطه‌ی [اتصالِ] آن‌ها است؛ سیزدهم، «سپهر» [یا] «مکان» که ظهورِ فضا و هوا و ذرّاتِ سپهری

---

۱. در ضبطِ این نوزده مورد، نگاهی هم داشته‌ام به کتاب «اندیشه‌های میرزا آقاخان کرمانی» نوشته‌ی فریدون آدمیت، صص ۹۵-۹۴.

۲. در نسخه‌ی خطی: «هوس».

۳. در نسخه‌ی خطی: «فوانگرافهائی».

٤. در نسخه‌ی خطی: «فرد هر».

است؛ چهاردهم، «چند» [یا] «کمّ» [که] مقدارِ هر چیزی را از وزن و عدد مقایسه می‌کنند؛ پانزدهم، «چون» [یا] «کیف» که چگونگیِ مقادیر[۱] مانندِ ثقل و خفّت و شکل و لون و طعم و رایحه را نشان می‌دهد؛ شانزدهم، «کنش» یا «فعل» [که] تأثیرِ هر کیفیتی بر روی کمّیات یا کیفیاتِ دیگری است، مثلِ فعلِ بصر؛ هفدهم، «چندش»[۲] [یا] «انفعال» [که] تأثیر و قبول [است]؛ هیجدهم، «نهاد» [یا] «نسبت» [که] مقایسه و موازنه‌ی دو چیز است به یکدیگر، و آن را وضع نیز گویند؛ نوزدهم، «نُکر»[۳] [یا] «اضافه» که نسبتِ مکدّره و ظهورِ بدنِ عرضیِ انسان باشد و هر مرتبه‌ای اسفل، قبر است از برای مرتبه‌ی اعلی، تا منتهی می‌شود به بدنِ انسانی که قبرِ همه‌ی مراتب است و رتبه‌ی اضافه، زیراکه خداوند سبحانه او را از کلِّ این اجسامِ معدنیه و بخاریه و اثیریه و عنصریه معجون و مخلوط و مرکّب فرموده و از هر یک نمونه در آن نهاده تا ترکیبِ شیمیاییِ آن تمام شود و قبرِ کلِّ مراتب باشد و اکسیرِ اعظم در بئر[٤] تَعفین[٥] و بوته‌ی تکلیس به وجود آید: «ثُمَّ جمیع [جَمَعَ] سُبْحَانَهُ مِنْ حَزْنِ الْأَرْضِ وَ سَهْلِهَا وَ عَذْبِهَا وَ سَبَخِهَا تُرْبَةً سَنَّهَا بِالْمَاءِ حَتَّی خَلَصَتْ».[٦]

---

۱. پس از «مقادیر»، «را»یی آمده که زائد بنظر رسید.

۲. در نسخه‌ی خطی: «پوزش».

۳. در نسخه‌ی خطی: «نگر».

٤. یعنی: «چاه».

٥. در اینجا احتمالا بمعنای «برگرداندن» و «تغییر دادن بو» بکار رفته است.

٦. یعنی: «سپس خداوند سبحان از بخش‌های سخت و نرم و شیرین و شورِ زمین، خاکی را جمع کرد و بر آن آب پاشید تا پاک و خالص شد» (بخشی از خطبه‌ی یکم نهج‌البلاغه).

جوهرِ هیجدهم: در بیانِ این‌که عِظَم و صِغَرِ عالمِ جسمْ لایتناهی است و حدٌّ یقف ندارد

چون درجه‌ی عظم[1] و صغرِ این عالمِ جسمْ لایتناهی است و از برای کوچکی یا بزرگیِ جسمانی نمی‌توان حدّ و انتهایی قرار داد، شخص ناچار است قائل شود به این‌که عالمِ جسم از [هر] طرف منتهی می‌شود به وهم و مجرّدات. مثلاً، در صورتِ فرضِ بزرگی، [ناچار است] تصور کند که این‌همه عالمِ مادّی یا شموس و سیّارات و اقمارش به‌منزله‌ی یک سیّاره‌ای است از عالمی دیگر که از برای آن نیز، به همین نسبت، شموس و سیّاراتِ لایتناهی و اقمارِ بی‌شمار و افضیه‌ی[2] اثیریّه و جوّ غیرمتناهی موجود است و باز آن عالم نسبت به عالمی دیگر همین قیاس را دارد الی غیر النهایه برمثابه‌ی مرایای متوازیه‌ی[3] متقابله که خیالات و عکوسِ نامتناهی را ایجاب می‌کند. و در صورتِ فرضِ صغر و خُردی نیز، با ذرّه‌بین‌های بسیار دقیق دیده شده که در میانِ آب‌های خیلی زلالِ صافی، حیواناتِ بسیار کوچک تعیّش[4] می‌کنند و آن حیوانات صاحبِ اعضاء و احشاء و آلاتِ تنفّس و مُخ مخیخ و عروق و اعصاب هستند و خونِ آن‌ها اِکلیل[5] دارد و برای تغذیه، عروقِ لیمفاتیک[6] در بدنِ آن‌ها موجود است. و باز اجزاء حیوانات ترکیب یافته است از ذرّاتِ بسیار کوچک و اجسامِ آلیه و بقایای

---

۱. در نسخه‌ی خطی: «اعظم».

۲. در نسخه‌ی خطی: «افظیّه».

۳. در نسخه‌ی خطی: «متواریه».

٤. در نسخه‌ی خطی: «تعیی».

٥. در نسخه‌ی خطی: «کلیل».

٦. احتمالا منظور «لنفاوی» است.

حیوانیه‌ی دیگر حیوانات، باکتری ولوری.[1] و اجزاء آن حیواناتِ میکروبی به اجرامِ اثیری و ذرّاتِ اولیه راجع می‌گردد و، همچنین، [اگر] یک قطره روغنِ زیت به فاصله‌ی دوازده ساعت در هوای گرم روی سطحِ چهارهزار کیلومتر مربع آب نیم‌گرم بریزند پهن و منبسط می‌شود. پس، از برای خُردی[2] و بزرگیِ عالم، انتها[3] و حدّ یقفی نیست.

و باید دانست که حواسِ حیواناتِ بزرگ و کوچک، در اندازه‌ی ادراکات و احساسات، نسبت به اندامِ آن‌ها و اختلافِ آلاتِ حسیّه، مختلف است و هر حیوانی، به مناسبتِ وضعِ الیافِ عصبیّه و طبقاتِ چشم، اشیاء را طوری دیگر مشاهده می‌کند که حیوانِ دیگر را آن‌گونه مشاهدات نیست؛ چنان‌چه یک قسم از مورچگانِ پَردار، در جمیعِ اجسام، به‌واسطه‌ی چشمانِ مختلفی که دارند، شعله‌های رنگارنگ و اشعه‌ی سرخ و زرد و بنفش بسیار می‌بینند، و قسمی از پروانه که تمامیِ بدنِ آن‌ها چشم است، هر چیزی [را] بیست‌وپنج‌هزار چیز ادراک می‌کنند، و حیواناتِ کوچک اجسامِ خُرد[4] را و حیواناتِ بزرگ اجسامِ عظیم‌الجثّه [را] حس می‌نمایند. و همچنین است حال در سامعه و ذائقه و شامّه و لامسه و میزانِ مقوّمِ این‌ها [در] حواسِ انسانِ معتدل که واحدِ قیاس و قسطاسِ[5] مستقیمِ همه‌چیز می‌باشد و همه‌چیز را باید به او موازنه کرد، مانندِ واحد که اعداد را به او تقدیر می‌کنند.

---

۱. شاید منظور «هلیکوباکتر پیلوری» باشد که یک نوع باکتری است.

۲. در نسخه‌ی خطی: «خوردی».

۳. در نسخه‌ی خطی: «انتهی».

٤. در نسخه‌ی خطی: «خود».

۵. یعنی: «میزان»، «ترازو».

و از این بیانات معلوم شد که ناچار باید به عوالمِ مختلفه در همین یک عالم قائل گشته، بعد از منتهای عالم، اجسام را به نزدِ هم قرار بدهیم، زیراکه سابقاً گفتیم ذرّاتِ اجسام، از نهایتِ صغر [و] خُردی،[1] کارِ آن‌ها به جایی رسید که حواسِّ ظاهر و هرگونه وسایط و آلاتِ حسّیْ مقتدر بر ادراکِ آن‌ها نباشد. در این صورت، آن ذرّه محسوس نیست و از صقعِ عالمِ حسّ و مادّه بیرون می‌رود؛ به این معنی که حسّاً قبولِ انقسام نمی‌کند، بلکه ما، به‌واسطه‌ی قوه‌ی وهمیّه، حکم بر وجودِ چنین [ذرّه‌ای می‌کنیم و چنین ذرّه‌ای] ناچار وهمیِ لایُرَی[2] خواهد بود و هیچ استبعادی ندارد[3] که از آن ذرّاتِ وهمیّه اجسامِ عینیه پدید آیند، چراکه ذرّاتِ لایُرَی سببِ پیدایشِ اجسامِ مرئیّه شده‌اند و عالمِ جسم تنزّلِ وهم است، چنان‌که اجسامِ صلبیّه‌ی جامده و بخاریّه، همه، تنزّلاتِ آتشِ سیّال‌اند.

و این ذرّاتِ وهمیّه همان هیولا یا جزء لایتجزّی یا جوهرِ فردند که قُدما می‌گفتند و به‌واسطه‌ی میلِ ترکیبی که منشأ آن نیز حرارت است به یکدیگر متّصل می‌شوند تا صورتِ جسمیّه پدید می‌آید. و معنیِ وهم و خیال نه این است که به نظرِ بعضی می‌رسد، یعنی باطل‌الذّات عدیم‌الحقیقة، بلکه عبارت است از قوّه‌ی ناریِ لطیفی که اثیر و شدّتِ آن به‌مراتب از سایرِ محسوسات بیشتر باشد، چنان‌چه قوّتِ دقایقِ اثیر از الکتریک بیشتر است و الکتریک بر سایرِ قوای مستفاده از مادّه فائق و حاکم است.

---

۱. در نسخه‌ی خطی: «خود».

۲. یعنی: «نامحسوس»، «نامرئی».

۳. یعنی: «هیچ بعید نیست».

جوهرِ نوزدهم: در بیانِ صُعوداتِ لایتناهی و حرکاتِ جوهریِ اجسام و تبدّلِ اَشکالِ موالید به‌حسبِ احتیاجاتِ طبیعت

طایفه‌ای از حُکما این ذرّات را لایَزالی و لایَزید و لایُنقَص می‌دانند،[۱] به‌طوری که می‌گویند آن‌چه در عالمِ وجود است هیچ کم و زیاد نمی‌شود و نهایت تجزیه و ترکیب و جمع و تفریق در آن‌ها روی می‌دهد و در هر حال، چون نکو نگریم، می‌بینیم که آخرِ حالِ هر چیز به صورتِ نخستینِ آن برمی‌گردد و همه‌ی خواصّ و افاعیلِ اجسام از اثرِ حلّ و عقدی است که از اختلافِ تراکیب و جمع و تفریقِ این ذرّات حاصل گشته. و در واقع، این گروه [از حُکما] منکرِ ترقّیاتِ عالمِ وجود هستند و بر فرضِ تسلیم به وجود [آن]، ترقّی را بر پایه‌ی محدودی گذارده‌اند و به عالمی دیگر جز [عالم] مادّه قائل نیستند، و حال این‌که ما ثابت کردیم مادّه تنزّلِ وهم است، و می‌توانیم اثبات کنیم که وهم نیز تنزّلِ عوالمِ دیگر است. لاجرم، در این خصوص، به اشتباهی سخت عجیب افتاده‌اند، زیراکه این سخن را در صورتی نمی‌کردیم، ولی در صورتی که [در] عالمِ مادّه، اجسامِ غاسقه[۲] هم اظلال[۳] و تنزّلات و خیالاتِ عوالم دیگر باشند و این‌همه نقشِ مخالف از عکوس و اظلالِ فروغِ نورِ وجود[٤] نشأت نموده، باز از آخرِ مراتبِ قوسِ نزول به توبه‌ی تکوینی در مراتبِ قوسِ صعود به صورتِ تفصیلی

---

۱. یعنی این‌که ذرّات جاودانه، ثابت و کاستی ناپذیرند.

۲. در اینجا احتمالا بمعنای «تاریک شونده» و یا «سیاه» بکار رفته است.

۳. در نسخه‌ی خطی: «اضلال».

٤. در نسخه‌ی خطی پس از «وجود»، «واو»ی آمده که زائد بنظر رسید.

حرکت می‌نمایند، ناچاریم از این‌که به ترقّیاتِ جوهری و حرکاتِ لایتناهی قائل شویم.

و هر کس فی‌الجمله صاحب بصرِ حدید باشد و غطا[1] را کشف کند، می‌بیند که عالمِ جسم، در حرکتِ جوهریِ خود، دائماً روی به عرصه‌ی روحانیّاتْ سلوک و حرکت می‌کند؛ یعنی، اجزاء هرکولیّه[2] با روح انتقال می‌نمایند؛ چنان‌که هرکول، پهلوانِ متقدّمین، پس از مُردن، در سلکِ خدایان و روحانیون منسلک شد و هورقلیا[3] معرّبِ آن است.

---

۱. یعنی: «پوشیده».

۲. پس از «هرکولیّه»، «واو»ی آمده که زائد به نظر می‌رسد.

۳. در فرهنگ دهخدا این‌گونه تشریح شده است: «هورقلیا. [هُ وَ قِ / قَ / هَ وَ قَ] (اِ) ظاهراً از کلمه‌ی عبری ‹هبل قرنیم› گرفته شده که هبل به معنیِ هوای گرم و تنفس و بخار، و قرنیم به معنی درخشش و شعاع است و، روی هم، ترکیب به معنی تشعشع بخار است. نخستین کسی که پس از اسلام این کلمه را استعمال کرده است، تا آن‌جا که می‌دانیم، شیخ اشراق (...) است. وی در *حکمة‌الاشراق* (...) گوید: ‹و قد یصعدون الی السماء مع ابدان فیلتصقون ببعض السادهٔ العلویهٔ و هذه احکام الاقلیم الثامن الذی فیه جابلق و جابرص و هورقلیا ذات العجایب.› شهرزوری و قطب‌الدین شیرازی نیز عبارت فوق را در شرح *حکمهٔ الاشراق* توضیح داده‌اند. شیخ احمد احسائی (...) در مولفات خود بارها این کلمه را به کار برده و شرح داده است، از جمله در *جوامع‌الکلم* (...). سیدکاظم رشتی و حاج محمدکریم‌خان و حاج ملا هادی سبزواری نیز این کلمه را در مصنفات خود به کار برده‌اند (...). شیخ احسائی در کتاب *شرح الزیارة* (...) گوید: ‹انسان را دو جسم و جسد است: اما جسدِ اول مرکّب از عناصرِ زمانیّه است و این جسد مانند جامه‌ای است که انسان آن را می‌پوشد و از تن بیرون می‌آورد؛ آن را نه لذتی است و نه المی، نه طاعتی و نه معصیتی ... حاصل آن که، این جسد از انسان نیست ... و اما جسدِ دوم جسدِ باقی است و آن طینتی است که انسان از آن آفریده شده و در گورِ او باقی می‌ماند، آن‌گاه که زمین جسدِ عنصری را بخورد و هر جزء از وی پراکنده گردد و به اصلِ خویش ملحق شود. پس، بخشِ آتشی به آتش پیوندد و بخشِ هوایی به هوا و بخش آبی به

آن تدبیر به روح می‌شود و آن‌چه می‌کاهد از عالمِ غیب بدلِ مایتحلّل می‌رسد، و می‌توانیم بگوییم [که] مکان و قوّه‌ی آن لایزالی است، زیرا مکان نیز دائماً کسبِ توسّع می‌کند، و قوّه هم دائماً پیوسته کسبِ دهریّت، و دهر کسبِ سرمدیّت، و سرمد کسبِ عمائیّت، و عما لازال در حضرتِ خود ترقّیات و صُعوداتِ لایتناهی دارد، و از برای حقیقتِ وجود، مبدأ و منتهایی[1] پدید نیست.

خلاصه، طبیعت با وجودِ این‌که شاعر و مرید نیست، همین که احتیاجاتِ اشیاء را بر یک عادتِ مستمر یافت، اسبابِ رفعِ آن حاجات را، مَهما اَمکَن، برای آن‌ها آماده می‌کند. بنابراین، در هر یک از حیوانات، اَشکالِ غریبه را که احداث نموده، از روی العابِ طبیعت نیستند، بلکه از روی اقتضای مصلحت،

آب و بخشِ خاکی به خاک بازگردد. جسدِ مزبور مستدیراً باقی مانَد و این جسدِ انسان است که نه زیاد و نه کم شود و در قبر، پس از زوالِ جسد، عنصری که کثافت و اَعراض از آن است باقی مانَد و آن‌گاه که اَعراضِ مسمّی به جسد عنصری زایل گردد، دیدگانِ حسّی آن را نبینند. از این‌رو، چون جسد پوسیده و محو گردد، چیزی یافته نشود، چنان‌که بعضی گفته‌اند که جسد معدوم شود، و چنین نیست، بلکه در آن در قبرِ خویش است، اما دیدگانِ مردمِ دنیا، به‌علّت کثافتی که در ابصار است، آن را ننگرند و چیزی را جز از نوعِ خویش نبینند، و چون خدای سبحانه بعثِ آفریدگان را اراده کند، بر همه‌ی زمین آبی از دریای زیرِ عرش ببارد سردتر از برف، و آن را صاد گویند و آن در قرآن مذکور است. پس، روی زمین را دریایی فراگیرد که به بادها تموج پذیرد و اجزای هر شخص مصفا گردد و اجزای جسدِ وی در قبرِ او مستدیر، یعنی به هیاتِ بنیه‌ی وی در دنیا جمع گردد ... و اجزایی از زمین با او مزج شود، پس در قبرِ وی برویَد، چنان‌که سماروغ در رستنِ خویش. پس، چون اسرافیل در صور بدمد، روان‌ها پرواز گیرند، هر روانی به‌سوی گورِ جسدِ خویش و در آن داخل شود. پس، زمین از آن شکافته گردد ... آن‌گاه ایشان ایستاده‌اند و نظر کنند و این جسدِ باقی از زمین هورقلیا است و آن جسدی است که بدان حشر و داخلِ بهشت و دوزخ شوند.» همچنین بنگرید به آنچه احمد کسروی در این باره نوشته است (کسروی، *بهائیگری*، بویژه ص. ۲۸ تا ۲۹).

۱. در نسخه‌ی خطی: «منتهاهی».

این افاعیلِ مختلفه را اجرا کرده است؛ مثلاً، درازی دادنِ[1] گردنِ شتر را برای آن‌که سرش به زمین رسیدن بتواند و چرا بکند، و خرطومِ فیل را ایجاد نمودن تا این‌که از زمین برداشتنِ چیزی از برایش ممکن باشد، و اتّصالِ سُم شکافته اسب را [تا] تحمّلِ بارِ گران بر وی سهل‌تر آید، و آلاتِ جارحه در سبُع [را] تا بر[2] افتراسِ حیوانی دیگر مقتدر باشد، و همچنین پیدا شدنِ دنبه در گوسفندانی که اهلی شده‌اند، یا بُز، از اعدادِ طبیعت است.

و بالجمله، هر تبدیلِ صورتی که در انواعِ حیوانات روی داده تاریخِ بزرگی است از برای احوالِ آن حیوان در اعصارِ مختلفه. و می‌توان از ادوارِ شخصیّه‌ی یک حیوان، از وقتی که جنین است تا به سنِ رشد و کمال می‌رسد، بر ادوارِ نوعِ آن حیوان در اعصارِ مختلفه استدلال نمود. به این‌طوری که می‌گوییم، جنسِ گاو و گوسفند در ابتدا شاخ نداشته، چنان‌چه در سالِ اوّل شاخ برنمی‌آورد و در عصرِ دیگر شاخِ آن مقداری معیّن ترقّی و نمو کرده؛ و بدین نسق، بی‌دندان بودنِ حیوانات در دوره‌ی نخستین، بر مثالِ دود و خراطین و اسماک؛ و چنین است حالِ نباتات نسبت به نباتاتی که بُستانی شده‌اند یا کوهستانی و دشتی، و نسبت به نباتاتی که در آفاقِ مختلفه سفر کرده‌اند و در هر جا صورتی کسب نموده، و درختانِ جنگلی با درختان بستانی که از یک جنس هستند، اختلافِ کلّی میانشان پدید آمده؛ و همچنین، میوه‌های بلادِ حارّه با بلادِ بارده. در میانِ حیواناتِ بحری، یک نوع ماهی دیده می‌شود که هر دو چشم را به یک طرف روی دارد [و] سببِ این حال آن است که دائماً آن حیوان در اعماقِ بحر و میانِ لای و گِل به یک طرف فرو می‌رود و، از این سبب،

---

۱. در نسخه‌ی خطی: «داد».

۲. در نسخه‌ی خطی: «با».

نیمه‌ی زیرینِ او محتاج به چشم نیست [و] لاجرم این عاداتِ مستمر چشمِ زیرینِ او را به طرفِ بالا برگردانیده است، ولی در ابتدای ولادت این حال را ندارد، بلکه چشمانش، هر یک، بر جای خود هستند. و نیز ما مشاهده می‌کنیم سُمِ اسب را که هنگامِ ولادت متّصل نیست و ناخن‌هایش ظاهر است. این فقره نشان می‌دهد حالتِ زمانِ وحشت و بداوتِ او را که، مانندِ گوسفند و آهو، سُمّ او شکافته بود [و] بعد از آن، به‌حسبِ احتیاج و اصطفایِ طبیعت، به یکدیگر اتّصال یافت. و همچنین است جنینِ انسان که در رحم با اجنّه‌ی حیواناتِ ذوات‌الاذناب[1] فرق و تمیزی ندارد، بلکه ابتدا به شکلِ دوده‌ی سَمَک[2] است. و بر این قیاس است حالتِ پاره‌ای حیوانات، مانند ضَفادِع،[3] که اوّلاً ذوات‌الاذناب هستند و، بعد از آن، دُمِ خود را می‌اندازند.

خلاصه، این‌همه ادوار و حالاتی که بر یک فردِ حیوان، از حالتِ نطفه تا حدّ کمال، می‌گذرد کاشف از این است که همه‌ی این احوال، در قرون و اعصارِ عدیده، بر طبقات و خلقاتِ آن حیوان گذشته و این حال در نباتات هم جریان دارد. یعنی، تغییراتِ صوری که [بر] هر[4] شاخه نبات، از هنگامِ روییدن از زمین تا [رسیدن] به حدِّ کمال، طاری می‌شود، دلیل آن است که در هر عصری، جنسِ آن نبات بر چه صورت [بوده] و بعد تبدیل به خلق دیگر شده.

---

۱. پس از «ذوات‌الاذناب»، «که»ای آمده که زائد بنظر رسید. در نسخه‌ی خطی «ذوّات الاذناب» آمده است.

۲. یعنی: «سنخ ماهی»، «گونه ماهی».

۳. جمع «ضِفْدَع» و بمعنی «قورباغه‌ها» است.

٤. پس از «هر»، «یک»ی آمده که زائد بنظر رسید.

و به اعتقادِ بعضی دیگر از اصحابِ این فنّ، قاعده‌ی کلّی[1] در همه‌جا مطّرد و جاری نیست؛ چه، اگر این قانون عمومیّت داشتی، بایستی که جنینِ انسان یا[2] حیوانِ دیگر اوّلاً موی بر اندامش رُسته باشد، و حال این‌که خلافِ این مشهود است، و این معنی از حالِ طوایفِ متمدّن که تمدّنشان امتدادی یافته با طوایفِ وحشی یا[3] اقوامِ تازه به تمدّن رسیده به‌خوبی فرق داده می‌شود که در بدنِ اقوامِ متمدّنه موی کمتر است و [یا]، اگر هم باشد،[4] به‌غایت نازک و لطیف است، به‌خلافِ اقوامِ وحشی که، همه، پرموی و ضخیم می‌باشند.

بالجمله، اگر کسی تنها در احوالِ نوعِ ماهی، که نخستین روز از یک جنس و جرثوم[5] بوده‌اند، دقّت و تأمّل کند که چه[6] اسباب داعی بر تبدّل و اختلافِ اَشکال آن‌ها گشته، و همچنین در تخم‌های فراش[7] [دقت و تأمل کند] که اوّل به صورتِ دوده [بوده]، آن‌گاه زیز مقمّط[8] [گردیده]، [و] سپس [به] پروانه‌های رنگارنگ [تبدیل] شده که بعضی از آن‌ها همه‌ی بدنش دیده می شود[9] و برخی[10] دیگر همه‌ی اندامش پَر و بال، می‌تواند باقیِ اسباب و احوالِ تبدّلِ جراثیمِ سایرِ حیوانات را کشف کند و معنیِ تولیدِ ثانوی را نیز بفهمد و از این‌جا پی بَرَد که

---

۱. پس از «کلّی»، «واو»ی آمده که زائد بنظر رسید.

۲. در نسخه‌ی خطی: «با».

۳. در نسخه‌ی خطی: «با».

٤. در نسخه‌ی خطی: «باش».

۵. در نسخه‌ی خطی: «جرسوم».

٦. در نسخه‌ی خطی: «چو».

۷. یعنی: «پروانه».

۸. در نسخه‌ی خطی: «ریز تقمّط». و مراد از «زیز مقمّط» احتمالا همان «پیله» است.

۹. در نسخه‌ی خطی: «است».

۱۰. در نسخه‌ی خطی: «به روی».

اینِ هیکلِ انسانی، چنان‌چه ابتدا بدین، صورت و شکلِ دیگر خواهد گرفت. و مثال[های] طیور و فراش نیز معلوم کرده‌اند که پَرهای طیورْ اوانی و ظروفی است از برای گازهای ایدریانی که در وقتِ طیرانِ مرغ، به‌طور انتفاخ، از باطنِ خود در آن‌ها ایجاد می‌کند مانند فَلس‌های ماهی تا، بدین واسطه، مداومتِ اغذیه و اشربه برقیّه[1] ایجاباتی که دارد در انسان هم برویاند.

«دارون»،[2] حکیم طبیعی، در این خصوص پاره‌ای تحقیقاتِ عمیق نموده که، به‌واقع، شایسته‌ی هرگونه تمجید و تحسین است و مکاشفاتِ حکمای عصرِ نوزدهم نظریّاتِ او را موافقت[3] می‌نمایند؛ مانندِ تحقیقاتِ «مُسیو غارند» در خصوصِ لغتِ بوزینگان و سیاحت در افریقای مرکزی که در میانِ طوایفِ میمون، لُغتی نزدیک به لغتِ وحشیانِ سکنه‌ی آن حوالی موجود است.

خلاصه، حالِ تکوینِ ثانی را از پاره‌ای طیور و فراش می‌توان فهمید. جایی که پشه را هزار چشم و پروانه را بیست‌وپنج‌هزار چشم و مورچه‌ی پَرداری را پنج‌هزار [چشم] دیده باشد، مخلوقِ کاملی را، از قبیلِ انسان، در تکوینِ ثانی، بدیهی است که حواسٍّ شریفه‌ی لاتُعَدّ و لاتُحصَی[4] و مشاعرِ لایتناهی حاصل خواهد شد و ابتدای ظهورِ این اعتقاد، قبل از «دارون»، از ابن‌طفیلِ اندلسی[5] شد.

---

۱. «برقیّه» احتمالا نادرست است و شاید صحیح آن «برّیه» بمعنای «خشک» باشد. اغذیه برّیّه به معنای غذاهای خشکی است در برابر غذاهای دریایی.

۲. منظور «داروین» است.

۳. پیش از «موافقت»، «موافق» آمده که زائد به نظر رسید.

٤. یعنی: «بی‌شمار».

۵. در نسخه‌ی خطی: «اندلس».

وترِ دوّم در جلدِ ثانیِ کتابِ تکوین و تشریع[1] تحریر شده، رجوع به آن نمایند.

تمّت بالخیر ۱۳۳۹ [هجری قمری، برابر است با ۱۹۲۰ یا ۱۹۲۱ میلادی و ۱۲۹۹ یا ۱۳۰۰ خورشیدی.]

تقدیم حضور جناب مستطاب مجدت‌نصاب

عمدة الاعیان و التجار آقا محمدجواد

صاحب تاجر لاری خلف مرحمت‌پناه

حاجی عبدالرضا تاجر لاری

به تاریخ نوزدهم ربیع‌الاولی

سنه‌ی ۱۳٤۰ تحریر گردید. [برابر است با ۲۹ آبان ۱۳۰۰ خورشیدی و ۲۰ نوامبر ۱۹۲۱میلادی].

به قلم اقلّ الحاج حسینعلی

کاتب جهرمی

۱. در نسخه‌ی خطی: «تشریح».

وترِ دوم: در بیانِ حالتِ انسان در بدوِ آفرینش و چگونگیِ پیدایشِ لوازمِ زندگی، مشتمل بر نوزده فروغ

فروغِ نخستین: در بیانِ حالتِ ضعف و ناتوانیِ انسان و شدّتِ عجز و احتیاجِ او

بنی‌آدم، در ابتدای خلقت، خود را از هر حیوانی عاجزتر و زبون‌تر گمان می‌کرد و از حرکتِ هر باد و صدای رعد و درخششِ[1] برق و حدوثِ ابر و نزولِ باران و کسوفِ شمس و خسوفِ قمر و زلزله‌ی ارض و طوفانِ بحر در دلش رُعبی عظیم می‌افتاد و به هر طرف می‌گریخت، و پیش از آن‌که اصلِ هر چیز [را] بجوید، تنها به حفظِ جانِ خود می‌اندیشید و خود را از هر حیوانی عاجزتر و ضعیف‌تر می‌دید و بر دفعِ مُنافِر[2] و جلبِ مُلایِمِ[3] خود قادر نبود، دوست و دشمنِ خود را نمی‌شناخت، و هنوز این حال در جنگل‌های دور از آبادانی و در میانِ مردمِ وحشی مشاهده می‌شود که هر چیز ایشان را می‌لرزاند و از همه‌چیز می‌ترسند[4] و به هر طرف می‌گریزند و ترسیدنِ او ناشی از جهل و نادانیِ او است به حقیقتِ اشیاء؛ زیراکه انسان، مادامی که در ظلماتِ جهل و

---

۱. در نسخه‌ی خطی: «درخش».

۲. در اینجا بمعنای «ناسازگاری‌ها» بکار رفته است.

۳. در اینجا بمعنای «سازگاری‌ها» بکار رفته است.

٤. در نسخه‌ی خطی: «می‌ترسد».

عمش[1] است و در وجدانش هراس و اضطرابی سخت موجود است، به این معنی مبدّل می‌گردد.

بنی نوعِ انسان، همیشه چیزهایی را که نمی‌دانسته و احاطه بدان‌ها نکرده، آن‌ها را بی‌نهایت و لاحدّ گمان نموده و از آن‌ها در دلش خوفِ عظیم جای داده، مانندِ کوهِ قاف و سیمرغ و ظلمات و دریاهای بی‌پایان که قبل[2] از استکشافِ ارض و ترقّیِ جغرافیا در اذهانِ مردم جای گرفته بود؛ مثل این‌که انسان، در جاهای سهمگین در شبِ تار، هزار صورتِ هولناکی به نظر می‌آورد از قبیلِ اجنّه و اغوال و مرده‌ها و عَفاریت[3] و غیر آن. اهالیِ روم و یونان هنوز چشمه‌هایی را که منبعِ آن‌ها تاریکی و ظلمت است، به خیالِ موهوم، مقدّس و مبارک می‌پندارند. خلاصه، بنی‌آدم از هر چیز [که] بیشتر می‌ترسد و اصل و منشأ آن را نمی‌داند، او را بزرگ‌تر گمان می‌کند؛ بسا باشد که آن را مُهَیمِن[4] و ربِّ خود قرار بدهد، چنان‌که یونانیان و مصریان، در قدیم، به اربابِ مختلفه قائل بودند.

ولی [انسان] از چیزی که نمی‌ترسد و به احوالِ آن محیط است، در دلِ خود وقعی بدان نمی‌گذارد. این است که یک پایه‌ی بزرگِ اعتقادْ خوف می‌باشد از چیزهایی که نمی‌داند. تاریخِ دنیا به ما نشان می‌دهد که بنی‌آدم، در اولِ خلقت، ابر و باد را معبودِ قهّارِ خود گمان می‌کرد [و] همین که در هوا تغییری به هم می‌رسید، چنان می‌پنداشت که خدایان درباره‌ی او قهر و غضب نموده‌اند. پس، با کمالِ مسکنت و خوف، دست به جانبِ آسمان برداشته و التماس و

---

۱. یعنی: «سستی در بینایی».

۲. در نسخه‌ی خطی: «قلب».

۳. جمع «عِفریت»، و به معنای «دیوان» و «اهریمنان» است.

٤. یعنی: «ایمن‌کننده از خوف»، «نگهبان».

زاری می‌نمود، و همین که هوا صاف می‌گشت و ستارگان یا[1] آفتاب درخشیدن می‌گرفتند، چنان می‌پنداشت که خدایان نسبت به وی بر سرِ لطف و مهربانی آمده‌اند. پس، دستِ تضرّع و نیاز برداشته، التماس و زاری می‌کرد [و] با کمالِ خضوع و خشوع، ادای شُکرِ معبود و اظهارِ فرح و سُرور می‌نمود: «خُلِقَ الْإِنْسَانُ ضَعِيفًا».[2]

کسانی که در میانِ کشتی‌های بادی نشسته، در دریا سفر می‌کردند، همین که علایمِ طوفان و انقلاب پدید می‌آمد، با کمالِ هول و فزع، متوجّه ربّ‌البحر می‌شدند. در واقع، ربّ‌البحرِ ایشان همان هوای منقلب و طوفانِ دریا بود که آن را نبطون[3] می‌گفتند، و چون دریا آرام و راحت می‌شد، ملکه‌ی انفیتریت[4] [را] در نظر می‌آوردند. انفیتریت نامِ یکی از ربّاب دریا است در حالتِ آرامی و سکون، و این ربّ، در واقع، موجبِ آرامی و لطافت [بود] که با اسب‌های سفید خود و حوریانِ چند از دنبالِ کشتی می‌آمد: «وَإِذَا مَسَّكُمُ الضُّرُّ فِي الْبَحْرِ ضَلَّ مَنْ تَدْعُونَ إِلَّا إِيَّاهُ، فَإِذَا رَكِبُوا فِي الْفُلْكِ دَعَوُا اللَّهَ مُخْلِصِينَ لَهُ الدِّينَ».[5] در تورات مسطور است که آیاتِ سماوی، اولاً، به‌طریقِ رعدوبرق بر مردم فرود می‌آمد؛ پس از آن، از خدا رفعِ آن را درخواست نمودند.

---

۱. در نسخه‌ی خطی: «با».

۲. یعنی: «انسان ضعیف آفریده شده است» (قرآن، سوره‌ی ٤، بخشی از آیه‌ی ٢٨).

۳. منظور «نپتون» است.

4. Amphitrite.

۵. یعنی: «و چون در دریا بلایی دامنگیرتان شود، هرچه به دعایش می‌خوانید، جز او ناپدید می‌گردد. و چون سوار بر کشتی شوند، خداوند را، در حالی که دینِ خود را برای او پاک و پیراسته می‌دارند، بخوانند» (قرآن، سوره‌ی ١٧، بخشی از آیه‌ی ٦٧، و سوره‌ی ٢٩، بخشی از آیه‌ی ٦٥).

فروغِ دویّم: در چگونگیِ تشکیلِ جمعیّت‌های بشریّه پس از حالِ وحشت

در این حال که آدمی بیشتر از همه‌ی چیزها ضعفِ بدنِ خود را حس می‌کرد، خویشتن را از درجه‌ی بسیار پست ملاحظه می‌نمود. از هر حیوانی، حتّی مار و عقرب و زنبور، بلکه پشه و مگس که او را می‌گزیدند، می‌ترسید[1] و از گرما و سرما، به‌واسطه‌ی این‌که برهنه و بی‌پناه بود، به هر طرف می‌گریخت و چاره‌ی حالِ خود [را] نمی‌دانست و دوست و دشمنِ خود را نمی‌شناخت. حتّی از جنسِ خود نیز وحشت و نفرت داشت و می‌ترسید و به تدبیرِ اکل و شُربِ خود قادر نبود و برهنه در بیابان و حولِ دریا زندگانی می‌نمود.

و یونانیان، به تصوّرات شاعرانه، تصوّر می‌کردند که ربّ‌النوع سوار بر عرّابه‌ای است از صدف که، در سفیدی و صفا، از عاج باج می‌گیرد و چرخ‌های آن از طلای احمری [است] که، از غایتِ شفافیّت،[2] چشم را خیره می‌سازد و اسب‌های بحریِ کبودفام، که از برف سفیدترند، به عرّابه بسته، در حالتی که مانندِ شیرِ غضب‌آلود کف بر دهان آورده، با چشمانِ خونینْ آب دریا را شکافته[3] و می‌گذرند و جاده‌ی وسیعی در عقبِ خود می‌گذارند و جمعی از حوریانِ دریایی، هر یک، نفیری از استخوان و صدف‌های خم اندر خم به دست گرفته، عرّابه‌ی ربّ‌النوع را احاطه کرده‌اند، و عرّابه چون بطّ سفید[4] بر روی آب می‌پرد و آن ربّ‌النوع پسرِ کوچکش آپولون[5] را بر روی زانو گرفته، آثارِ بشاشت و

---

۱. در نسخه‌ی خطی: «می‌ترسیدند».

۲. در نسخه‌ی خطی: «شفافت».

۳. در نسخه‌ی خطی: «شگافته».

٤. یعنی: «اردک سفید».

۵. در نسخه‌ی خطی: «پالون».

بهجت از جبینش نمایان و نورِ سُرور از عارضِ چون قمرش تابان است، و گروهِ انبوهی از حوریان، هر یک، اکلیلی از گُل بر سر نهاده، در حوالیِ عرّابه شناوری دارند و زلف‌های تابدارِ زرافشان، هر یک، بر دوشِ بُلورین ریخته، از جبینش صبا جُنبان و چون عنبرسارا بر روی آب پراکنده[1] و پریشان است. و همه‌ی این‌ها تعبیر از حالتِ سکونِ دریا و حرکتِ کشتی بر روی آب دارد در وقتِ شکافتنِ کشتی آن را. و نبطون[2] نامِ پسرِ ژوپیتر[3] است که با چوب دریا را به ستوه[4] می‌آورد و اکنون نامِ ستاره‌ای است.

خلاصه، بنی‌نوعِ انسان در زمانِ وحشی‌گری در گریوهای کوه مسکن گرفته، از هر چیز، حتّی ابنای نوعِ خود، کناره می‌گرفت[5] و خود را از هر حیوانی محتاج[تر] و عاجزتر می‌دید و دفعِ مضارّ و جلبِ مصالح نمی‌توانست و ترتیبِ زندگانیِ خویش نیز نمی‌دانست. اول سببی از اسبابِ تجمّع و حضارت[6] که میانِ بعضی افرادِ انسان تألیف نموده احتیاجاتِ طبیعیِ ذکور و اُناث بود با ازدواج، که این حال، موافقِ قانونِ خلقت، میانِ هر جزئی موجود است. بعد از آن، در خصوصیّاتِ معیشت و جلبِ منافع و رفعِ مضارّ، این‌قدر حسّ نمود که به معاونتِ یکی دیگر بر اقتداراتِ او می‌افزود [و] از ضعف و مسکنتش تا یک درجه می‌کاست،[7] چو دو نفر [که] در هنگامِ [وقوعِ یک] اتّفاق، هر یک دو

---

۱. در نسخه‌ی خطی: «پراگنده».

۲. در نسخه‌ی خطی: «بنطون». منظور «نپتون» است.

۳. در نسخه‌ی خطی: «روپیتر».

٤. در نسخه‌ی خطی: «بسطوه».

۵. در نسخه‌ی خطی: «می‌کرد».

٦. یعنی: «شهرنشینی»، «تمدن»، «مقیم بودن».

۷. در نسخه‌ی خطی: «می‌کاهد».

قوّت پیدا می‌نمایند. علاوه بر این میلِ افرادِ انسان به حضارت و جمعیّت، از میلِ تقرّبِ هر جانوری به جنسِ خود می‌توان فهمید که میلِ هر جنسی به جنسِ خویش طبیعی است.

پیشتر گفتیم که خوف و هراس مردم را به نفرت و گریز مجبور می‌سازد، ولی باز علائمِ یک خوفِ مقابلِ آن‌ها [را] ناگزیر از جمعیّت و حضارت می‌دارد. انسان، بعد از حسّ کردنِ ضعف و ناتوانیِ خود، اول چیزی که می‌بیند احتیاجاتِ متنوّعه‌ی خویش است. بنابراین، به‌موجبِ قانونِ فطرت، به جست‌وجوی معاش و تدارکِ ضروریّاتِ معیشت خود برمی‌خیزد، و چون به شخصِ خود تنها هر کاری را کردن نتواند، ناچار می‌شود که به جنسِ خود اُلفت حاصل نماید، و از این‌جا معلوم می‌شود که نخستین قاعده‌ی طبیعت برای انسان اگرچه وحشت و نفرت است، اما ضروریاتِ معیشت و اقتضائاتِ ثانوی [او را] مجبور و ناگزیر [به جمعیّت و حضارت] می‌دارد و[1] صلح و آسایشِ عمومی [است] که نتیجه می‌دهد تمدّن و جمعیّت‌های بشریّه را. انسان در حالِ نخستین که برای او تصوّر کردیم، مساواتِ خود را با دیگران به‌دشواری می‌فهمد. پس، در این صورت، فکرِ تجاوز و تعدّی به دیگری ندارد و فکرِ غلبه و تهاجم نتیجه‌ی افکارِ ثانوی است که نمی‌توان گفت در آغازِ کارِ انسان در این خیال باشد.

لاجرم، به عقیده‌ی اغلبِ حکما، قاعده‌ی اولای فطرت صلح و آسایشِ عمومی است و آن‌چه «حسبسِ»[2] حکیم اعتقاد کرده که بیشتر از همه‌چیز حسّ

---

۱. پس از «و»، «از»ی آمده که زائد بنظر رسید.

۲. منظور احتمالا «هابز» است. فریدون آدمیت نیز در کتاب «اندیشه‌های میرزا آقاخان کرمانی»اش «هابز» ضبط کرده، و افزوده است: «گفته مشهور هابز این است: "آدمی برای آدمی گرگ است"». (ص. ۱۱۰).

تجاوز و مهاجمه را به انسان نسبت می‌دهد فرضی خطا است. یکی دیگر از اسبابِ تجمّعِ مردم نیز این است که دو جنسِ مختلف از روی انسانیّت بر لطافتِ عالمِ تمدّن و حضارت می‌افزاید و احتیاجِ طبیعی که این دو جنس به معاونت و ازدواج با یکدیگر دارند یک قانونِ ثالثی [است] که به افکارِ تمدّن خدمت می‌کند و راهِ تجمع و فوائدش را نشان می‌دهد.

از این‌ها که گذشتیم، افرادِ انسان یک رابطه‌ی دیگری با هم دارند که در سایرِ حیوانات موجود نیست، و آن رابطه عبارت است از آن حسّی که ابنای بشر را به جست‌وجوی فهمیدن برانگیزاند و به‌واسطه‌ی آن، تدریجاً، به کسبِ بعضی معلومات موفّق می‌شوند. لاجرم، این قانونِ چهارمی است که بالطبع اقتضاء می‌کند زندگانیِ نوعِ بشر را در میانِ جمعیّت از روی تعاون و توازر به یکدیگر.

فروغِ سیّم: در بیانِ خطِ حرکتِ انسان در سلوکِ نخستین

بنی‌آدم وقتی که این معنی [را] خوب حسّ نمود که معاشِ او بر وجهِ فاضل بدونِ تعاون و توازرِ ابنای جنسِ او ممکن نیست، جمعیّت‌های بشریّه تشکیل نمودن گرفت. اول، جمعیّتی که از افرادِ بشر تشکیل یافت همان جمعیّتِ زناشویی بود. ذریّت از ایشان به وجود آمد، جمعیّت خانه‌ای رفته‌رفته اعصاب و انساب[1] را حفظ نموده [و سپس] جمعیّتِ عشایر و اقوام [پدید آمدند]، تا این‌که به اتّحادِ ملّیّت و وحدتِ دیانتی و جمعیّتِ تمدّن کشید. حفظِ انساب در میانِ عشایر به ملاحظه‌ی همین اتّحادِ قومیّت بود تا بتوانند ثبات و عصابه‌ی

۱. در نسخه‌ی خطی: «انصاب».

خود را حفظ نمایند؛ به‌خلافِ شهرها که به‌واسطه‌ی انتظاماتِ حکومت، اهالی محتاج به این چیزها نمی‌شوند، لذا عشیرت تشکیل نمی‌کند. طریقِ اجتماعِ افرادِ انسان بدین نهج شد که بعضی در بیشه‌ها خانه‌های خود را که درختانِ میان‌تُهی بود نزدیک به هم قرار داده‌اند، و پاره‌ای در شکافِ مغاره‌ها و گریوهای کوه منزل داشتند. چون دیدند [که] اماکنِ طبیعی به حالِ آنان کفایت نمی‌کند، بنا گذاشتند برای خود از اماکنِ مصنوعی ترتیب دادن؛ بعضی بیوتِ اخشابی ساختند،[1] پاره‌ای از سنگ، [و] بعضی دیگر از پوستِ حیوانات خیمه‌ها و آلت چپق‌ها پرداختند. این سه جمعیّت، که خیمه‌نشینان و روستاییان و شهریان باشند، از این سه حال نشأت نمودند.

وقتی که آتش می‌خواستند، دو چوبِ سخت [را] به هم مالیده، یا دو سنگِ مخصوص را به هم زده، تا از میانِ ایشان آتش تولید می‌نمود. چون وصولِ آتش برای ایشان به‌واسطه‌ی اشکال صعوبت تمام می‌شد، از این جهت، آتشِ خود را همیشه محفوظ می‌داشتند و اگر به جایی هم نقل [مکان] می‌کردند، آتش همراه ایشان بود، و بنای آتشکده‌ها که آتش را هرگز خاموش نمی‌کردند از این‌جا شد.

۱. در نسخه‌ی خطی: «احتشابی ساختن». «اخشاب» به معنی «چوب‌ها» است.

بیشترِ سببِ حالِ بداوت و خیمه‌نشینی[۱] این بود که اماکنِ ایشان کفایت از برای معونتِ[۲] تمامیِ ایّامِ سال نمود، خواه از جهتِ مرتع و علوفه، به‌خصوص از برای کسانی که رعیِ اغنام[۳] و خیولِ[٤] اعاشر می‌نمودند.

سببِ دیگر از برای دوامِ حالِ بادیه‌نشینی[٥] بعد از استقرارِ امرِ تمدّن مسئله‌ی حدود بود؛ چه، قبایلی که در سرحدِ حدودِ مملکت واقع بودند، برای این‌که مطلق‌العنان باشند تا در وقتِ ضرورت از مکانی به مکانِ دیگر نقل کردن توانند، بداوت و خیمه‌نشینی را برای خود اختیار نموده و ثبوت در یک مرکز را منافیِ آرزوی[٦] خود شمردند.

و همچنین، بعضی اقوامِ هندیّه، که آن را یچیت خوانند، پس از آن‌که امرِ تمدّن در میانِ ایشان بالا گرفت، برای اِکمالِ حریّت و آزادیِ خود، قرار بر خیمه‌نشینی و دربه‌دری دادند. این بود که به اطرافِ عالم پراکنده[۷] و سرازیر[۸] شده، در هر جایی به اسمی مذکورند. ترکان آنان را قرچی و رومیانْ جنکنه و انگلیسیانْ چیب و ایرانیانْ لولی و غربال‌بند نام‌اند و ملّتِ قبط و چیب نیز اینان بودند.

---

۱. در نسخه‌ی خطی: «خیمه‌نشین».

۲. در اینجا احتمالا بمعنای «نیاز» و «مایحتاج» بکار رفته است.

۳. «رعی اغنام» بمعنای «چرانیدن بز و گوسفندان» است. در نسخه‌ی خطی «بدعیِ اغنام» آمده است. جمع «غَنَم»، و بمعنای «بز و گوسفندان» است.

٤. جمع «خیل»، و بمعنای «گروه اسبان» و «گروه سواران» است.

٥. در نسخه‌ی خطی: «بادیه‌نشین».

٦. در نسخه‌ی خطی: «از روی».

۷. در نسخه‌ی خطی: «پراگنده».

۸. در نسخه‌ی خطی: «سرسری».

حالتِ تَرَستُق[1] مقدّمه‌ی تمدّن است و منافعِ آن به عالمِ بشریّت بسیار. ولی چیزی که هست، پاره‌ای مضرّات از تمدّن تولید می‌شود[2] که سببِ فسادِ اخلاق و برطرف شدنِ حبِّ وطن و ناموس و غیرت و ملیّت و ضرر به صحّت و مُولّدِ عفونت و موجبِ تفریقِ کلمه و اختلاف می‌گردد. لهذا، اگر پاره‌ای جلوگیری‌ها از برای مضرّاتِ تمدّن نشود، به‌کلّی آن جمعیّتِ متمدّنه از هم متفرّق و متلاشی خواهند شد.

خلاصه، قبل از پیدا شدنِ آتش و بیرون آوردنِ آهن از معدن، سلاح و آلتِ اَعمالِ مردمان[3] منحصر به سنگ بود و هر چیز را با سنگ قطع می‌کردند و سنگ‌ها را به یکدیگر ساییده تا دَمِ آن‌ها تیز و برّنده می‌شد و دیگر طرفِ آن‌ها را سُفته، پس، از آن‌ها چیزی به شکلِ تیر و تیشه تعبیه می‌کردند و غالباً آن سنگ‌ها از جنسِ چقماق بودند و آن عصر را دوره‌ی حجری گویند. و قبل از پیدایشِ آهن و سایرِ معادن، طلا و نقره پیدا شدند،[4] زیراکه زر و سیم غالباً خالص از معدن بیرون می‌آید و محتاج به احراق و تصفیه نیستند، به‌خلافِ آهن و مس که همین که به‌توسّطِ آتش از سنگ بیرون آوردند، اغلبِ ضروریّات و حاجاتِ بشر مرفوع گشت. و در احتیاجات تَهوین و تسهیلات روی داد و در هر جا و هر صناعت فایده‌ی استعمالِ آهن عمومی شد و منافعِ آن هنوز نسبت به عالمِ بشریّت جریانی روزافزون دارد و صاحبِ هیچ حرفت و صنعتی نیست که جزءِ اعظمِ حاجاتِ او آهن نباشد. و پس از آهن، فایده‌ی مس و روی

---

۱. در نسخه‌ی خطی: «ترسنق». «ترستق» در اینجا احتمالا بمعنای «بداوت و وحشیگری پیش از تمدن» بکار رفته است.

۲. در نسخه‌ی خطی: «میکند».

۳. در نسخه‌ی خطی: «مرمان».

٤. در نسخه‌ی خطی: «شدن».

عمومی‌تر از سایرِ فلزات می‌باشد. قوله تعالی: «وَ اَنزَلنَا الحَدیدَ فیهِ بَأسٌ شَدیدٌ وَ مَنافِعُ لِلنّاس».[۱]

فروعِ چهارم: در بیانِ چگونگیِ تدبیرِ معاشِ انسان در هیئتِ جمعیّت

انسان در ابتدای کار که از پیِ دفعِ مضارّ و جلبِ مصالح و حفظِ منافعِ خویش برآمد، همه کاری به‌توسّطِ خود جاری می‌کرد و مباشرِ علمی، شخصِ خودِ او بود؛ زراعت خودِ او می‌کرد، راه خودِ او می‌رفت، بار خودِ او می‌بُرد، بر روی آب خودِ او شنا می‌کرد، خودِ او می‌رشت، خودِ او می‌بافت، خودِ او می‌دوخت، [و] اسلحه‌ی او غالباً دست و دندان و سنگ و چوب بود. بالجمله، [فاعل] در همه‌ی اَعمال خودش بود و آلات و ادواتی بسیار کم به کار می‌بُرد. مثلاً، زمین را با سرِ چوب می‌خراشانید و تخم می‌کاشت، و همچنین از پوستِ درختان و پشمِ حیوانات گرفته، با دوک می‌تابید، و از پوستِ حیوانات و برگِ درختان پاپروس (پیزر)[۲] گرفته، با سرِ چوب آن‌ها را سوراخ کرده، به ریسمانی[۳] که تابیده بود پیوند می‌ساخت. بافتن را از عنکبوت آموخت و بنا [ساختن] را از مرغان، شکار کردن و خوردنِ گوشت را از مرغانِ شکاری و سَبُع،[۴] و شنا را از بطّ و مرغابی، زراعت را از کلاغ و همچنین دفن کردن را.

---

۱. یعنی: «و آهن را پدید آوردیم که در آن مایه‌ی ستیز و صلابت است و نیز سودهایی برای مردم» (قرآن، سوره‌ی ۵۷، بخشی از آیه‌ی ۲۵).

۲. در نسخه‌ی خطی: «پیرز».

۳. در نسخه‌ی خطی: «ریسمان».

٤. «سبع» در این‌جا بمعنای «درنده» آمده است.

و بر این قیاس، سایرِ چیزها را بعضی در حیوانات و طیور تعلیم گرفت[1] و برخی را «مِنْ حَیْثُ لَا یَحْتَسِبُ»[2] کشف کرده و تمدّن را از نخل و غلّه بیاموخت. رفته‌رفته که پی به آلات و ادوات برده و برای خود از حیوانات و چرخ‌ها معادن پیدا کرد، پاره‌ای حیوانات را گرفته، به کار داشت. از اسب و الاغ و سُتور برای خود مرکب ساخت، کشار[3] و بار کشیدن را به دوشِ گاو و گردنِ شتر انداخت، و سگ و گربه را به پاسبانی گماشت. برای گذشتن از آب زورق و کشتی ترتیب داد، از گاو و گوسفند و شتر شیر دوشید [و] روغن و پنیر بیرون آورد، از پوست [و] موی حیوانات جامه‌ها برای خود تیار کرد، و از پاره‌ای طیور و حیواناتِ کوچک چون ماکیان و کلپوی بنای استفاده گذاشت. از مغاره‌های کوه و جوفِ درختان بیرون آمده، برای خود مسکن و منزل ساختن گرفت. از پوست و موی حیوانات و چوب‌های نازک در بیابان الوار و خیمه برپا کرد، و از میوه‌های خشک و دانه‌ها و سبزی‌ها برای خود ذخیره نهاد. به‌جهتِ مدافعه [در برابر] دشمن و حفظِ جانِ خود، از سنگ و چوب و پوست حیوانات سپری بساخت.[4] به‌توسّطِ آتش‌زنه، یعنی سنگِ چقماق و آهن، آتش از سنگ بیرون آورده، معاونِ امورِ زندگانی خود قرار داد. غذاها را با آتش بپخت و، بالجمله، آتش را فروغِ ایزدی خوانده و در شب‌ها از هیزم چراغ بسوخت. به‌جهتِ غذاهای خود، از دریا و خشکی، حیوانات را نخجیر[5] نمود، کباب کرده، بخورد، و مردمِ ضعیف‌تر و نادان‌تر از خود [را] اسیرِ استبداد و استخدام نمود. و [از]

---

۱. در نسخه‌ی خطی: «گرفتند».

۲. یعنی: «از جایی که گمان نمی‌برد» (قرآن، سوره‌ی ٦٥، بخشی از آیه‌ی ٣).

۳. شاید بمعنای «ابزار کشیدن بار» بکار رفته است.

٤. در نسخه‌ی خطی: «از سنگ و چوب پری از پوست حیوانات بساخت».

٥. یعنی: «شکار».

همه‌ی این احوال در کتاب کریم به‌صراحت یادشده، چنان‌چه می‌فرماید: «وَاللَّهُ جَعَلَ لَكُمْ مِمَّا خَلَقَ ظِلَالًا وَجَعَلَ لَكُمْ مِنَ الْجِبَالِ أَكْنَانًا وَجَعَلَ لَكُمْ سَرَابِيلَ تَقِيكُمُ الْحَرَّ وَسَرَابِيلَ تَقِيكُمْ بَأْسَكُمْ كَذَلِكَ يُتِمُّ نِعْمَتَهُ عَلَيْكُمْ لَعَلَّكُمْ تُسْلِمُونَ؛ وَالْأَنْعَامَ خَلَقَهَا لَكُمْ فِيهَا دِفْءٌ وَمَنَافِعُ وَمِنْهَا تَأْكُلُونَ؛ وَلَكُمْ فِيهَا جَمَالٌ حِينَ تُرِيحُونَ وَحِينَ تَسْرَحُونَ؛ وَتَحْمِلُ أَثْقَالَكُمْ إِلَى بَلَدٍ لَمْ تَكُونُوا بَالِغِيهِ إِلَّا بِشِقِّ الْأَنْفُسِ؛ وَاللَّهُ جَعَلَ لَكُمْ مِنْ بُيُوتِكُمْ سَكَنًا وَجَعَلَ لَكُمْ مِنْ جُلُودِ الْأَنْعَامِ بُيُوتًا تَسْتَخِفُّونَهَا يَوْمَ ظَعْنِكُمْ وَيَوْمَ إِقَامَتِكُمْ وَمِنْ أَصْوَافِهَا وَأَوْبَارِهَا وَأَشْعَارِهَا أَثَاثًا وَمَتَاعًا إِلَى حِينٍ؛ وَإِنَّ لَكُمْ فِي الْأَنْعَامِ لَعِبْرَةً نُسْقِيكُمْ مِمَّا فِي بُطُونِهِ مِنْ بَيْنِ فَرْثٍ وَدَمٍ لَبَنًا خَالِصًا سَائِغًا لِلشَّارِبِينَ؛ وَهُوَ الَّذِي سَخَّرَ الْبَحْرَ لِتَأْكُلُوا مِنْهُ لَحْمًا طَرِيًّا؛ وَجَعَلْنَا سِرَاجًا وَهَّاجًا.»[1]

---

۱. یعنی: «و خداوند برای شما از آنچه آفریده است، سایه‌سارها و از کوهها برای شما غارها پدید آورد، و برای شما تن‌پوشهایی که شما را از گرما [و سرما] نگه دارد، و تن‌پوشهایی که شما را از آسیب همدیگر نگه می‌دارد، بدین‌سان نعمتش را بر شما تمام می‌کند باشد که تسلیم پیشه کنید؛ و چارپایان را برای شما آفرید که برای شما در آنها گرما و سودهای دیگر هست، و هم از آنها می‌خورید؛ و هنگامی که آنها را از چرا باز می‌گردانید، یا به چرا می‌برید، شما را در آن تجملی هست؛ و بارهایتان را تا شهری که جز با به رنج انداختن تن خویش به آن نمی‌توانید رسید، می‌برند؛ و خداوند از خانه‌هایتان برای شما مایه آرامش پدید آورد، و برای شما از پوستهای چارپایان خیمه‌هایی پدید آورد که در روز کوچیدنتان و روز اقامتتان آن را سبکبار می‌یابید، و از پشمها و کرکها و موهای آنها اثاثیه و مایه بهره‌وری تا هنگامی معین پدید آورد؛ و در چارپایان برای شما عبرتی است که از شکمهایشان، از میان سرگین و خون، شیری پاک به شما می‌نوشانیم، که گوارای آشامندگان است؛ او کسی است که دریا را رام کرد تا از آن گوشتی تر و تازه بخورید؛ و چراغی درخشان پدید آورده‌ایم». (قرآن، سوره‌ی ۱۶، آیه‌ی ۸۱؛ سوره‌ی ۱۶، آیه‌ی ۵؛ سوره‌ی ۱۶، آیه‌ی ۶؛ سوره‌ی ۱۶، بخشی از آیه‌ی ۷؛ سوره‌ی ۱۶، آیه‌ی ۸۰؛ سوره‌ی ۱۶، آیه‌ی ۶۶؛ سوره‌ی ۱۶، بخشی از آیه‌ی ۱۴؛ سوره‌ی ۷۸، آیه‌ی ۱۳).

فروغِ پنجم: در پیدایشِ علوم و فنون و صناعات برحسبِ احتیاجات و ضروریّات در معیشتِ انسان

بعد از آن‌که جمعیّت‌های بزرگ و کوچک از بنی‌آدم تشکیل یافت و هر یک حرفه و پیشه‌ای جُستند و برای سعادت جسم انسانی[1] اعضای مخصوص به هم رسیده، پاره‌ای علوم و صناعات نیز برحسبِ احتیاجات و ضروریّاتِ معیشت در میانِ بنی‌نوعِ انسان اختراع شد، چون صنعتِ نجّاری و کشتی‌سازی و آهنگری و مسگری و فخّاری[2] و بنایی و زراعت و حُصادت[3] و تربیتِ اشجار و قطع و نحتِ اخشاب[4] و شبانی و اِقفاء[5] حیوانات و حفّاری و صحاری و اسلحه‌سازی و خیاطت[6] و نسّاجی و صناعت و حیاکَت[7] و غَزْل[8] و صباغَت[9] و دباغت،[10] و فنونی چند مانند هندسه و حساب و جَرِّاَثقال[11] و طبّ و تشریح و

۱. در نسخه‌ی خطی: «جسم سعادت انسانی».

۲. یعنی: «کوره‌پز»، «کوزه‌گر»، «کاسه‌گر».

۳. در اینجا بمعنای «درو کردن محصول» بکار رفته است.

٤. یعنی: «بریدن چوبها».

۵. در نسخه‌ی خطی: «افقاء». و «اِقفاء» بمعنای دنبال کردن است.

٦. منظور «خیاطی» است.

۷. در نسخه‌ی خطی: «حساکت». «حیاکَت» به معنای «بافندگی» است.

۸. یعنی: «ریسندگی».

۹. یعنی: «رنگرزی».

۱۰. یعنی: «پیراستن و پاک کردنِ پوست [حیوانات]».

۱۱. یعنی: «در اصطلاح مکانیک، برداشتن سنگینی‌ها باشد با قوت کم. و صناعت جراثقال یکی از اقسام صناعت حیل (مکانیک) باشد که در آن از چگونگی اتخاذ وسایل برای برداشتن چیزهای سنگین با نیروی اندک گفتگو میشود.»

بِیطَرَه[1] و جرّاحی و نجوم و جغرافیا و معدن‌شناسی و شعر و موسیقی و دریاپیمایی و ادبیات و مساحت و اُصطُرلاب[2] و مَناظِر[3] و مَرایا[4] و کحّالی[5] و معرفت آثار علویّه، و صناعات نفیسه مانندِ کتاب و نقّاشی و منبت‌کاری و تجارت و حرب؛ زیراکه در کمالِ اسبابِ معیشت و مبادلات و لوازمِ زندگیِ خود، محتاج شد به قطعِ طرق و اسفار، و طیِّ براری و بَحاری، و انشای جسور[6] و قناطیر، و اعمال حدید و معادن، و بنای عمارت، و معالجت امراض و اوجاع،[7] و دفعِ بلایا و مصائب، و مساحت و مسافاتِ اراضی،[8] و تشخیصِ فصول و ازمنه، و تقدیرِ طبایعِ اراضی، [و] علمِ تعدیل و موازنه، و شناختنِ حوادثِ جوّیه و خواصِ اقالیم و تأثیراتِ اهویه و اَمزِجه،[9] و معرفتِ حیوانات [و] نباتات، و دانستنِ جهات و مناطقِ فلکی و آفاقِ مایله و استوایی.

و بالجمله، جمعیّت‌های بشری، در استحصال و استکمالِ امورِ زندگیِ خود، ناگزیر شدند از جزئیّاتِ متکثّره و احتیاجاتِ متنوّعه‌ی امورِ مختلفه‌ی متشتته‌ی چند، که حدّ و پایان ندارد. و هرچه بر فضای تمدّن و ترتیباتِ حضارت

---

۱. در نسخه‌ی خطی: «سبیطره». «بیطره» به معنای «تیمار کردنِ ستور و میخ زدن به نعل آن» و «دامپزشکی» است.

۲. یعنی: «ابزاری است که بدان ارتفاع خورشید و ستارگان را سنجند»، «ستاره‌سنج».

۳. در نسخه‌ی خطی: «مناظره».

٤. «مناظر و مرایا»، در این‌جا، به معنای بخشی از علم ریاضی آمده است.

٥. یعنی: «سرمه‌کش»، «چشم‌پزشک».

٦. در نسخه‌ی خطی: «حبور». «جسور» جمع «جسر» و بمعنای «پل‌ها» است.

۷. جمع «وَجَع»، و به معنی «رنجوری و دردمندی» است.

۸. پیش از «اراضی»، «واو»ی آمده که زائد بنظر رسید.

۹. جمع «مزاج» است.

می‌افزاید، نِطاقِ[1] این احتیاجات بیشتر وسعت می‌یابد. و چون آن جزئیات را در تحتِ قواعدی کلّیه و قوانینِ عمومیّه خواهند ضبط کنند،[2] تقویتِ فنون و تأسیسِ شئوناتِ عملیّه و صناعاتِ کلّیه به میان آمد.

خلاصه، کارِ آن انسانِ ضعیفِ زبون به جایی کشید که برق را مسخّرِ خود ساخت، و قوای ناریّه را تسخیر نمود، و از حرکاتِ فلکیّه استفاده کردن گرفت، و ابر و باد را که اوّل عبادت می‌کرد مطیعِ خود فرمود، و زمین را با شمندوفر[3] طی کرد، و تأثیرِ صاعقه را باطل نمود، و دریاها را با کشتیِ بخار و الکتریسته منفلق[4] ساخت، و بالون را به هوا انداخت، و حیواناتِ برّ و بحر از دستِ او به امان آمدند. از فابریک‌های بخاری حدائم بسیار ترتیب کرد، و از کشفِ ارضیّات گذشته، دستِ تطاول در آسمان‌ها دراز [کرد] و، با خارقِ عادات، سر به سیّارات و مجارات باز فرمود، و با دوربین و میکروسکوب[5] عوالمِ ذرّه و علوی را مشهود داشت، سنگ‌ها را بلور و آئینه نمود، آئینه را قماش، چوب‌ها را کاغذ، کاغذ را وسایط و آلاتِ هر کار قرار داد، ماهتابِ مصنوعی و انوارِ لایتناهی به میان آورد، از استخوانِ خود فُسفُر جست، با آتش یخ ساخت، و از یخ الکتریست پرداخت.

و هکذا، عنقریب کارِ او به جایی خواهد رسید که در کُراتِ فلکی تصرّفات کند، و از بذرِ الکتریسته شموس و سیّارات تعبیه نماید، و کُرات را از صدمتِ انشقاق و تلاشی نگاه دارد، و با سکنه‌ی آن‌ها راهِ مراوده و دوستی مفتوح سازد،

---

۱. در این‌جا، به معنای «محدوده» آمده است.

۲. پیش از «کنند»، «به»ای آمده که زائد بنظر رسید.

۳. یعنی: «راه آهن»، «قطار».

٤. یعنی: «شکافتن».

۵. منظور «میکروسکوپ» است.

و حیاتِ جاویدِ خود را به دست آورد، و اجسامِ کثیفه را به ارواحِ لطیفه تبدیل دهد، و ابدانِ عنصری را چنان تلطیف کند که حالتِ هورقلیایی به هم رسانیده، از فنا و دُثور[1] محفوظ و مصون مانند، و تمامِ عالم را مملوّ از نور کند و حقیقتِ مدنیّه‌ی مُثُل[2] افلاطون و جنّتِ موعود [را] ظاهر فرماید.

و بالجمله، عرصه‌ی دنیا را تماماً به صقعِ دیگر مبدّل نماید، آن‌گاه بنی‌آدم بر تختِ سعادتِ خود نشسته و خدایش مکرّم دارد. و پس از این فصل، خالی از مناسبت نیست که به ذکرِ پیدایشِ پاره‌ای صناعات و فنون پردازیم.

فروغِ ششم: در چگونگیِ پیدایشِ نطق و لغت

هیچ شکّ و شبهه‌ای نیست که بنی‌نوعِ بشر، در بدوِ خلقت، ابداً مقتدر بر تَنَطُّق و صاحبِ لغت نبود، بلکه پاره‌ای از ننوسیک‌ها، یعنی آهنگِ طبیعی، داشته که مقصودِ خود را به‌توسّطِ آن صداهای طبیعی می‌فهمانیده[3] است؛ چنان‌که حیوانات و طیور، در هنگامِ خوف و شَفَقَت و [در] زمانِ انبساط و شهوت یا غضب و کدورت، پاره‌ای صداهای مخصوص مناسبِ آن حالت دارند که مرادِ[4] خود را به جنسِ خویش افهام می‌کنند؛ چنان‌که بوریه[5] در تعریفِ نطق گفته [است] که معنیِ نطق عبارت از این [است] که یک حیوان افکار و حسّیّاتِ

---

۱. در اینجا احتمالا بمعنای «فرسودگی» بکار رفته است.

۲. در نسخه‌ی خطی: «مُصُل».

۳. در نسخه‌ی خطی: «فهمانیده».

٤. در نسخه‌ی خطی: «مرام».

٥. شاید منظور از «بوریه» دانشمند فرانسوی Jean Baptiste Bory de Saint-Vincent باشد.

خود را به‌توسّطِ صداهای خود بیان کند. انسان نیز در ابتدای فطرت چنین بوده، بر مثابه‌ی اطفالِ خردسال[1] که هنوز تکلّم نیاموخته، یا اشخاصِ کَرِ مادرزاد که مقاصدِ خود را به‌توسّطِ صداهای طبیعی بیان نموده،[2] که آن اصوات، هر یک، به چیزی دلالت داشتند، بعضی بر فزع و خوف، و پاره‌ای به رأفت و شَفَقَت و لطف، برخی به حدّت و غضب. و بر این قیاس، همین که پا در دایره‌ی حضارت گذارد و به حلقه‌ی جمعیّت داخل شد، رفته‌رفته، نطاقِ احتیاج وسعت پیدا کرد و محتاج به این آمد که از برای فهمانیدنِ مقاصدِ خود، صداهای مخصوص وضع کند و میانِ آن اصوات فرق بگذارد. این بود که تقاطعِ اصوات به میان آمده، حروف از مقاطعِ اصوات حاصل گشت.

از این طرف، چون احتیاجاتِ او لاتُعَدّ و لاتُحصی بود، از برای هر یک، وضعِ صوتیِ مخصوص در طاقتِ بشریّت خارج می‌نمود، [و بعد] بنا گذارد آن اصواتِ مفرده و آهنگ‌های بسیطه را که معدودی بیش نبودند با هم ترکیب ساخته و فرق و تمیزِ اوضاعِ آن‌ها را در وضعِ ترکیب نشان می‌داد. پس، در واقع، فرطِ احتیاج بود که انسان را به نطق آورد، و فرطِ زبونی و عاجزی بود که او را [به] تمدّن و حضارت واداشت؛ زیراکه بدونِ تعاونِ ابنای جنسِ خود، این حیوانِ ضعیف کفایت از امورِ معیشتِ خود کردن نمی‌توانست؛ به‌خلافِ سایرِ حیوانات که ملایمات[3] و منافراتِ خود را می‌دانند[4] و دوست و دشمنِ خویش را بالطبع می‌شناسند و تا یک درجه قادر بر حفظِ خود هستند.

---

۱. در نسخه‌ی خطی: «خوردسال».

۲. در نسخه‌ی خطی، پس از «طبیعی»، تنها واژه‌ی «بوده» آمده است.

۳. در نسخه‌ی خطی: «ملایمت».

۴. در نسخه‌ی خطی: «می‌داند».

خلاصه، حضارتِ انسان سبب شد از برای احتیاج به نطق. این است که هرچه به حضارت و مدنیّت و جمعیّت‌های بشری می‌افزاید، دایره‌ی لغات و منطق بیشتر کسبِ توسّع می‌کند؛ چنان‌که در میانِ جنگل‌های وحشی، هنوز شمارِ اعدادِ بالاتر از بیست [را] نمی‌دانند و آن را هم از روی انگشتانِ دست و پای خود گرفته‌اند. لاجرم، اهالیِ روستایی و بادیه‌نشینان در نطاقی بسیار تنگ حرکت می‌کنند [و] چون پا به دایره‌ی تمدّن می‌گذارند، در منطقه‌ی لغاتِ ایشان وسعت پدید می‌آید.

پس، بنا بر آن‌چه گفتیم، نطقِ ابنای بشر [را] احتیاجاتِ وافرِ ایشان به میدان آورد، و این احتیاجِ مفرط بود که موجبِ غنا و سعادتِ مفرطِ انسان گردید، و ضعف و عاجزیِ بسیارِ او اقتدارِ اصلیِ او را سبب شد. اما، مقاطعِ حروف، در ابتدا، خیلی شبیه به آوازِ حیوانات و مرغان بوده، [اما] رفته‌رفته مقطع و مخرجِ هر حرفی معیّن گشته است. آن‌گاه، ترکیباتِ «مِنْ کلٍّ زَوْجَیْنِ اثْنَیْنِ»[1] [را] به‌جهتِ افتراق و تمیزِ آن‌ها اجرا داشته‌اند. از این [جهت] است که اغلبِ لغات، چون به اصل و مادّه‌ی آن‌ها نظر می‌کنیم، دوحرفی بوده و غالباً یک حرفِ آن از حروف اعراب و بعضی عیناً مکرّر می‌شده، شبیه به صورتی که مناسبِ آن چیز است، مانند قُوقُو، کوکو، هُوهو، هِش‌هِش، فِش‌فِش، خِش‌خِش، قُت‌قُت، نِق‌نِق، لُندلُند، غُرغُر، خِرخِر، گِرگِر، جِرجِر، زُرزُر، دِردِر، جِزجِز، هَوهَو، مَومَو، عَوعَو و غیر این‌ها، که هر یک از این‌ها مناسبِ هیأت و طبیعت و حالتِ مدلولِ خویش[2] است. مثلاً، طفل، اوّل که به زبان می‌آید، می‌گوید: پَه‌پَه، بابا، نَه‌نَه، مَه‌مَه، کاکا، تی‌تی، دَه‌دَه. این است که هر یک از این‌ها را نام چیزی از اشیاء

---

۱. یعنی: «از هر جنس یک زوج» (قرآن، سوره‌ی ۱۱، بخشی از آیه‌ی ۴۰).

۲. در نسخه‌ی خطی: «خوش».

عمومی نهادند. و همچنین انسان، در وقتی که جایی از او درد می‌کند، می‌گوید: آه‌آه، هُه‌هُه، آخ‌آخ، وای‌وای، و هنگام شادی و طرب خنده و قهقهه،[1] و هنگام گریه های‌های، و در هنگام تعبیر آوردن از صدای حیوانات و مرغان، می‌گوید فلان حیوان آزآز می‌کند و فلان مرغ چه‌چه می‌زند.

حال، از این‌جا ما پی می‌بریم به این‌که سه لغتِ ما باید در همه‌ی السنه باشد، زیراکه برحسبِ تفهیمِ عقلی، این اشاراتِ صوتیه یا این‌که محدود می‌شوند، [و] معنیِ آن‌ها را در دایره‌ی ضیقه به‌جهتِ سهولت آورده، آن‌گاه آن مقاطعِ محدود را که به‌خوبی از هم ممتاز می‌شوند با یکدیگر ترکیب نموده، عنوان اشیاء قرار می‌دهند [و] لاجرم حروفِ معدود [و] اندک خواهد شد، یا این‌که آن اشاراتِ صوتیه نطاقِ وسیعی گرفته، مقاطعِ آن‌ها محدود نگشته، خوب از یکدیگر به‌طور وضوح ممتاز نمی‌گردند. در این صورت، حروف و مقاطع بسیار می‌شود، مانند لسانِ اهالیِ چین که سیصدوپنجاه حروف دارد.

اما، در صورت نخستین که مقاطع محدود است و حروف در دایره‌ی ضیقی جولان می‌کند، باز دو صورت فرض می‌شود؛ به این معنی که مرکّباتِ آن حروف یا[2] کلماتِ بسیطه هستند، مانند لسان سمتیک که لغاتِ آن تماماً بسیط و مفرد است و اگر احیاناً لغتِ مرکّبی را هم از لسانِ دیگر اقتباس کنند،[3] آن را به قالبِ مفرد می‌تراشند، مثل این‌که بعضی کلماتِ رباعی [که] در زبانِ عرب منقول از السنه‌ی دیگر است و معرّب شده‌اند مرکّب از دو کلمه‌اند، یا آن لغات غالباً مرکّب‌اند، یعنی بسایطِ آن‌ها محدود و کم می‌باشد. لهذا، محتاج به تراکیبِ

---

۱. در نسخه‌ی خطی: «خنده‌ی او قهقهه».

۲. در نسخه‌ی خطی: «با».

۳. در نسخه‌ی خطی: «نکنند».

کلمات می‌شوند، مانندِ زبانِ اریانی که حروفِ اصولِ آن دو حرف[1] و غالبِ لغاتِ آن مرکّب می‌باشند. اما، [در] لسان سمتیک حروفِ اصول از سه تا پنج است، لهذا اگر از زبانِ اریانی لغتِ رباعی گرفته باشند، قهراً باید مرکّب از دو لغت باشد و نسبتاً مقاطعِ حروف نیز از لسانِ اریانی کمتر از مقاطعِ لسانِ سمتیک است. این یک دلیل بر تثلیثِ السنه‌ی اصلیّه.

دلیلِ دیگر این‌که، چون عموماً اشیاء بر سه طبیعت متجلّی هستند، به طبیعتِ موادّ و اَشکال و آثار، طوایف و مللِ بشر نیز مناسبتِ وضعِ لغات را نسبتِ به موضوع له بر روی این سه چیز گرفتند. اما، لغتِ سمتیک مادر همه‌ی السنه‌ی سماویّه است که آن‌ها را السنه‌ی سامیّه گویند، مانند آشوری و کلدانی و سریانی و عبرانی و عربی. و کُتبِ سماوی، اغلب، بدین لغت نازل گشت و خصوصیاتِ اوضاعِ آن نسبت به مواد و هولیّات اشیاء است. از این جهت، لغاتِ آن به‌صورتِ اگرچه بسیط است، اما به‌حسب مادّه، از حروفِ مرکّب است.

لاجرم، ابحاثِ اهلِ این لسان بر روی معانیِ کلمات محدود است، ولی بر روی حروف و خواصٍ اعداد و ترکیبِ آن‌ها لایتناهی می‌باشد، و پیمبرانِ خدا، همه، از این ملّت مبعوث شده‌اند و احوال و عاداتِ این اقوام در معانیِ کلیّه اگرچه به‌غایت محدود و مضیّق بوده و همیشه راه عما و تقلید می‌سپرده‌اند، اما مباحثِ ایشان در الفاظ و جزئیات خیلی وسعت و عرض و طول به هم رسانیده، همچنان‌که مادّه‌ی لغتِ ایشان کم است و اشتقاقات [آن] بسیار، و لسانِ ایشان بر یک نسقی منتظم کسبِ وسعت نموده است.

و این ملّت دائماً مقیّد به وضعِ حدود و قوانین و شرایع بودند، و همواره مردم را در زیرِ حدود و احکام می‌خواستند، و هیچ میل نداشتند چشمِ کسی از

---

۱. در نسخه‌ی خطی: «حروف».

میان باز شود یا وسعتِ مشربی پیدا کند، بلکه ایشان را به تعبّد و تقلیدِ عَلَی‌العَمیا کورکورانه نگاه می‌داشتند. ولی از آن طرف، میدان‌های وسیع از برای خواصِّ حروف و اعدادِ کلماتِ ابجد باز کرده بودند که با هزار سال مسافتِ آن‌ها طی می‌شد؛ مثل این‌که الان علمای یهود یک نفر از قومِ خودشان را اِذن و رخصتِ آن‌که در اصولِ دینِ خود یک کلمه بحث نماید نمی‌دهند، ولی برای حسابِ اعداد و اوفاقِ که عددِ اسمِ این شخص را با عدد و اسمِ مادرش با هم جمع و، بعد از آن، طرح و تقسیم نمایند، هزار باب علم از علومِ اولین و آخرین برای خود مفتوح می‌سازند.

و اما لغتِ نلیکول و تاتار و چین که اهالیِ ترکستان و سیام و برمه و امّانیا و ماچین و ژاپون نیز از جنسِ ایشان‌اند، و چون غالباً کلماتِ ایشان عبارت از اصواتِ بسیطه [است] و هر صوتی [را در] اشارات به چیزی قرار داده‌اند و کلماتِ ایشان مرکّب از مقاطعِ محدود نیست، لهذا نسبتِ آن به اشکال و صورتِ اشیاء است که بسیطِ مطلق می‌نماید، چنان‌که خطِ ایشان نیز از صُوَر و اَشکال حکایت می‌کند نه این‌که تعبیر از مقاطعِ اصوات بیاورد. از این جهت، لسانِ ایشان مقاطعِ حروف، که به‌منزله‌ی موادِ لغت است، ندارد و کلمات را تعبیه‌های دماغی و تغییراتِ صوتیه از هم ممتاز می‌سازد. و همچنان‌که لسانِ ایشان تنها عبارت از صورتِ ساده و شعشعه و قهقهه‌ی اصوات است، عادات و اخلاق و طبایعِ[1] آن قوم نیز از صورت‌پرستی و تعبّد به حکومت و تقلیدِ آباء و اجداد و متابعتِ پیشینیان چیزی [دیگر] نیست، و در ظاهرپرستی کارشان به جایی رسیده که خاقانِ خود را پسرِ آسمان و پرستشِ او را اقدسِ فرایض و اوجبِ تکالیفِ

۱. در نسخه‌ی خطی: «صبایع».

خود می‌دانند. از میانِ ایشان هیچ‌گاه نه حکیمی[1] بیرون آمده و نه فیلسوفی نشأت کرده و نه پیغمبری مبعوث شده [و] علومِ ایشان منحصر به صناعاتِ جزئی، و افتخارِ ایشان به غلبه و سلطه‌ی ظاهر است. خدا و راهنمایشان، همیشه، حکومت و قوّتِ جبریّه بوده است.

اما، لغتِ اری (یا اریانی) که مادرِ السنه‌ی اروپا و ایران و هندوستان و لسانِ ارمنی و ارنادو و چرکس و گرج[2] می‌باشد، مقاطعِ حروفِ آن بسیار کم و ساده، و ترکیباتِ لغاتِ بسیطِ آن از دو حرف بیشتر نیست. لهذا، برای توسیعِ دایره‌ی لغاتِ خود، محتاجِ ترکیبِ کلمات شدند. از این جهت، السنه‌ی مختلفه‌ی متشتته از این زبان نشأت نموده، مانند لسانِ سانسکریت و زند و راولی و چغری و افغانی و پهلوی و دری و اردو و گُجراتی[3] و ارمنی و کیلکی و چرکس و گرجی و ازمادوی و یونانی و لاتینی و سلاد و آلمانی و فرانسوی و انگلیسی و ایتالی و اسپانیولی و مانند آن‌ها، مانند لُری و کُردی و رازی و نائینی و پازداری و کزی.

چون اوضاعِ لغاتِ ایشان بر روی آثار و مناسبات و نتایجِ اشیاء است، لهذا این اقوام همیشه در نتایج و سیاسیّاتِ معنوی و خواصِّ اشیاء سخن می‌رانده‌اند و بابِ مناقشه را در خواصِ ترکیبِ اشیاء باز کرده بودند و از حقایقِ اشیاء بحث می‌کردند و اقناعِ دیگران را از راهِ فهمانیدن می‌خواستند نه از روی باوریدن و ترسانیدن. از این جهت، همیشه حکما و متصوّفه و اهلِ عرفان و فلسفه از این جنس نشأت می‌نمود، ولی در جنسِ سمتیک دائماً پیغمبران

---

۱. در نسخه‌ی خطی: «حکمی».

۲. در نسخه‌ی خطی: «کرج». شاید هم «گرجی» درست باشد.

۳. در نسخه‌ی خطی: «کُجراتی».

مبعوث می‌شدند. در احوالِ کلدانیان و عبرانیان مذکور است که شاگردانِ خود را دائماً در حدودِ تقلید و عمی نگاه می‌داشتند تا به استادِ خود متقلّد و اقوالِ او را معتقد باشند[1] و باور کنند؛[2] ولی یونانیان، به‌عکسِ ایشان، به‌قسمی میدانِ مناقشه را بر روی شاگردانِ خود باز کرده، حرّیتِ افکار به ایشان داده بودند؛ به‌طوری که از زیرِ اطاعتِ استادانِ خویش نیز بیرون می‌رفتند و این‌گونه پروازِ وجدانیِ شاگردان مایه‌ی مباهات و افتخارِ بزرگی برای معلّمان بود. و [این، البته،] اختصاص به یونانیان ندارد، بلکه عموماً جنسِ اریانی، که آنان را اندوژرمن نیز گویند، در هر جا و هر وقت، خودشان را هرگز محدود و مضیّق نمی‌خواستند و تکلیفات بر خود نمی‌گذاشتند و هیچ ژاکون[3] و شریعتی ایشان را سیراب نمی‌کرد، زیراکه اینان، بالذّات، تقلید و تعبّد را عارِ عظیم پنداشتند. و از[4] میانِ ایشان، دائماً مخترع و مناقش و فیلسوف و صوفی یا متکلّم نشأت می‌نمود. لاجرم، زبانِ منکول[5] و تاتار تمام بسیط، و لسانِ اریانی تمام مرکّب، و لغتِ سمتیک،[6] به‌حسبِ حروف و اصوات، مرکّب و، به‌حسبِ لغت، بسیط می‌باشد.

---

۱. در نسخه‌ی خطی: «باشد».

۲. در نسخه‌ی خطی: «بارکند».

۳. شاید منظور «قانون» است.

٤. در نسخه‌ی خطی: «ار».

٥. شاید منظور «مغول» باشد.

٦. در نسخه‌ی خطی: «سبموی».

در بیانِ توحیدِ لغات [و] تَبَلبُلِ اَلْسنه

آن‌چه در خصوصِ تَبَلبُل السنه[1] و برج بابل و ابنای نوح در اساطیر نسبت می‌دهند، همه، تصوراتی نسبت به وقوعاتِ بعد است، زیراکه در اولِ کتاب گفتیم اول ذاتی آخرِ زمانی است، مانندِ تقدّمِ ثمر بر شجر. و آن از این بیانات معلوم شد که پیدایشِ سخن و کلمات و اوضاعِ لغات و السنه، اولاً، از روی آهنگ‌های طبیعی بوده، سپس، برحسبِ احتیاجاتِ مدنیّه، دایره‌ی لغات وسعت گرفت، ولی از آن پس که اقوامِ عالم با یکدیگر مخالطه و مراوده حاصل نمودند و بعضی مسلّط بر بعضی دیگر شدند، از برای السنه حلقات پدید آمد و لغات دوارش تولید نمود. آن‌گاه، اقوام به‌واسطه‌ی تشکیل آکادمی، یعنی انجمن، درصددِ اصلاحات و تنظیمِ لغات برآمدند. در این میانه، لغاتِ اقوامِ دیگر را نیز برحسبِ ضرورت می‌گرفتند، به صورت و عنصری دیگر می‌آوردند، علاوه‌بر این‌که آهنگ‌های طبیعی و ارمونیک‌ها در هر مملکتی به اقتضای خصوصیاتِ اقلیم و اختلافِ تأثیرِ آب‌وهوا تغییر می‌کند؛ چنان‌چه الحان و نغماتِ موسیقی، هر یک، مخصوص به طبیعتِ محلّی است، که «لِلْبِقَاعِ عَلَی الطِّبَاعِ نَصِیبٌ».[2]

لاجرم، لغاتِ قومی دیگر در میان قومی دیگر به لباسِ دیگر شایع و متداول شد، به‌طوری که امروز نمی‌توانیم بر بساطت و سادگیِ اصلیِ هیچ لسانی حکم کنیم. چنان‌که جنسِ اشخاص از شهری به شهری سفر کرده، در آن‌جا توطّن گرفتند، همچنین لغات نیز از میانِ قومی در میانِ قومِ دیگر سفر کرده، در آن‌جا

---

۱. یعنی: «درآمیختن زبان‌ها».

۲. یعنی: «سرزمین‌ها بر خُلق‌وخوی [انسان‌ها] تأثیرگذارند».

رنگِ دیگر کسب کرد، والّا تبدّلاتِ السنه و تغییرِ لغات در ازمنه‌ی متفاوته ممکن نبود.

اما، بالضّروره، پس از خلطه و آمیزش و مراودات[1] بسیار که امروز موجبات و اسبابِ آن [از] همه جهت فراهم آمده، از برای بنی‌نوعِ بشر، یک لسانِ عمومی حاصل خواهد شد که نتیجه‌ی همه‌ی السنه‌ی مختلفه باشد؛ چنان‌که سایرِ اختلافاتِ ایشان نیز، قهراً و بالطّبع، راجع به وحدتِ حقّه خواهد گشت، و سابقاً گفتیم که بسیطِ حقیقی آن است که پس از ترکیب حاصل شود.

و لسانِ اهلِ ادب که مرکّب است از بهترین السنه‌ی سماوی، یعنی زبانِ[2] عربی، و نظیف‌ترین[3] السنه‌ی اَریانی، یعنی فارسی، و اشارات و الحانِ لسانِ چینی، به اعتقادِ پاپ، لسانِ عمومی خواهد شد و آن را زبانِ بهشتیان و لسانِ حقیقیِ اوّلیِ انسان و اسقامِ ذاتِ خود، یعنی تفهیم و تفهّمِ عقلانی، می‌دانند. و می‌گویند این بود لسانِ آدمِ اوّل که به‌واسطه‌ی خراب شدنِ برجِ بابل، یعنی عدیمِ[4] تشکیلِ کنگره‌ی تمدّن، ابنای نوعِ بشریّت این لغت را فراموش کرده، در مبادیِ وحشت پراکنده[5] گشته،[6] تبلبل السنه پدید آمد. ولی، پس از تجدیدِ عهدِ ناسوت و اجتماع در زیر قبّةالعهدِ توحید، لسانِ فراموشی باز فرا یاد آید[7] و از خوابِ غفلت و نسیانِ کثیر به هوش آیند.

---

۱. در نسخه‌ی خطی: «مرورات».

۲. در نسخه‌ی خطی: «بزبان».

۳. در نسخه‌ی خطی: «نضیف‌ترین».

٤. در اینجا احتمالا بمعنای «نبود»/«فقدان» بکار رفته است.

٥. در نسخه‌ی خطی: «پراگنده».

٦. پس از «گشته»، «به»ای آمده که زائد بنظر رسید.

۷. یعنی: «باز بخاطر آورده شود».

فروغِ هفتم: در پیدایشِ خط و کتابت و اختراعِ ارقام و حروف

مخفی نمانَد که بنی‌نوعِ بشر را از برای اِفهامِ مقاصدِ خود به ابنای جنس، اوّلا جز اشارات و اصوات، و در ثانی جز الفاظ، وسیله و واسطه‌ای در میان نبود تا در عصرِ کلدانیان نیز ارقام اختراع شد؛ به این معنی که از برای اشیاء اَشکال و صُوَر قرار دادند. اما، اشیاء خارجه، نمودنِ شکلِ آن‌ها معیّن بود [و] تنها برای مقاصدِ معنوی اَشکالِ مخصوص وضع کرده بودند که مراد[1] را به طرفِ مقابل بفهماند. مثلاً، [وقتی] می‌خواستند «شجاعت» بنویسند، شمشیری برهنه رسم می‌کردند، و چون می‌خواستند «سخاوت» بنویسند، درِ ثانی نقش می‌کردند، و این را خطِ هیروگلیف[2] خوانند که از برای اشیاء خارجه و ذهنیّه، اشارات و صُوَر ترسیم نموده‌اند؛ چنان‌که هنوز خطوطِ اهلِ چین و ژاپون و اهلِ خطا و خُتَن بر همین نسق است و خواندنِ این خط و فهمیدنِ مقصود از آن محتاج به دانستنِ زبانی و معنی نیست، بلکه به مردمِ کَر و لال نیز آموختنِ آن امکان دارد. ولی، ضبطِ این‌همه اشارات و صُوَر تماماً از عهده‌ی طاقتِ بشری بیرون نمی‌آید؛[3] از این جهت، هر کس بخواهد در چین کاتب شود، باید اقلاً هشتادهزار شکل و اشارات در ذهن نگاه دارد.

---

۱. در نسخه‌ی خطی: «مرام».

۲. در نسخه‌ی خطی: «سیروکلیف».

۳. در نسخه‌ی خطی: «ولی، ضبطِ این‌همه اشارات تماماً و صُوَر از عهده‌ی طاقتِ بشری بیرون نمی‌آید».

خلاصه، پس از مدّتی، فنیقیان[1] به [این] تصوّر رسیدند[2] که طریقی از برای تسهیلِ این خط پیدا کنند. لاجرم، برای مقاطعِ حروف، پاره‌ای اَشکال رسم نمودند؛ یعنی، از روی اسامیِ چیزهایی در آن مقطع در حروفِ اول نامِ آن چیز آشکارا و نمایان بود. مثلاً، [وقتی] می‌خواستند «سین» بنویسند، صورتِ سگی رسم می‌کردند، زیراکه سگ را ایشان «سین» می‌گفتند. «سین» همین «شین» است که در فرانسه به معنیِ سگ است، و «باره» همان «بیت» [یعنی] «خانه» است و «میم» به معنیِ «ماء» یعنی آب است و او را بدین شکل می‌نوشتند، چون که آب می‌پیچد، و نون ماهی است بدین شکل (ن)، و «الف» به معنیِ درخت یا شاخِ گاو است، و «کاف» به معنیِ کفِ دست است، و «لام» به معنیِ «بیل» بدین شکل (ل)، و دال به معنیِ دَر بدین شکل (د)، و جیم به معنی.[3] و چون خواستند «واو» بنویسند، شکلِ منجلی[4] می‌کشیدند که آن را «باو» می‌نامیدند و، بدین قیاس، ۲۲ صورت از اشیاء خارجیّه که در ابتدای نامِ آن‌ها، هر یک، حرفی از حروفِ ابجدی به‌طورِ نمایان تلفّظ می‌شد، برای مقاطعِ اصواتِ عنوان و تعبیر قرار دادند.

این بود که حروفِ ابجدی پیدا شد و میانه‌ی خط و لسان تطبیق حاصل گشت، ولی در طریقِ نوشتن باز متعسّر[5] بود. پس از چندی، به تصاریفِ[6] ایّام، از اَشکالِ مذکور کاستند و اِشکالات [را] از میان برداشتند. مثلاً، به‌جای «سین»،

---

۱. در نسخه‌ی خطی: «قلیکیان».

۲. در نسخه‌ی خطی: «رسید».

۳. جمله کامل نیست.

٤. یعنی: «داس». شاید صحیح این واژه «منحنی» باشد.

۵. یعنی: «دشوار».

٦. جمعِ «تصریف» و به معنای «حوادث زمانه»، «پیشامدها» است.

اولاً شکلِ سگی تمام بود، بعد سرِ سگ را می‌کشیدند، [و] آخر به کشیدنِ همان دندانِ سگ اکتفا نمودند. رفته‌رفته، در میانِ هر قومی، اَشکالِ حروف شکلِ مخصوص گرفت، ولی با وصف این، هنوز اَشکالِ غالبِ حروفِ ملل با هم متشابه است. اهلِ چین، چون هنوز حروفِ ایشان هیروگلیف[1] است، خطٌ آن ستونی است، یعنی از بالا به پایین، و اهلِ سمتیک از راست به چپ، و اریانی‌ها از چپ به راست می‌نویسند، مگر مسلمانان که تقلید از اعراب می‌کنند.

و خطوطِ مسلمانان در این عصر بسیار معیوب و مغشوش است و اِشکالات بی‌معنی در آن پدید آورده‌اند که خواندنِ آن صدمرتبه از خطوطِ اهالیِ اروپا مشکل‌تر است. و کسی [هم] به خیالِ تصحیح و اصلاحِ معایب برای تسهیل نیفتاده، مگر میرزا ملکم‌خان ناظم‌الدّوله[2] که در این خصوص درصددِ پاره‌ای اصلاحات برآمده و، بعد از آن، میرزا حسین‌خان مصباح‌السلطنه. و عنقریب، خطّ، چون لسان، پس از اختلاطِ اقوام، صورتِ واحد کسب نماید و آن خطّی است که از غایتِ سهولت، همه خواندنِ آن [ا] بتوانند و فوراً افاده‌ی مراد[3] کنند.

---

۱. در نسخه‌ی خطی: «هرکوسیف».

۲. میرزا ملکم‌خان ناظم الدوله (۱۹۰۹-۱۸۳۳) تحتِ تأثیرِ اندیشه‌های میرزا فتحعلی آخوندزاده (۱۸۷۸-۱۸۱۲)، تلاش‌هایی برای اصلاح و تغییرِ خطِ عربی انجام داد. (بنگرید از جمله به: میرزا ملکم خان: *رساله های میرزا ملکم خان ناظم الدوله*؛ میرزا ملکم خان: *مجموعه آثار میرزا ملکم خان*). از روی این ادعای آقاخان کرمانی، شاید بتوان به این نتیجه نیز رسید که در مقطعی که کتابِ پیش‌رو را می‌نوشته، هنوز با آثار میرزا فتحعلی آخوندزاده، از جمله «مکتوبات»اش، آشنایی نداشته است. آخوندزاده در آن کتاب انتقاداتی نیز به خط عربی دارد. (بنگرید به: آخوندزاده، میرزا فتحعلی: *مکتوبات*؛ آخوندوف، فتحعلی: *الفبای جدید و مکتوبات*).

۳. در نسخه‌ی خطی: «مرام».

فروغِ هشتم: در بیانِ شعر و موسیقی و نقّاشی و امثالِ آن‌ها

اختراعِ اوزانِ شعر، یعنی سخنِ منظوم، قبل از اختراع و شیوعِ خطّ است، زیراکه قبل از پیدایشِ خط، هر صاحب‌سخنِ بلیغی مایل[1] بود سخنش پس از او باقی بماند [و] راهی برای این‌که سخنِ خود را سینه‌به‌سینه محفوظ دارند،[2] بطوری که از تغییر و تبدیل مصون باشد، غیر از این‌که کلام را مقیّد به وزن و قافیه کنند نجستند. این صورتِ شعر است که عبارت از اوزان و قافیه باشد و مقصودِ مردمِ عوام از شعر همین است.

اما، صناعتِ شعر، که از صناعاتِ خمس و از عدادِ علومِ عالیه و فنون محسوب می‌شود، عبارت [است] از مجسّم ساختنِ احوالِ مخفیّه و مناسباتِ معنویّه‌ی اشیاء و رنگ[3] تناسب به آن‌ها دادن؛ به‌طوری که موجبِ هیجانِ افکارِ عامّه شده، آثارِ فائقه را موجب گردد، به‌طوری که در نفوس تأثیراتِ عجیب بخشد.

و شاعر نه آن است که اشیاء را برخلافِ واقع ترسیم نماید و مبالغات را چنان از حدّ بگذراند که تأثیرِ خود را در مزاجِ مستمع فوت کند،[4] بلکه شاعر باید هر چیزی را زیاده بر آن‌چه از محاسن و معایب دارا است نمایش بدهد و بر تصوّرات و تخیلاتِ خود لباسِ صدق بپوشاند و مناسباتِ مخفیه‌ی اشیاء را ظاهر کند تا بتواند منشأ اثر باشد و در نفسِ خواننده تهیّج و انبعاث پدید آورد.

---

۱. پس از «سخنش» یک «را» آمده که زائد بنظر رسید، و در نسخه‌ی خطی «نایل» آمده است.

۲. در نسخه‌ی خطی: «دارد».

۳. در نسخه‌ی خطی: «زنگ».

٤. در نسخه‌ی خطی: «کنند».

شعر، فنّی از حکمت بلکه اولین طلیعه‌ی حکمت است. در میانِ هر قوم که فلسفه و حکمت پیدا شد، نخست شعر پدید آمد. اگر شعر در میانِ امّتی یافت نشود، افرادِ آن ملّت هرگز ترکِ قبایح و طلبِ[1] محاسن نخواهند کرد. حکما مبدأ شعر و موسیقی و خط و نقاشی را شیء واحد گرفته‌اند، زیراکه انسان به‌جهتِ افاده‌ی مقاصد یا افهامِ مرادِ[2] خود سه چیز دارد: اول نطق و صوت و اشاره. وقتی که با صوت می‌خواهد ترسیمِ اشیاء و افاده‌ی مقاصدِ خود نماید فنِّ موسیقی است؛ همین که صورتِ مقاطع به هم رساند[3] و بخواهد منطقِ ترسیم و تصویرِ اشیاء کند و مقصودِ خود را نشان دهد فنِّ شعر است؛[4] و با اشارات چون بخواهد مقاصدِ خود را نشان دهد عبارت از نقاشی است. هیکل‌تراشی و خط از شعبه‌های نقاشی می‌باشد. این است که قُدما می‌گفتند نقاشی یا موسیقی‌سازی بدونِ شاعر نمی‌شود، چنان‌که تراشیدنِ مجتمعاتِ اربابِ انواع در نزدِ ایشان بدونِ معاونتِ صناعتِ شعر ممکن و قبول نبود. و هیچ شکّی نیست که صناعتِ شعر از نقاشی و موسیقی به‌مراتب اَشرف است، زیراکه نقاش از روی اشاراتِ حسّیّه ارتسام و تصویرِ ظاهر اشیاء را می‌نماید و صاحبِ موسیقی مقاصد و حالاتِ انسان را از روی آهنگ‌های طبیعی می‌کند؛ ولی شاعر معانیِ مخفیّه‌ی اشیاء مقاصدِ خود را به‌واسطه‌ی صُوَرِ عقلیّه‌ی

---

۱. در نسخه‌ی خطی: «طیب».

۲. در نسخه‌ی خطی: «مرام».

۳. در نسخه‌ی خطی: «رسانید».

٤. حاشیه در نسخه‌ی خطی: «مثلاً در یونان اول ‹اسروس› پیدا شد [و] بعد از آن حکما پدید آمدند. در عرب اول تعلّقات [معلّقات] سبع بود [و] بعد از آن پیغمبر (ص) آخرالزمان بود. و در فارس شعرا آمدند [و] پس از آن حکما، زیراکه شاعر مردم را دعوت و تشویق می‌کند به فضایل (انتهی)».

مناسباتِ روحانی و تشبیهاتِ طبیعی و اشاراتِ فکری می‌نماید. در این صورت، بدیهی است که اقتدارِ شاعر در مقامِ بیانِ احساساتِ خود از نقاش و نوازنده بیشتر می‌باشد، [به همان درجه که تاثیر صور معانی و تشبیهات عقلیه در نفس از اشارات حسی و آهنگهای طبیعی بیشتر می باشد.][1]

و این‌که موسیقی را از فنونِ ریاضی حساب می‌کردند از راهی خطا است، زیرا موسیقی داخلِ در صناعات است، مانندِ شعر، اگرچه پاره‌ای نسبتِ تألیفیّه[2] در نغمات موجود است و آن‌ها را به فنِّ حساب تقدیر می‌نمایند بر مثالِ وزن و قافیه که عارضِ شعر می‌گردد، نه این‌که داخلِ در هیأتِ شعر باشد.

و باید دانست که رقص نیز از شُعباتِ نقاشی و موسیقی است، زیراکه آن هم از اشارات برخاسته[3] که انسان می‌خواهد پاره‌ای حالات و مقاصد را از روی توالی و انعطاف در حرکات و سرعتِ انتقال و غَنج و دَلال[4] بفهماند، و این دو خاصیت، که یکی نغمه و آواز و دیگری رقص و اهتزاز باشد، در طبایعِ افرادِ انسانی، مانندِ سایرِ حالاتِ ضروریه‌ی انسان، مَرکوز[5] و مودوع است، و هر انسانی از اجزای این دو خاصّه‌ی طبیعیّه بر مثابه‌ی نَوم و یَقظَه[6] و حرکت و سکون ناگزیر و مجبور می‌باشد. ولی، خواه[7] طرز و طور و حرکات و خواه

---

۱. فریدون آدمیت در کتاب «اندیشه های میرزا آقاخان کرمانی»اش آنچه در قلاب آمده را ضبط کرده است (ص. ۲۱۸).

۲. در نسخه‌ی خطی: «تألیفه».

۳. در نسخه‌ی خطی: «برخواسته».

٤. «قنج» و «دلال»، هر دو، به معنای «کرشمه» و «ناز»اند.

٥. یعنی: «محکم نشانیده شده»، «برقرار».

٦. «نَوم» یعنی «خواب» و «یَقظَه» به معنای «بیداری» است.

۷. پس از «خواه»، «واو»ی آمده که زائد بنظر رسید.

تألیف و ایقاعِ نغمات، نسبت به آفاق و اشخاص مختلف می‌شوند، مانندِ لغت و خط و اَشکال و عادات و چیزهای دیگر. ولی، مادام که از نفسِ قویّه‌ی علویّه‌ی سماویّه نباشد، مقتدر بر نغمه و موسیقی نخواهد شد؛ چنان‌که اهتزاز و رقص نیز موقوف بر خفّتِ روح و لطفِ طبع است: «إنَّ الجُسُومَ تَخِفُّ بالأَرْوَاح».[1] و از این جهت، حیواناتِ ارضیّه که هیچ قوه‌ی علوی و بهره‌ی سماوی در آن‌ها نیست، مانند حیّات و حیتان و عقارب و خراطین،[2] مقتدر بر اجرای نغمات نیستند. و این معنی از خفیّه‌ی فونگراف[3] ظاهر می‌شود. و چون گفتیم هر ناحیت و اقلیمی اقتضای نغمه و آواز می‌کند، لهذا باید دانست که نغماتِ افرادِ انسان مؤلّف از نغمات و الحان طیور است، و منشأ این هر دو نای و مَزامیر[4] می‌باشد. و بالاتر از مَزامیر، یعنی بسیط‌تر از نای، اوتار[5] است، مانند ابریشم و تارِ سیم، و از آن بسیط‌تر فلکیّات است، مانند چرخ‌ها.

لاجرم، پس از اجتماعاتِ کلیّه و حضارت‌های فوق‌العاده که تمامیِ نوعِ بشر با یکدیگر مراوده و اُلفت به هم رسانند، لحنِ بدیعی از میانِ تألیفِ نغماتِ

---

۱. یعنی: «به‌راستی که بدن‌ها با روح‌ها سبک می‌شوند».

۲. «حَیَّات» جمع «حَیَّة» و به معنیِ «مارها»؛ «حِیتَان» جمع «حُوت» و به معنی «ماهی»؛ «عقارِب» جمع «عقرب»؛ و «خَراطِین» «معرب خراتین است و آن کرمی باشد که در گل نرم تکون پیدا کند».

۳. در نسخه‌ی خطی: «فوتگراف».

٤. «نای» به معنی «نی که آن را نوازند»، و «مَزامیر» جمع «مِزمار» و به معنای «نای‌ها و دف‌ها یا سرود و آواز نیکو» است.

۵. جمع «وَتَر» و به معنی «تارهای ساز و رودهای کمان» است.

مختلفه و اصواتِ مؤلّفه پدید آید که تارِ ارغنونِ احدیّت به مضرابِ آن نواخته گردد و تَرَنُّماتِ[1] قدس را در هوای اُنس با[2] آن بنوازند.

و اما نقاشی و هیکل‌تراشی و منبّت‌کاری، چنان‌چه گفتیم، از تصوّراتِ شاعری برخاست،[3] و این صناعت در قدیم اگر[چه] خیلی ترقّی نمود، اما از چند جهت ناقص بود: یکی از جهتِ ندانستنِ علمِ تشریح و تاریخِ اجسامِ آلیه که به‌واسطه‌ی[4] نبودنِ فونگراف سایه و آفتاب را نمی‌دانستند تا حجم و فرورفتگی‌های مرتسمه [را ترسیم کنند]، و دیگری به‌واسطه‌ی نبودنِ علمِ مناظر،[5] کسی حالتِ دور و نزدیکِ اشیاء را نمی‌توانست چگونه تصویر کند تا به‌واسطه‌ی تکمیلِ آن، صفتِ اشیاء خارجیّه را بعینها نشان دهد. ولی، بعد از پیدایشِ فونگراف، این صناعت خیلی ترقّی کرد، به‌طوری که رسمِ صورتِ آدمی را در حالی که چشمانش را به هم می‌زند مقتدر شده‌اند و هنوز، پس از این واسطه‌ی کشفِ اسرارِ مخفیّه‌ی علمِ شعاع، چیزهای فوق‌العاده‌ی دیگر بر این صناعت افزوده خواهد شد.

و اما شعر سابقاً در میانِ یونانیان به چند قسم منقسم می‌شد.[6]

---

۱. جمع «تَرَنُّم» و به معنای «آواز نیکو» است.

۲. در نسخه‌ی خطی: «تا».

۳. در نسخه‌ی خطی: «برخواست».

٤. در نسخه‌ی خطی: «بدان واسطه».

۵. پس از «مناظر» در نسخه ی خطی این جمله آمده است: «هر چیزی از دور چه‌طور تشخیص می‌دهد»؛ و چون مسبب نارسایی جمله بود به پانویس منتقل شد.

٦. در نسخه‌ی خطی: «میشود».

نخست «اِپیک»[1] که آن را «پیک» نیز گویند و آن سه قسم بود: اول، «پارودی»[2] که عبارت بود از هزلیات [و] هجانامه‌ها برای عبرت و تنبّهِ مردم از اَعمالِ ناشایسته و نصرتِ ایشان از فجور و فحشا و ظلم و جور و دیگر عاداتِ زشت و اخلاقِ ناپسندیده؛ دویّم، «بورلسک»[3] که جدّیّات را به صورتِ هزل بیرون می‌آورند از برای این‌که پاره‌ای[4] به خواندن رغبت کند؛ سیّم، «دِرام»[5] بود و آن نیز سه شعبه داشت: اول، «تراژدی»،[6] مانندِ مرثیه و تعزیت، از برای هیجانِ عِرق غیرت و تأثّرِ قلوبِ عامّه، و گاه بود که صفتِ شجاعت و فتوحاتِ شهدا را نیز در ضمنِ تعزیتِ آنان بیان می‌کرد. دویّم، «کُمُدی» که به رسمِ استهزاء و مسخره و در لباسِ بازی و تماشا، اخلاق و عاداتِ زشتِ ملّتی [را] نشان می‌دادند، چیزهایی که در تیاتر و تماشاخانه‌ها به کار می‌برند؛ سیّم، اثری که تنها عبارت از نوحه‌سراییِ اظهارِ مظلومیّت بود برای رقّتِ نفوس و تهیّجِ قلوب.

---

۱. در نسخه‌ی خطی «اپوپیک» آمده است. منظور احتمالا «Epic» است که معادل آن در فارسی «حماسه» است.

۲. در نسخه‌ی خطی «با دین» آمده که نمی تواند درست باشد، و احتمالا منظور همان «پارودی» (Parody) یا «نقیصه» است.

۳. در نسخه‌ی خطی «بوریسک» آمده، منظور اما احتمالا «بورسک» (Burlesque) است که معادل اش در فارسی «مضحکه» است.

٤. در نسخه‌ی خطی، پس از «پاره‌ای»، «خاطر» آمده که زائد بنظر رسید.

٥. در نسخه‌ی خطی «دراماتیک» آمده است.

٦. فریدون آدمیت در کتاب «اندیشه‌های میرزا آقاخان کرمانی»اش «الژی» ضبط کرده است (ص. ۲۱۹).

دوم[1] «لیریک» بود و آن نیز سه شعبه است: اول، «کُر»[2] که چند نفر به‌جهتِ تنزّهِ خاطر در محافلِ اُنس خوانده، و اُنس یعنی رقص و اهتزاز می‌کردند؛ دویّم، «کانتات»، آن که با آلات و سازهای موسیقی جفت می‌کردند از برای شدّت و طرب و شعشعه‌ی بزم؛ سیّم، «اد»[3] [که] اول شرقی و تصنیف بود، یعنی زنگ بود، [و] بعد جدّیّت کسب نموده، دستگاه شد.

سیُّم[4] «دیداکتیک»[5] بود و آن نیز سه شعبه داشت: اول، فابل[6] و افسانه، یعنی «اسطوره» و «میتولوژی»[7]؛ دویّم: «ساتیر»،[8] یعنی اعتراض بر آثارِ مؤلفانِ دیگر؛ سیّم، «پوئتیک»،[9] یعنی مکتوبِ موزون و قطعه‌ی تقاضا، و غیر از این اقسامِ دیگر[ی نیز] داشته‌اند، مانند «پاستورال»[10] که متعلّق به ایّامِ شبانان و دهقانان بود، و «اکلک»[11] که در صورتِ مکالمه و سؤال و جواب سرودند. «فوژی تیف»[12] یعنی یک حقیقتِ فوری که شاعر بخواهد آن را بگیرد و به انظار شعشعه بدهد، یعنی قصیده‌سرایی و مدح کردن، و دیگری یعنی غزل و اظهارِ عشق و

---

۱. در نسخه‌ی خطی «سیّم» آمده است.

۲. در نسخه‌ی خطی «کور» آمده است.

۳. در نسخه‌ی خطی «اوکه» آمده است. منظور «Ode» است.

٤. در نسخه‌ی خطی: «چهارم».

٥. در نسخه‌ی خطی: «دیدالتیک».

٦. در نسخه‌ی خطی: «قابل».

٧. در نسخه‌ی خطی، به‌جای «اسطوره»، «اسوطه»، و به‌جای «میتولوژی»، «متولوژی» آمده است.

٨. منظور احتمالاً Satire است که معادلِ آن در فارسی «طنز» است.

٩. در نسخه‌ی خطی: «پتیر».

10. Pastoral.
11. Eclogue.
12. Fugitif.

احساساتِ قلبیِ خود نسبت به دیگری با صفتِ ملایمات و اعتدالِ حسٍّ او. و اکنون فرنگیان اقسامِ دیگر بر این‌ها افزوده، مناقصِ آن‌ها را اکمال نموده‌اند.

و در هر صورت، خواه یونانیان و خواه فرنگیان، مقصودشان از شعر یک نتیجه‌ی طبیعی بود که اخلاقِ ملّتی را اصلاح کند و پاره‌ای احساسات در ملّت پدید آورد. و شاعر باید یکی از این دو کار را اجرا[1] کند؛ یا در بحرِ فکرْ غور[2] نموده، لئالیِ معانیِ ابکار بیرون آورد، بر فرض که غیرمنتظم هم باشد ضرر ندارد، یا این‌که مانندِ یک مجسّمه‌ساز، از پیکرهای چوب و سنگ، صورت‌های دلفریب تراشد، و اگر یکی از این دو هنر [را] دارا نباشد شاعر نخواهد بود.

اما شعر و شاعری در میانِ اعراب و مسلمانان و اهالیِ مشرق صورت بدی کسب نموده که به‌جای اصلاح، موجبِ فسادِ اخلاقِ ایشان است. از این جهت، در شریعتِ حقّه ممدوح نیست و آیاتِ سماوی جامعِ فوائدِ نظم و نثر، هر دو، می‌باشد و با وجودِ این‌که تألیفاتِ نظمیّه بر تألیفاتِ نثریّه سبقت دارد، جای تعجّب این‌جا است که در میانِ هر ملّت، نثریّه از نظمیّه بیشتر می‌باشد.

فروغِ نهم: در بیانِ طبّ و بیطره و جرّاحی

در میانِ افرادِ بشر، به‌واسطه‌ی پاره‌ای عوارضِ صوری یا اسبابِ مادّی که منافیِ حفظِ صحت باشد، ابتدا پاره‌ای امراض و اوجاع بروز می‌کرد [و] چون اسبابِ اصلیِ آن را نمی‌دانستند، نسبت به روح می‌دادند؛ چنان‌که در احوالِ مصریان و یونانیانِ قدیم آورده‌اند که وقتی میانشان جنگ اتفاق افتاده و اجسادِ کشتگان

---

۱. در نسخه‌ی خطی: «اجرای».

۲. در نسخه‌ی خطی: «غوص».

در صحرای گرم عفونت نمود، مورِث[1] طاعون در میانِ دو لشکر شد. ایشان چنین گمان کردند که ارواحِ کشتگان بر ایشان غضبناک گشته،[2] آنان را با طعنِ نیزه‌ی روحانی همی‌زنند. از این پس، قرار آن دادند که اجسامِ مردگان را به احترامِ هرچه تمام‌تر دفن کنند.

خلاصه، هر جور مرض و ناخوشی و دردی که در اشخاص به هم می‌رسید، می‌گفتند علّتِ آن حلولِ روحِ خبیثه یا دیوی است[3] در بدن و عروقِ شخصِ مریض، و برای بیرون کردنِ آن روحِ خبیث از جسمِ مریض،[4] تدبیراتِ متنوعه به کار می‌بردند، از قبیلِ عزائم[5] و تَعویذ[6] و طلسمات.[7] لاجرم، طبیبِ روحانی از این‌جا نشأت نمود.

اما، در بابِ زخم و جراحت چنین اعتقاد نداشتند، یعنی، آن زخم‌هایی که به‌واسطه‌ی اسبابِ خارجی به هم میرسد، نه قروح[8] و جروحِ مادّی. بالجمله، به‌واسطه‌ی پاره‌ای تجربیّات، به التیام دادنِ جروح موفق شده، در میانِ ایشان، پزشکان به هم رسید. همین که عملِ جرّاحی فی‌الجمله پیشرفتی نمود، اندک

---

۱. در این‌جا، به معنای «سبب» به کار رفته است.

۲. در نسخه‌ی خطی: «گشته».

۳. در نسخه‌ی خطی پس از «است»، «که» آمده، و زائد بنظر رسید.

٤. در نسخه‌ی خطی: «مرضا».

۵. جمع «عزیمة»، و در این‌جا احتمالاً در معنای «آیات قرآن مجید که برای شفای بیمار خوانند» به کار رفته است.

٦. یعنی: «آن‌چه از عزائم و آیات قرآنی و جز آن نوشته، جهتِ حصولِ مقصد و دفعِ بلاها، با خود دارند».

۷. در نسخه‌ی خطی: «طلمسات».

۸. جمع «قُرح»، و به معنای «اَلَم گزیدگی سلاح»، «خستگی»، «زخم»، «اثر گزیدگی سلاح» است.

اندک به اسبابِ طبیعیِ پاره‌ای امراض و اوجاع نیز پی بردند و از پیِ علاجِ امراض و درمانِ هر دو برآمدند.

و ابتدا هر کس مرضی می‌گرفت، او را در رهگذاری گذاشته، هر کس می‌گذشت او را می‌دید و ملاحظات و تجربیّات در حقِّ آن مریض بیان می‌کردند. اول چیزی که اربابِ معالجاتِ امراض حُسنِ اثرِ آن را فهمیدند استفراغات بود. به این واسطه، هر دوایی که موجبِ قی و اسهال یا[1] ادرار عرق می‌شد، در غالبِ امراض به کار می‌بردند. اگر کسی[2] به نفسِ این چیزها مبتلا می‌شد، آن‌وقت در حقِّ او حَمیَّت[3] مناسب می‌دانستند. بعد از آن حَمیَّت و پرهیز هم، یک علاجِ نافعِ عمومی از برای کلِ[4] امراض اتخاذ نمودند. آن‌گاه، به معالجه به‌طریقِ ضدّ ملتفت شدند؛ یعنی، کسی [را که] سرما خورده بود، آبِ گرم یا غذای گرم به او می‌خورانیدند، و اگر در گرما به دراسه و اسهال مبتلا می‌شد، او را یخ و چیزهای سرد می‌دادند. از این‌جا [بر] آن برآمدند که از برایِ عمومِ ادویه و اغذیه چهار مزاج اتّخاذ کنند، یعنی حرارت و برودت و رطوبت و یبوست، و این چهار مزاج را از روی چهار عنصر در بدنِ انسان معتقد شده، اخلاطِ اربعه قرار دادند. و همچنین، هر دوایی را به یک مزاجی منسوب داشته، در عمومِ امراض بنا را بر معالجه گذاشتند، و قاعده‌ی کلّیّه‌ی «کلُّ شَیْءٍ یُعَالَجُ بِالضّدِّ»[5] از نتایجِ نظریّاتِ بُقراط شایع و رواج شد.

---

۱. در نسخه‌ی خطی: «با».

۲. در نسخه‌ی خطی پس از «کسی»، «که» آمده، و زائد بنظر می رسد.

۳. در این‌جا، به معنای «پرهیز کردن» آمده است.

٤. در نسخه‌ی خطی: «اکل».

۵. یعنی: «هر چیزی با ضدِ آن درمان می‌شود».

تکوین و تشریع

جالینوس کشف نمود که غیر از معالجه به ضدّ، پاره‌ای ادویه بالخاصیّه از برای مرضی سودمند می‌باشد، مانند سقمونیا[1] برای یرقان، و فادزَهر[2] از برای سموم حیوانات، و سَنا[3] از برای دفعِ صفرا، و هندوانه از برای زکام، و زرشک از برای استسقاء.[4] آن‌گاه [بنا] گذارد بر این‌که به آن خاصیّت دوای هر مرض را بجوید،[5] ولی به‌واسطه‌ی عدمِ مساعدتِ اسباب، موفّقِ این مقصود نشد. یکی از شاگردانِ جالینوس در این فکر افتاد که قطعِ نظر از معالجه‌ی بالضّد یا بالخاصیّه، باید به تقویتِ سلطانِ طبیعت، که قاهر و مستولی بر اضداد است، کوشید. جوهرِ سلطانی که ضعیف می‌شود، بالطبع، تبعه و رعیّتِ او سرکشی آغاز می‌کنند.

ابن‌سینا، که در اعصار وسطی مُقَنِّنِ قوانینِ طبّ و مکمّلِ آن فنّ شریف است، بر این عقیده بود که باید غیر از تضعیفِ مرض و تقویتِ بُنیه به‌واسطه‌ی ادویه و اغذیه، پاره‌ای اسبابِ روحانی نیز از برای فرح و اغراضِ نفسانیِ مریض به کار برد. از این جهت، اساسِ اقتدارِ آن حکیمِ نامدار و معالجات [او] بر

---

۱. در نسخه‌ی خطی: «لقمونیا»، و «سقمونیا» از جمله بمعنای زیراست: «به لغت یونانی دوایی است که محموده میگویند و آن عصاره ای باشد بغایت تلخ و مسهل صفرا بود».

۲. یعنی: «معرب پادزهر است، و هر دوایی که حافظِ روح باشد و دفعِ ضرر سمّ کند فادزهر گویند».

۳. یعنی: «گیاهی است مسهل و بهترین آن مکی میباشد»؛ «نام گیاهی است که آن اسهال میکند»؛ گیاهی است که سناء مکی گویند»؛ «گیاهی است از تیره پروانه داران (سبزی آساها) که دارای چند گونه است و از گیاهان بومی نواحی گرم سودان (آفریقا) و آسیای صغیر و عربستان و جنوب ایران میباشد. (...). میوه و برگ مختلف سنا دوای تلخ مسهلی است که بصورت دم کرده یا پودر بکار میرود».

٤. واژه «استسقاء» در کتاب «تاریخ شانژمانهای ایرانِ» آقاخان کرمانی نیز آمده است.

۵. در نسخه‌ی خطی: «بجویند».

استعمالِ موجباتِ اغراضاتِ نفسانی و حالاتِ روحانی بود، از قبیلِ فرحِ مفرط یا تحریکِ غضبِ شدید یا القاء خوفِ عظیم به مناسبتِ هر مرضی که به این چیزها الفت داشت.

در این اعصارِ اخیره، اهالیِ اروپا اول رهسپرِ قانون ابن‌سینا بودند. بعد از آن، شروع کردند به اتّخاذِ گوهرهای عَرَقی و بیرون آوردنِ ارواح از ادویه و تجربه در جستنِ خواصّ لازمه‌ی هر دو، مانند اثرِ زیبق برای اغلبِ ناخوشی‌ها، و گَنه‌گَنه از برای امراضِ دایره‌ی تب‌های نوبه، و سنتونیا از بهرِ اسقاطِ دیدان[1] امعاء، و صبرِ زرد از برای تصفیه‌ی خون، و استعمالِ یخ از برای تحلیلِ اورام، و اغلبِ سمّیّات را گرفته، برحسبِ قاعده‌ی باهره‌ی علاجِ مُفسد به اَفسَد،[2] برای غالبِ امراضِ مزمنه، استعمال نمودن گرفتند، مانندِ سمّ الفار[3] و یدروپیتاس و انتیموان[4] و اپیکاء[5] و آن چیزهایی را که مردم سمٌّ ناقع می‌دانستند. معلوم شد که شفای عاجل در آن‌ها بود.

در این اثنا، جمعی از حکمای انگلیس چنین کشف نمودند که تمامِ امراض عضوی است. مثلاً، تیفوئید که حمای محرقه[6] باشد، معلوم کردند که سببِ حدوثِ آن قرحه در اَلعاء[7] است، و به همین قیاس، سایرِ امراض.

---

۱. در نسخه‌ی خطی: «ویران».

۲. صحیح عبارت «علاج افسد به فاسد» است.

۳. یعنی: «مرگ موش». در نسخه‌ی خطی «سمّ الفاره» آمده است.

٤. در نسخه‌ی خطی: «انتیمون».

۵. یعنی: «پوست ریشه‌ای است که از برزیل آرند و از آن اِمتین و دیگر ادویه مقیی کنند».

٦. یعنی: «قسمی تب دائم».

۷. یعنی: «استخوانهای انگشتان».

در این اواخر، جمعی از حکمای باکترولوژی به‌توسّطِ میکروسکوب معلوم داشتند که تمامِ امراض از اثرِ حیواناتِ میکروبی حادث می‌شود، اما فقط آن قسم از این حیوانات که مضرّ و مسموم[1] است. و این‌ها دائماً در مجاریِ نفس و مَساماتِ[2] انسان می‌روند، از قبیلِ آبِ دهن و بلغمِ دماغ و اشکِ چشم و چرکِ گوش و تیزآبِ معده، مقاوم و دافع و رافعِ این‌ها قرار داده‌اند، وگرنه کسی از دستِ این‌ها جان به سلامت نمی‌بَرَد. و غالباً، خودِ همین حیوانات فادزهر همه‌ی خودشان هستند، مانند کَنه‌ی مرغ و گوسفند که چون حیوانی [را] می‌گزد، باید خودِ آن را به خوردِ حیوان داد، [و] چاره‌ی گژدم‌زده [هم] کشته‌ی گژدم بود.

و اول کسی که میکروب‌ها را کشف کرد،[3] و شکّی نیست که در آتی، علاج و چاره‌ی همه‌ی امراض به دست آید و این میکروب‌ها پاره‌ای فادزهر از برای سمِّ پاره‌ای دیگر می‌شوند. مثلاً، از شاه‌بلوطِ پوسیده میکروب‌ها[یی] به عمل می‌آید که آن‌ها فادزهر از برای ناخوشیِ روماتیزم و امثالِ آن [هستند]؛ چنان‌چه دردِ پای ولیعهدِ انگلستان را به تعویذِ شاه‌بلوط چاره و مداوا نمود[ند].

و بعد از این‌همه مکاشفات و ترقّیاتی که در فنِّ طبابت روی داده، هنوز کسی نتوانسته منکرِ تأثیراتِ روحانی بشود. مثلاً، تأثیرِ فرح و سرور و صدقه و نظافت در مداوا و حفظِ صحّت و ضدِّ این‌ها در حدوثِ امراض و ضرر به صحت.

---

۱. در نسخه‌ی خطی: «سموم».

۲. جمع «مَسم» است و به معنای «منفذها و سوراخ‌های کوچکی که در بدن واقع‌اند و عرق و بخار از آن‌ها خارج می‌گردد»، یا «سوراخ‌های باریک پوست بدن» است.

۳. جمله ناتمام است.

و حکمایِ (ب)[1] در خصوصِ طبّ معالجه به ادویّه نمودند، «کَرِیهَةُ الرَّائِحَةِ وَالطَّعْمِ»[2] را که مولّدِ حیواناتِ باکتریِ مسموم است جایز نمی‌دانند و استعمالِ طبابت و نظافت را در حفظِ صحت مقدّم بر همه‌چیز می‌شمارند که مقوّی و ممدِّ سلطانِ طبیعت است. و بعد از آن، برای بیرون کردنِ ارواحِ خبیثه، یعنی خیالاتِ بدی[3] که مبدأ اصلیِ میکروب‌ها است، خواندنِ اسماء الهی و اسمِ شفاء و اشتقاقاتِ آن را و دادنِ صدقه [را]، به‌طوری که در مذهب وارد شده، بهترین معالجات معتقد هستند، زیراکه می‌گویند هر مرضی از خیالِ فاسدی حاصل شده و رفعِ خیالِ فاسد [نیز] جز به اسماء الله[4] و صدقه برای بیرون رفتنِ روحِ خبیث از بدن [ممکن نیست]، چون[5] به‌واسطه‌ی اعطای صدقات، ارواحِ فاسده بدان‌ها تعلق می‌گیرد، و دیگر این‌که می‌گویند بعدها،[6] حیواناتِ میکروبی وهم و خیال است.

لاجرم باید هر چیزی را از مبدأ اصلی علاج نمود و تیشه بر ریشه زد و بعد از آن در سایرِ مراتب جاری ساخت. بنابراین، علاجِ میکروب‌ها در رتبه‌ی اول، عدمِ خیالِ فاسد و، پس از آن، نخوردنِ خبائث و چیزهای بدبو و بدمزّه است، و پس از آن نظافت و طهارت است.

---

۱. مخفف «بیان» است، و احتمالا از سوی کاتب بدین شکل نوشته شده است.

۲. یعنی: «بو و طعم ناخوشایند».

۳. در نسخه‌ی خطی: «یدی».

٤. در نسخه‌ی خطی: «آله».

٥. در نسخه‌ی خطی: «چو».

٦. جمله ناتمام است.

و مخفی نماند که علمِ قرائت و بیطره و قیافت‌شناسی نیز از علمِ تشریح و طبّ حاصل شده، زیراکه در تشریح معاینه نمودند که اختلافِ افکار و حِرَف[1] و صناعات وضعِ ترکیبِ دماغ و اعضای هر انسانی را در صورتِ یک تربیتِ مستمر تغییر می‌دهد. مثلاً، [در] شخصِ نقّاش، وضعِ تجاویفِ دماغ و بطن و قلبِ آن دائماً بر نسقی است که اصحابِ موسیقی را آن وضع نیست. و همچنین، عمله‌جاتِ بحری و دریاپیمایان را طرزی دیگر است که دهاقین و زرّاع را آن شکل نیست. و بدین قیاس، از اعضاء و قیافتِ هر حیوانی به اخلاق آن استدلال می‌نمایند؛ چنان‌که در حیواناتِ جارحه[2] آلاتِ جرح و سُبعیّت مشاهده می‌کنیم، و در حیوانات بهیمه عدمِ آن آلات را، و بدین قیاس.

فروعِ دهم: در بیانِ حرب و آلاتِ آن و تزئیدِ قوای حربیّه

از ابتدا، انسان، به‌واسطه‌ی حرص و طمعی که در او[3] خلق شده بود، بر دیگری بنای تعرّض گذاشت، و دیگری [نیز]، به‌واسطه‌ی ناموس و غیرتی که در ذاتِ خود دیده، نتوانست عار و ننگِ این مسئله را بر خود بگذارد، لاجرم بنای مدافعه را نهاد. سپس، بعضی، به‌جهتِ حفظِ حقوق و صیانتِ نفسِ خود و بستگانِ خود و برای تزییدِ قوّتِ تعرّض بر سایرِ قبایل،[4] جمعیّت‌ها تشکیل

---

۱. جمع «حرفه» و به معنای «پیشه‌ها» است.

۲. یعنی «حیواناتی که زخم وارد می کنند». در نسخه‌ی خطی «حیوانات خارجه» آمده است.

۳. در نسخه‌ی خطی: «آنها».

٤. پس از «قبائل»، «واو»ی آمده که زائد بنظر رسید. در نسخه‌ی خطی «سایرین قبایل» آمده است.

نموده، رفته‌رفته اقوام وعشایر پدید آمدند، و برای عصبیتِ[1] عشیرتی، مسئله‌ی حفظِ انساب و قومیّت به میان آمد و رئیسِ قبیله را شیخ و ایلخانی نامیدند. و بعد از آن‌که، به مرورِ ایّام، قبایل و اقوام در زیرِ لوای محافظه‌ی رئیسی بزرگ‌تر رفتند، امارت و حکومت پیدا شد و رؤسای خود را امیر و ملک و خان[2] و حکمدار نام نهادند. و میانِ این حکومات و امارت‌ها، آن که از همه نفوذ و اقتدارش در بحر و برّ بیشتر شد و مُدُنی را تشکیل نمود و دولت و سلطنت پدید آورد، آن را سلطان و امپراطور و شاهنشاه و خاقان لقب دادند.

پس از تشکیلِ تمدّن که هیئتِ مخصوص از میانِ جمعیّتِ خود برای حقوق و دفعِ تجاوزات و منعِ تهاجم[3] و تعرّض انتخاب نمودند، دیگر مسئله‌ی حفظِ انساب و تشکیلِ عشیرت و عصبه‌ی قومیّت و اهلیّت از میان برخاست[4] و دیگر هر کس تعدّی و تجاوزی می‌نمود، حقّ مدافعه از طرفِ مقابل ساقط شده، متعلّق به حکومت بود. لاجرم، حاجت به حفظِ انساب و اعصاب و تشکیلِ عشایر و اقوام افتاد،[5] ولی نه این است که بعد از تمدّن، آن حرص و تقلّب در میانِ نوعِ بشر مرتفع شده باشد، بلکه اکنون نیز همان حرص و طمعی که در یک شخص موجود بود، در میانِ هیئتِ دُوَل موجود است. یکی که قوی‌تر

۱. در نسخه‌ی خطی: «عصابت». «عصبیت» یعنی: «حمایت و طرفداری و مدافعه از کسی که خود را به شخص بستگی داده و یا شخص بدان بستگی دارد»، «تعصب، و اصل آن خصلتی است منسوب به عَصَبه که آنِ خویشان شخص باشند از جانبِ پدر و، در واقع، آنان کسانی هستند که از حریمِ جدِّ اعلای خود دفاع کنند».

۲. در نسخه‌ی خطی: «حنان».

۳. در نسخه‌ی خطی: «تحاجم».

٤. در نسخه‌ی خطی: «برخواست».

۵. در نسخه‌ی خطی: «نماید».

است به دیگری بنای تعرّض می‌گذارد و دیگری ناچار در مقامِ مدافعه برمی‌آید. لاجرم، دولت‌ها، همه، برای خودشان معاون و متّفق پیدا می‌کنند تا از چنگِ دولتِ قوی‌تر محفوظ مانند. رفته‌رفته، هر چند دولتی در دایره‌ی اتفاق جمع شده و تأمینِ آسایش و صلاح را برای خود می‌کنند، چنان‌که امروز تدارکاتِ حرب به اسمِ صلحِ مسلّح در اطرافِ عالم شایع است. ولی، چون اوّلاً و بالذّات بعد از تأسیسِ جمعیّت‌های بشریّه و تشکیلِ تمدن و دولت‌ها اسبابی که آدمیان را به مهاجمه و مدافعه تحریص نمود به حالتِ اولای ایشان هیچ علاقه و نسبتی ندارد. چو میلِ هر جانوری به تقرّبِ جنسِ خویش طبیعی است، و احتیاجاتِ ذاتیِ انسان در ضروریّاتِ معیشتِ انسان به اتّفاق و[1] آسایش حقیقی برای او حاصل نمی‌شود،[2] مگر بعد از امنیت و آسایشِ تامّه.

همه‌ی این‌ها قواعدِ طبیعی چندی است از برای صلح و آسایشِ عمومی، و دیگر برحسبِ قاعده‌ی کلیه‌ی «الشیءُ إِذَا جاوَزَ حَدَّهُ العَکسُ خَدَّهُ [إِنْعَکسَ ضِدُّهُ]».[3] پس، از تزئیدِ قوّه‌ی حربیّه و فراهم آمدنِ استعدادات فوق‌العاده از برای حرب، بالضّروره، صلحِ عمومی را نتیجه خواهد بود، زیراکه هر قدر در مملکتی قوای حربیّه افزوده، آسایشِ داخله و خارجه بیشتر است و جنگ کمتر روی داده؛ چنان‌که اردشیر بابکان در خطبه‌ی خود گفته: بسیار خون ریختن که مردم را از خون ریختن بازدارد. بیت:

---

۱. پس از «واو»، واژه‌ی «عدم» آمده که زائد به نظر رسید.

۲. در نسخه‌ی خطی: «شدن».

۳. یعنی: «هر چیزی که از حدّ خود بگذرد، ضدِ آن ظاهر می‌شود».

از خلاف آمده عادت به طلب کام که من
کسبِ جمعیّت از آن زلفِ پریشان کردم[1]

و اما [دربارهی] اسلحه و آلاتِ جنگ. شکّی نیست که در اوایل آلتِ تعرّض و سلاحِ تجاوز از مشت و لگد و سنگ و چوب بوده و آلتِ تدافع دست و بازو [و] چوب. بعد، فلاخن و تیر و تبر و نیزه و شمشیر آلتِ تعرّض شد و از پوستِ حیوانات آلتِ تدافع ساخته، رفته‌رفته خود[2] و بَرگُستوان[3] و زره و سپر به میان آمد. اوایل، افراد لشکر در هم می‌ریختند و به هم می‌کوفتند.[4] بعد از ایجادِ فلاخن و تیر، ترتیبِ صفوف و فاصله میانِ دو لشکر قرار شد، تا هنگامِ ایجادِ باروت و اسلحه‌ی ناریّه [که] فاصله‌ی میانِ دو لشکر [را] بسیار قرار دادند و میانِ صفوف یک سپاه نیز فاصله گذاشتند و هرچه قوای ناریه ترقّی نمود، این اصول نیز ترقّی کرد؛ تا زمانِ ناپلیون اول و فردریک[5] که نظامِ شکار و زنجیر متداول گشت و برای صفوفِ قتال، صف استناد و احتیاط معیّن داشتند. در این عصر که تفنگِ موزر و مارتین و توپِ کروپ و باروتِ بی‌دود ایجاد گشته، مجبوراً باید فاصله میانِ دو سپاه پنج‌هزار متر باشد، زیراکه منزلِ گلوله‌ی توپ‌های دریایی از دو فرسنگ می‌گذرد و میانِ دود هیچ آدم پیدا نیست، بلکه

---

۱. از حافظ است و در یکی از غزلهایش آمده است.

۲. منظور «کلاهخود» است.

۳. در نسخه‌ی خطی «برکستوان» آمده که کمتر رایج است. «بَرگُستوان» یعنی: «پوششی باشد که در روز جنگ پوشند و اسب را نیز پوشانند.»

٤. در نسخه‌ی خطی: «میگوفتند».

٥. در نسخه‌ی خطی: «فرودریک». منظور احتمالاً «فریدریش / فردریک دوم» معروف به «فریدریش / فردریک کبیر» (Frederick the Great) است.

همه در پشتِ خاک‌ها و سنگرها و سینه‌ها پنهان‌اند، همان سرشان بیرون است و آن هم از دو فرسنگ راه دیده نمی‌شود.

در این صورت، حروبی که در این عصر اتفاق بیفتد خیلی دشوار و صعب خواهد بود، و بر همین قیاس است حروبِ دورنمای بحری. روزبه‌روز اسلحه و آلاتِ غریبِ دیگر اختراع می‌کنند که در سرعت و قوّت هزار بار بیشتر از اسلحه‌ی پیش است؛ خصوصاً آلاتی که از الکتریک اختراع خواهند کرد. لاجرم، به اعتقادِ بعضی، در آتی، حروب بسیار وخیم خواهد شد، ولی چنین نیست، بلکه به‌عکسِ آن است.

خلاصه، پاره‌ای مردم به خطّی بی‌خبر را چنین به نظر می‌رسد که ایجادِ آلاتِ سریعه‌ی ناریّه و تزئیدِ مهمّاتِ حرب منافیِ عالمِ انسانیت است و مُضر به ابناء بشریت است، زیراکه چنین آلاتِ سریعه‌ی ناریّه‌ی مؤثّره موجبِ برانداختنِ نوعِ بشر و خراب کردنِ عالم خواهد بود، و حال این‌که چنین نیست؛ هر قدر آلات و ادواتِ حرب بیفزاید، و هرچه قوّه‌ی سوق‌الجیش ترقّی نماید، به همان درجه، حرب کمتر ظهور می‌کند و همان‌قدر خدمت به عالمِ انسانیّت و مدنیّت بیشتر می‌شود، زیراکه این اختراعاتِ جدیده و این تدارکاتِ فوق‌العاده‌ی عسکری مجبور می‌دارد که جمیعِ دُوَل در فنونِ حرب و ترقّیِ اسلحه‌ی جنگ و تمدید[1] شمندوفر جهتِ سوق و نقلِ قشون و تجهیزِ سفاینِ حربیّه[2] و نگاه داشتنِ عساکر در تحتِ سلاح به یک درجه باشند. بدین سبب، هیچ‌کس جرأتِ [این‌که] جنگ [را] آغاز کند ندارد، چه اگر ابتدا جنگ نماید، علاوه‌بر این‌که سببِ وقوعِ خون‌ریزی‌های مُدهِش می‌گردد، اگر مغلوب هم

---

۱. در نسخه‌ی خطی: «تمدیر».

۲. یعنی: «کشتی‌های جنگی».

بشود، باید تفنّناتِ[1] حربیّه‌ی دُوَلِ محارب نیز از عهده برآید و اگر فرضاً حربی هم اتفاق بیفتد،[2] [به] هیچ وجه مثلِ حروبِ سابق نخواهد بود، بلکه جهت مختلف است.

اول این‌که، سابقاً محاربه به‌جهتِ افتخار و کسبِ شأن و شهرت و ضبطِ ممالک و استیلای بر خصم بود. بدین جهت، از دو طرف، اقلّاً نصفِ قشون، بلکه بیشتر، کشته می‌شد، و غالب در مُلکِ مغلوب حکمِ قتل‌عام و تاراج می‌داد، و غالب اوقات، تمام شهرها را آتش زده، اهالی را قتل و اسر و اموال ایشان را نهب و غارت می‌نمودند، و سربازان اساساً به‌جهتِ تاخت و یغما به محاربه می‌رفتند. و بعد از ختامِ محاربه، دولتِ غالب آن مملکتِ ویران را به‌کلّی محو یا به ملکِ خود ضمیمه و الحاق می‌نمود، و اگر احیاناً آنان را زنهار می‌داد، هر سال مبلغی خطیر به رسمِ جزیه و باج از آن ملک می‌گرفت. ولی امروز محاربه نه به‌جهتِ یغما و تاراج و نه برای کسبِ شأن و شهرت است، بلکه تنها به‌جهتِ تکثیرِ ثروت و وسعتِ تجارت و ازدیادِ مراوده و دوستی با طرفِ مقابل می‌باشد تا بر اقتدار و نفوذِ خود بیفزاید؛ چنان‌چه شاعر گوید:

پیوند دوست‌داری از آن پاره می‌کنم   شاید ببندمش به تو نزدیک‌تر شوم[3]

و گذشته از این، چون غالباً انقراض و اضمحلالِ دولتی یا خرابیِ مملکتی به منافعِ دولتی دیگر برمی‌خورد، لهذا، برحسبِ قانونِ بین‌الدّول، هیچ ملتی را

---

۱. «تفنّنات» نمی تواند درست باشد؛ شاید منظور «غرامات» باشد.

۲. در نسخه‌ی خطی: «نیفتد».

۳. شاید از علی‌شاه ذوقی اردستانی اصفهانی باشد.

امروز محو و منقرض نتوان نمود. فقط حرب به‌جهتِ توسیعِ دایره‌ی معاملات و مبادلات به وقوع می‌پیوندد.

دویّم[1] این‌که، امروز در زمانِ محاربه و چه بعد از محاربه، آن عداوتِ وحشیانه و آن سفکِ دماء و بی‌رحمی‌ها که سابقاً از طرفِ دولتِ غالب به ظهور می‌رسید، هیچ‌کدام وقوع نمی‌یابد. تنها سربازِ یک دولت هنگامِ محاربه یک دشمن است و بس، و به سایرِ اهالی ابداً تعرض و حرفی نیست و آنان دشمن حساب نمی‌شوند [و] همه در امان‌اند. حتی سربازانِ مجروح و مریض را هم کسی کاری ندارند، بلکه از طرفِ دشمنِ آن‌ها طبیب و جرّاح می‌فرستند و مرهم و علاج می‌رسانند.

سیّم آن‌که، در محارباتِ سابق، گلوله‌های تفنگ را به قسمی می‌ساختند که زخمش کارگر باشد و اگر به‌جای کشنده هم تصادف نکند، مطلق که بخورد، آن عضو را ساقط و ناکار نماید و در میانِ گلوله‌ها بعضی موادِ قابل‌انبساط می‌گذاشتند که در میانِ گوشت حجمش زیاد شود و زخمشِ غیرقابل‌التیام باشد. ولی امروز ثِخَن[2] و غلظتِ گلوله به قدر یک قلم باریک است، خاصه وقتی که از دهانِ تفنگ بیرون می‌آید، هرچند خیلی تأثیر و قوّت دارد، به‌طوری که نفرِ[3] پشتِ سر [را] هم سوراخ نموده، می‌گذرد، و لکن زخمش کاری نیست و به‌زودی علاج می‌پذیرد. تنها مقصود این است که سربازان [را] در ایّامِ محاربه از جنگ خارج نماید، نه این‌که کشته شوند، مگر این‌که گلوله به دِماغ یا قلب آن‌ها تصادف کند.

---

۱. در نسخه‌ی خطی: «چهارم».

۲. یعنی: «ضخامت»، «قُطر».

۳. در نسخه‌ی خطی: «نظر».

و سببِ این‌که این گلوله‌ها[1] سوراخِ بسیار[2] تنگی نموده، فوراً می‌گذرند این است که گلوله‌های سابق مدوّر بود [و] همین که از دهانِ تفنگ می‌آمد، چنان‌که عادتِ هر کُره‌ی مدوّر است که بدونِ دَوَران به مرکزِ خودش قطعِ مسافت[3] نمی‌تواند بکند،[4] چرخ‌زنان پیش می‌رفت. لهذا، اگر به موضعی از بدن می‌رسید، سوراخِ بزرگی کرده، داخل می‌شد و چون به استخوان می‌خورد، از استقامتِ خود برمی‌گشت و فضای بزرگی را مجروح می‌ساخت. اما، گلوله‌های این عصر، همه، مخروطی و پیکانی هستند [و] بدونِ این‌که چرخ بزنند، از دهانِ تفنگ بیرون آمده، قطعِ مسافت می‌کنند[5] [و] در هر موضعی بخورند، بدونِ این‌که استقامتِ خود را ترک نمایند، سوراخ کرده، می‌گذرند. از این جهت، تأثیرِ آن‌ها وخیم و خطرناک نیست، [به]خصوص این تازگی‌ها که در آلمان لباسی هم برای منعِ گلوله اختراع شده.

فروعِ یازدهم: در مناسبات و مبادلاتِ ملل و تجارت و زراعت و صناعت

بهترین مناسباتِ نوعیّه میانِ ملل مراوداتی تجارتی است که هم بنیادِ قوانین را در مملکت استوار می‌سازد و هم مردمان را از اعتقاداتِ مخرّب و باطل می‌رهاند. در هر مملکت، به هر درجه که تجارت شیوع و رواج یابد، قوانین و

---

۱. در نسخه‌ی خطی پس از «گلوله‌ها»، «با»یی آمده که زائد بنظر رسید.

۲. در نسخه‌ی خطی: «بسیاری».

۳. در نسخه‌ی خطی: «مساحت».

٤. در نسخه‌ی خطی: «می تواند نکند».

۵. در نسخه‌ی خطی: «می‌کند».

نظامات نیز برای حفظِ حقوق همراه آن می‌باید. آسایش، دوستی، صُلح، قانون، تسهیلاتِ معیشت، ثروتِ اهالی، ترقّیِ صنایع، آبادانیِ مملکت، همه، نتیجه‌ی تجارت خواهد بود، چون[1] تأثیرِ طبیعیِ تجارت اوّلاً سوق به‌سوی صلح و سلم است، ثانیاً همه‌ی برکاتِ عمومی جلب کردن.

و باید دانست که مردم، از روزی که داخلِ دایره‌ی جمعیّت شدند، مساواتی که در میانشان جاری بوده منسوخ شده، جنگ آغازیدند، زیراکه هر جمعیّتِ خصوصی قوّتِ خود را می‌فهمد و افرادِ آن قوای[2] خود را در راهِ منافعِ این جمعیّت صرف می‌نمایند.[3] بالضّروره، در میانِ ایشان، به‌واسطه‌ی جلبِ منافعِ متقابله، صورتِ جنگ پدید آمد و نتیجه‌ی این دو نوع خصومت در میان سببِ وضعِ قوانین شد. و چون باید هر ملّتی به درجه‌ی نسبتی که با مللِ مختلفه دارند نظامات و قوانین داشته باشند و خودِ آن جمعیّت نیز باید در زیرِ یک اداره‌ی مضبوطی باشد، به درجه‌ی مناسباتِ حاکم و محکوم، باید در میانِ حکومت و اهالیِ نظامات وضع شود و خودِ مردم نیز از حیثِ مناسباتِ افراد [نسبت] به یکدیگر قوانینِ دیگر لازم دارند. از این‌جا پیدا شد حقوقِ ملل و دُوَل و قوانینِ سیاسیّه و قواعدِ ملکیّه‌ی جمیعِ مللِ روی زمین.

حتّی وحشیانِ ایرک که امیرانِ خود را نمی‌خورند یک حقوقِ نوعی با یکدیگر دارند که بدین واسطه سُفرا می‌فرستند و سُفرا قبول می‌کنند و حقوقِ حرب و صلح را می‌شناسند.[4] مهم‌ترین مناسبات و روابط میانِ دُوَل و ملل که امروز سفرا برای آن فرستاده می‌شود حفظِ مناسباتِ تجارتی است. دو ملّت که

---

۱. در نسخه‌ی خطی: «چو».

۲. در نسخه‌ی خطی: «اقوی».

۳. در نسخه‌ی خطی: «نمایند».

٤. در نسخه‌ی خطی: «نمی‌شناسند».

میرزا آقاخان کرمانی

با یکدیگر رابطه‌ی تجارتی پیدا کنند، از طرفین قهراً به هم اتّحاد و دوستی خواهند ورزید و هر نوع اتّحادِ ملل بر احتیاجاتِ طرفین تأسیس می‌شود. در مملکتی که تجارت نباشد، در آن‌جا نه قانون خواهد بود، نه صنعت، نه آسایش، نه انتظام، نه ثروت.

هر نقطه در روی زمین قابلِ یک نوع محصولی است و پاره‌ای چیزها به آن‌جا مخصوص است که در سایرِ نقاط نیست و بنی‌نوعِ انسان به همه‌ی آن‌ها محتاج. پس، اول چیزی که رفعِ احتیاجاتِ بشری می‌نماید تجارت است. دو ملّت که با هم بنای تجارت گذاردند، ناچارند از مراوده. همین که مراوده در میانِ ایشان پدید آمد، ناچارند از این‌که داخل و خارجِ آن مملکت را منتظم بدارند، و در معاملاتِ میانِ خودشان مجبورند به اتّخاذِ قانونی که در احکامِ آن استثناء نباشد، و معنیِ عدل این‌جا ظهور می‌کند. از این است که گمرک یکی از موانعِ بزرگِ تجارت و آبادانیِ مملکت است، زیراکه تسهیل در وسایطِ نقلیّه اول شرطِ تجارت و رفعِ احتیاجاتِ بشری است، و گمرک برای نقلِ امتعه از جایی به جایی بزرگ‌تر مانعی خواهد بود که تجارت را از جریانِ طبیعی باز می‌دارد در ممالک. آن‌جا [که] روحِ تجارت در جریان است، حقوقِ ابنای بشر محفوظ می‌ماند، و در دل پاره‌ای احساساتِ صحیحه که برخلافِ دزدی و بی‌حسابی باشد احداث می‌گردد، و مراوده با اقوامِ خارجه، عموماً، چشمِ اهالی را باز می‌کند و دایره‌ی معلوماتِ ایشان در نطاقِ وسیعی می‌افتد.

اگرچه به اعتقادِ بعضی مردمِ کوته‌بین تجارت بعضی فضایلِ انسانی را از قبیلِ مهمان‌نوازی و سخاوت و حبِّ عشیرت[1] و اصطناعِ معروف[2] و صدق و

---

۱. در نسخه‌ی خطی: «عشرت».

۲. یعنی: «نیکویی کردن». شاید این‌جا در معنای «قرض‌الحسنه» آمده باشد.

صفا و دوستی محو و منسوخ می‌سازد و اهالی را به جلبِ منفعت و خودبینی و دقتِ معاش و بی‌طرفی[1] و تزویر وامی‌دارد، ولی باید دانست که این‌گونه احسان و نیکوکاری، چنان‌که در میانِ قبایل و اقوامِ وحشیه متداول است، موجبِ خرابی‌های بزرگ و مضرّت‌های عظیم نسبت به جمعیّت‌های بشریه می‌شود و، [در] نتیجه، آن‌گونه صداقت و حمیّت جز غبن و ضررِ فاحش چیزی نخواهد بود، زیراکه مجاناً و بلاعوض دادنِ چیزی به مردم و اکرامِ ضَیف،[2] به‌نحوی که در میانِ عشایر متداول است، سببِ فقر و فلاکتِ ملت و پیدا شدنِ سؤال[3] و تَکَدّی[4] و تضیّعِ عطا است [و همچنین مسببِ از بین رفتنِ] اوقاتِ اشخاص و [سببِ] افتخارهای بیهوده‌ی اربابِ کرم و القاء عداوت در میانِ افرادِ ناس خواهد شد.

تجارت نه این است که تنها امتعه‌ی مملکتی را [به مملکتی] دیگر نقل می‌کند، بلکه غالباً سبب می‌شود که پاره‌ای علوم و عادات و صنایع را از ممالکِ دوردست به آن مملکت بیاورد. فنیقیانِ[5] قدیم همه‌ی [آن] ثروت و اقتدار و علم و صنایعی را که مالک شدند در سایه‌ی تجارت بود، و همچنین مصریان و رومیان عادات و علوم را از ممالکِ دیگری در سایه‌ی تجارت به ملک خود آوردند. جمهوریّت‌های کارتاج (قرطاجنه) و آتن، پایتخت یونان، و مارسی،

---

۱. در این‌جا، به معنای «بی‌تفاوتی» به کار رفته است.

۲. یعنی: «مهمان».

۳. یعنی: «گدایی».

٤. یعنی: «دریوزگی»، «گدایی».

۵. در نسخه‌ی خطی: «فنکیان».

بندری[1] از فرانسه، و فلورانس، قطعه یا مملکتی از ایطالیا، و هولاند[2] نیز منبعِ اغلبِ برکاتشان بحرپیمایی و تجارت بود. و دولت‌های انگلیس و آمریکا[3] و فرانسه [که] در این عصرِ اخیر همه قسم علم و ترقّی پیدا کردند، جز تجارت راهی نداشت، زیراکه در ممالکِ شرق، هر عادات و هر متاع و هر کتاب و هر صنعت و هر علمی مفید یافتند به مملکتِ خود آوردند، تا رسید به اعلی درجه‌ی ترقّی و مقامِ بلندِ مدنیّت و اقتدار. در هر ملّتی که اهالیِ آن مستعدّ تجارت نباشد، دلیلی از برای انقراض و اضمحلالِ آنان بهتر از این تصوّر نمی‌توان کرد.

معنیِ خصوصیِ تجارت همین است که مردم در بادیه‌ی نظر از آن می‌فهمند،[4] ولی معنیِ عمومیِ تجارت مبادله‌ی اَعمال است که مدارِ معیشت و حیاتِ بنی‌نوعِ بشر بدان می‌باشد. در این صورت، تجارت شاملِ هرگونه صنعتی از قبیلِ زراعت و صنایع دستی و غیره [است]، زیراکه مدارِ همه‌ی این امور بر مبادلات[5] است، خواه به مبادلاتِ[6] موادِّ امتعه، خواه مبادله‌ی اَعمال و صنایع، خواه مبادلاتِ افکارِ کاتب.

و این معنی بدیهی است که بنی‌نوعِ انسان کار و صنعتِ خود را با ضروریّتِ معیشت و لوازمِ زندگانیِ خویش، هر یکی از آن‌ها به دستِ کسی دیگر هست، مبادله کند. مثلاً، فرض می‌کنیم یک نفر حصیرباف است. این شخص ناگزیر

---

۱. در نسخه‌ی خطی: «تبدری».

۲. منظور «هلند» است.

۳. در نسخه‌ی خطی: «آمریک».

۴. در نسخه‌ی خطی: «می‌فهمدند».

۵. در نسخه‌ی خطی: «معادلات».

۶. در نسخه‌ی خطی: «معادلات».

است که عوضِ نان حصیر بدهد، و عوضِ گوشت حصیر، و عوضِ کرایه‌ی منزل و لباس و سایر چیزهای دیگر، همه از مأکول و ملبوس و تزئینات، حصیر داده باشد. همچنین، دیگری برزگر است و حاصلِ کارش[1] جو و گندم می‌باشد. او نیز می‌باید بَدَلِ[2] همه‌چیز گندم [بدهد]. چون احتیاجاتِ انسان خصوصاً از بابتِ تمدّن و حضارتِ آن‌ها لاتعدّ و لاتحصی است، لهذا، در مبادلاتِ اَعمال اِشکالات بسیار روی می‌داد. لاجرم، برای ما واحدِ مقداری لازم شد [که] نرخ و قیمتِ همه‌ی اَعمال و صنایع را به آن تقدیر و تسعیر نماییم؛[3] والّا نرخِ هر [متاع] و مزدِ هر کارگر مشخّص نمی‌شد. در پاره‌ای روستاها و جاهای دور از آبادانی[4] واحدِ مقداری غالباً غلّات است، مثلِ گندم و جو و امثال آن، و همه‌چیزی را با غلّه قیمت می‌کنند. در سیستان و دهاتِ زابل، واحدِ مقداری عبارت از کرباس و قیمتِ[5] هر چیز از روی ذَرع[6] کرباس تقدیر و تشخیص می‌شود. یک نفر در سیستان می‌خواهد به دیگری جو بدهد و گندم شانزده ذَرع،[7] آن‌گاه از روی همین مقایسه مبادله می‌کند. در بلوچستان و بشاگرد و

---

۱. در نسخه‌ی خطی: «کار».

۲. یعنی: «عوض»، «بجای».

۳. این جمله از سوی مستنسخ به‌اشتباه تکرار شده است.

٤. در نسخه‌ی خطی پس از «آبادانی» این جمله آمده است «مثل قصّابی که چراکند و از مادرها سکونت دارند»؛ و چون نامفهوم است در جهت رسایی کل پاراگراف به پانویس منتقل شد.

٥. در نسخه‌ی خطی: «قسمت».

٦. در نسخه‌ی خطی: «زرع».

٧. در نسخه‌ی خطی: «زرع».

پاره‌ای از گرمسیرهای فارس و کرمان، واحد مقداری عبارت از خرما و مقایسه از روی خرما است؛ حتّی پول را به خرما قیمت[۱] می‌کنند.

ثانیاً، چیزی که برای ما لازم است جنسِ عمومی است تا هم واسطه‌ی[۲] مبادلات باشد و هم حمل‌ونقل آن برای هر کسی آسان بود و جنسِ آن چیز باید بالذّات کمیاب و نادر و عزیز و نفیس باشد. این است که از زمانِ قدیم، عمومِ مللِ روی زمین، سیم و زر را واسطه‌ی[۳] مبادلات و واحدِ مقیاسِ اجناس قرار داده‌اند تا اشکالات همه از میان برخیزد و در معاملات سهولت روی دهد.

پس، در واقع، سرمایه‌ی اصلی دو چیز است: اول مادّیات، مانند فلزات و معادن و احجار و خاک و حیوانات و امثال آن‌ها؛ دوم همان اُجرتِ عمله است که هیچ‌وقت تغییر و تبدیل نمی‌کند [و] قیمت هر چیز را از روی آن مقایسه و تقدیر می‌نمایند، زیراکه مسکوکات[٤] اگرچه سایرِ اشکالات از آن مُندَفِع است، اما [در] قیمتِ آن‌ها تغییرات روی می‌دهد و تقدیرِ ارزانی و گرانیِ آن‌ها را باید به اُجرتِ عمله نمود که تغییربردار نیست. از پانصد سال قبل از این تا کنون، قیمتِ مسکوکات هشت برابر تنزّل نموده. مثلاً، اگر اُجرتِ عمله آن وقت یک قروش[٥] می‌شد، امروز هشت قروش است. [این] نه این است که اُجرتِ عمله گران شده باشد، بلکه طلا و نقره، به‌واسطه‌ی آن‌که وفور به هم رسانیده‌اند، ارزانی پیدا کرده.

---

۱. در نسخه‌ی خطی: «قسمت».

۲. در نسخه‌ی خطی: «بواسطه».

۳. در نسخه‌ی خطی: «بواسطه».

٤. جمع «مَسکوک» و به معنای «سکه» است.

٥. در نسخه‌ی خطی: «فروش».

از این‌جا معلوم می‌شود که هرچه سیم و زر از معدن بیشتر خارج شود، بر ثروتِ اهالی نمی‌افزاید، بلکه از قیمتِ زر می‌کاهد. مقیاس و میزانِ ثروتِ هر قوم اَعمالِ جسمانی و روحانیِ ایشان است، یعنی صناعات دستی و افکار عقلی، نه سیم و زر؛ زیراکه طلا و نقره، چنان‌که گفتیم، تنها واسطه‌ی[1] مبادلاتِ اَعمال است. این مبادله‌ی اَعمال، به هر نحو [که] باشد، مدارِ حیات و معیشتِ بنی‌نوعِ بشر است و، بدونِ این، زیستِ جمعیّتِ بشری ممکن نیست، و تجارت، به معنیِ عمومی، عبارت از این است.

و باید دانست که اصولِ تجارت با حکومتِ مشروطه از [حکومتِ] مستبده و جمهوریّه بیشتر موافق می‌آید، چه در حکومتِ مستبده مدارِ تجارت غالباً بر تزئینات و فضولِ عیشِ ملّتی است نه بر احتیاجاتِ حقیقیِ ناس. از این جهت، مقصدِ اصلیِ آن بر تزئیدِ غرور و توسیعِ دایره‌ی خطوطِ نفسانی و متابعتِ هوا و هوس و اِسراف خواهد برگشت. و در حکومتِ جمهوریّه [نیز]، غالباً تجارت بر اصولِ اقتصاد و صرفه‌جوییِ ملّی است و تجّارِ آن ملت همیشه چشم به حال[2] مللِ روی زمین دوخته دارند [و] متاعی را که از یکی می‌گیرند به دستِ دیگری می‌دهند و خود به کار نمی‌برند. اما، در حکومتِ مشروطه، هر کس «عَلی قَدرِ مَراتِبِهِم»[3] مجبور است از اظهارِ جهتِ شوکت و شعشعه، و گاهی به هم چشم دیگر[4] نیز بر تکلیفاتِ خود می‌افزاید. از این جهت، مبادله‌ی اَعمال بسیار روی می‌دهد و متاعِ کلّی در اراضیِ مملکت برحسبِ ضرورتِ طبیعی صرف و استهلاک می‌شود، هم از خارج می‌گیرند و هم به خارج می‌دهند، و

---

۱. در نسخه‌ی خطی: «بواسطه».

۲. در نسخه‌ی خطی: «به هر».

۳. در اینجا بمعنای «به اندازه‌ی مرتبه‌اش» بکار رفته است.

٤. شاید منظور «چشم و هم چشمی» باشد.

برای دادن به خارج محتاج‌اند بر زراعت و صناعت، والّا موازنه‌ی اقتصاد و اکونامیِ سیاسی در مملکت حاصل نمی‌شود.[1]

و عمده‌ی کار در پیشرفت و ترقّیِ عملِ زراعت آن است که اهتمام کنند خواصِّ طبیعیِ هر مملکت به عمل آید؛ یعنی، آن محصولاتِ زراعیّه و صناعیّه که مخصوص به آن ملک است ترقّی کند و رواج یابد. در ازمنه‌ی قدیم، امورِ مادّی را از قبیلِ زراعت و تجارت و صناعت خیلی محقر می‌شمردند. حتی در مذهبِ برهما که مردم [را] به چهار قسمت می‌کند و معبودِ هر کدام را می‌گوید، از یکی از جهات [از] برهما صدور یافته، حِرَف و صنایع و زراعت و تجارت را از جهتِ سفلیه صادر می‌داند و مخصوصاً زراعت را آن‌قدر [سفلیه] گرفته بودند که از ارکان [کسی را] لایقِ اشتغال بدان نمی‌دانستند، بلکه عبید و اُسرا را به این کار وامی‌داشتند؛[2] چنان‌که الان در میانِ اعرابِ بدوی معمول است و شهرت دارد که «العِزُّ فِی نَواصِی الخَیْلِ، وَالذُّلُّ فِی أذْنابِ البَقَرِ».[3] ولی در اعصارِ مدنیّت غیر از این است [که] لازم [به] توضیح نیست.

۱. در نسخه‌ی خطی: «می‌شود».

۲. در نسخه‌ی خطی: «بازمی‌داشتند».

۳. یعنی: «عزت در یال (موی پیشانی) اسب است و ذلت در یال (موهای روی کول) گاو». (احتمالا ضرب المثلی عربی است).

فروغِ دوازدهم: در بیانِ پیدایشِ علمِ نجوم و احکام و زایجه و احکام

علمِ ستاره‌شناسی و صُوَر[1] کواکب، اوّل از اهلِ بادیه‌نشینان نشأت نمود، زیراکه بادیه‌نشینان از طلوعِ منازلِ قمر و نزدیک شدنِ آفتاب به هر یکی از صُوَر و اَشکالِ بُروج مواسم و فصول را می‌شناختند؛ چنان‌که «ثریا» از نامِ آن معلوم گردد که عرب را، در وقتِ طلوعِ این منزل، وقتِ استفاده از اغنام و موسمِ ثروت و غنا بوده و همچنین منزلِ سعود. رفته‌رفته، کسانی که بنای سفرِ دریا گذاردند، معرفتِ کواکب و طلوع و غروب [را][2] برای بیابان‌نوردی و بحرپیمایی به‌عنایت مفید یافتند: «وَبِالنَّجْمِ عَلَامَاتٍ و هُمْ یَهْتَدُونَ».[3]

پس از آن‌که از [روی] طلوع و غروبِ ستارگان در منطقه، پاره‌ای دیگر را ابدی‌الظهور[4] دیدند که رسمِ دوایرِ کوچک می‌نمودند و پاره‌ای را ابدی‌الخفا،[5] از این‌جا پی به قطبِ شمال و جنوب بُردند و معدودی از ستارگان را دیدند که از سیرِ آن‌ها تغییرات روی می‌دهد، به‌خلافِ باقی که بر جای خود ثابت‌اند. فی‌الجمله، برای تعیین کردن و نشان دادنِ کواکبِ مُضیئَه[6] نیز، صُوَر و اَشکالِ چند در فلک توهّم و تقدیر نمودند تا بدان واسطه ستاره بتوانند نشان بدهند، و کرویّتِ زمین را نیز از روی تقدیم و تأخیرِ طلوع و غروبِ ستارگان از آفاقِ

---

۱. بعد از «صُوَر»، «واو»ی آمده که زائد بنظر رسید.

۲. در نسخه‌ی خطی، بعد از غروب، «ندارد» آمده که زائد بنظر رسید.

۳. یعنی: «و نیز نشانه‌هایی [دیگر]، و آنان با نظر به ستارگان [در دریا] راه می‌یابند» (قرآن، سوره‌ی ١٦، آیه‌ی ١٤). یا آقاخان کرمانی و یا کاتب بخشی از آیه را پس و پیش یاد کرده‌اند. اصلِ آیه به شرح زیر است: «وَعَلَامَاتٍ وَبِالنَّجْمِ هُمْ یَهْتَدُونَ».

٤. یعنی: «همیشه پیدا».

٥. یعنی: «همیشه پنهان».

٦. یعنی: «درخشان».

مختلفه فهمیدند، و تقدیم و تأخیرِ طلوع وغروب را نسبت به آفاقِ مشرق و مغرب از روی قرانات و خسوف و کسوفِ شمس و قمر استنباط نمودند، تا کار به جایی رسید که به‌واسطه‌ی آلات و ادوات مانندِ اُسطُرلاب[1] و ذات‌ُالثُقبَتَین[2] و ذات‌ُالحَلَق[3] و رابع مجیب و امثال آن‌ها، حرکات و تقویمِ ستارگان و طول و عرضِ آن‌ها را رصد گرفتند. و چون ابتدای استخراجِ تقویم و تعدیلِ قبیلِ حرکاتِ کواکب از روی اوتارِ قبل بود، به این جهت، قانونِ رصد را زیج[4] می‌گفتند.

چون ابتدا، به نظرِ نخستین، زمین را ساکن و شمس را متحرّک گمان کردند، و از برای شمس و سیّاراتِ دیگر حرکاتِ مختلفه مشاهده نمودند، ناچار شدند که به‌جهتِ هر حرکتی، اصلی اثبات کنند. لاجرم، افلاکِ ممثلات و حَواملِ و تَداویر از این‌جا پیدا شد؛ چنان‌که نصیرالدین طوسی، برای رفعِ اشکالاتِ این فنّ، چندین افلاکِ دیگر در تذکره‌ی هیئاتِ خود اثبات می‌نماید و چون تکمیلِ این هیأت را بَطلَمیوسِ قَلوذی[5] نمود، به این واسطه، عقیده‌ی سکونِ ارض و حرکتِ شمس را به‌واسطه‌ی افلاک نظام محدود بطلمیوس گویند، چنان‌که کتاب «محطی» مبیّنِ این علم است. در ثانی که، بعضی از حکماء به نظرِ ثانی ملاحظه و دقت کردند و مقدارِ جرمِ شمس را به رَصَد معلوم کردند که چندین

---

۱. یعنی: «آلتی است که برای مشاهده‌ی وضعِ ستارگان و تعیینِ ارتفاعِ آن‌ها در اُفق به کار می‌رفت»، «آلتی باشد که بیشتر از برنج سازند و بدان ارتفاع آفتاب و ستارگان گیرند».

۲. یعنی: «یکی از آلات فلکی که از او اختلاف منظر گیرند».

۳. در نسخه‌ی خطی: «ذات‌الخلقتین»، و منظور همان «اُسطُرلاب» است.

٤. یعنی: «مُعرَّب زیگ است و آن کتابی باشد که منجمان احوال و حرکاتِ افلاک و کواکب را از آن معلوم کنند».

۵. در نسخه‌ی خطی: «بطلمیوس قلودی».

برابرِ زمین است، و بُعدِ مسافتِ او از زمین چقدر است، و همچنین هر یک از ثوابت[1] چقدرها از زمین دورند و جرمِ آن‌ها به چه بزرگی است، و اگر بنا بشود این‌ها در هر شبانه‌روزی یک دفعه دورِ زمین چرخ بزنند،[2] لازم می‌آید که یک جرمِ بسیار بزرگی، در هر آن و لمحه، چندین هزار هزار ملیون فرسنگ مسافت[3] را طی نماید. وانگهی، جرمِ خفیفِ کوچک تابعِ جسمِ بزرگ است که در آن تأثیر کند نه برعکس.

و همچنین، قوّه‌ی جاذبه‌ی اصلی میانِ کُلٍّ اجسام و اجرام را فهمیدند که بر روی یک قانونِ طبیعی منتظم است، و به چندین دلایل و مکاشفاتِ دیگر ثابت شد که زمینْ شبانه[4]روزی یک دفعه بر نفسِ مرکزِ خود می‌گردد، ولی یک نوبت دورِ آفتاب بر مداری مستطیل، که آن را اهلیلی گویند، و به این واسطه، همه‌ی اِشکالات برطرف می‌شود، و در این مختصر گنجایشِ دلایل و اقوالِ طرفین نیست.

خلاصه، چون مشهور است که فیثاغورث در نهانی به شاگردانِ خود این رأی را تدریس[5] می‌نموده و می‌گفته است [که] همیشه مردمِ فقیر [در] اطرافِ خانه‌های اغنیا گردش می‌کنند، لهذا این اعتقاد را نظام نامحدود و فیثاغورس می‌گویند، و اکنون علمای فرنگستان و آمریکا[6] تابعِ این اعتقادند، اگرچه تازه در انگلستان جمعی قولِ بطلمیوس را طرف‌دار شده‌اند.

---

۱. جمع «ثابت»، و به معنای «ستارگان آرمیده» است.

۲. در نسخه‌ی خطی: «می‌زنند».

۳. در نسخه‌ی خطی: «مسافرت».

٤. در نسخه‌ی خطی: «شبان».

٥. در نسخه‌ی خطی: «تحسین».

٦. در نسخه‌ی خطی: «آمریک».

بالجمله، تاریخِ هیأت[۱] به‌طور اجمال این بود و این علم ابتدا از میانِ ایرانیان نشأت نمود، چنان‌که از اسمِ او، «سترونامی»، این معنی معلوم می‌شود و اگر یونانی بود او را «سترالوژی» می‌گفتند. «لوژ»[۲] به معنیِ لغت و علم و صناعت است و عرب‌ها آن را مُعرَّب کرده، «لغت» گفتند و شریک نیز «لوژ»[۳] خود می‌باشد.

اما، علمِ احکامِ نجوم و طبایعِ کواکب و آثارِ اتصالاتِ آن‌ها نیز ابتدا از میانِ بادیه‌نشینان برخاست [و] همه ابتدا از تحت‌الشعاع و نزدیک شدنِ قمر به‌صورتِ عنقریب و طلوعِ سهیل پاره‌ای تأثیراتِ مخصوص در عالم مشاهده نمودند. مثلاً، از تحت‌الشعاع و طریقه‌ی قمر در اولِ عقرب[٤] و آخرِ میزان[٥] آثارِ نحوست در وقت و تغییر و انقلاب در هوا [را] تجربه کردند، و از طلوعِ سُهیلْ سوختنِ چرم و پخته شدنِ پاره‌ای میوه‌ها و سُرخی آن‌ها [را]، و از شعاعِ قمر، خاصّه [در] هنگامِ زائدالنّور بودنش، به‌ویژه که در برجِ ثور[٦] باشد، پاره‌ای تأثیراتِ غریب را از قبیلِ پاره کردنِ کتان و خشکانیدنِ نباتاتی که تازه آب خورده و شاداب باشند و منعِ عملِ مُسهِل[٧] و تأثیرِ خاصیت نوره[٨] و سیلانِ دَم[٩]

---

۱. در نسخه‌ی خطی: «هیهات».

۲. در نسخه‌ی خطی: «ثور».

۳. در نسخه‌ی خطی: «ثور».

٤. یعنی: «ماه هشتم خورشیدی»، «آبان‌ماه».

٥. یعنی: «ماه هفتم خورشیدی»، «مهرماه».

٦. یعنی: «ماه دوم خورشیدی»، «اردیبهشت‌ماه».

۷. یعنی: «شکم نرم‌کننده»، «روان‌کننده مزاج».

۸. یعنی: «چیزی است که برای دور کردنِ مو از بدن به کار برند»، «واجبی».

۹. یعنی: «جریان خون».

در عروق و امثالِ اینها.[1] همچنین، از احتراقِ زهره و عطارد و اتصالِ آن‌ها به مشتری و مرّیخ، غالباً، تغییرِ هوا و باران [را] معاینه نمودند و، بر این قیاس، از بودنِ هر کوکب در بُرجی و اتّصالِ یکی با دیگری، پاره‌ای تغییرات و تأثیرات [را] در اوضاعِ هوا و امورِ مُلک مشاهده نمودند.

از این‌جا، علمِ احکامِ نجوم و طبایعِ کواکب در سردی و گرمی و خشکی و تَری و منقلب و ثابت و ذوجسدین[2] معلوم گشت، و سعد و نحس و ممتزج به میان آمد، و علمِ زایچه‌ی موالید و احکامِ زایچه‌ی سال و طالعِ وقت از این چیزها پیدا شد، مانند علمِ الواح؛ بعد، از دستِ نُطّاقِ این علم،[3] دجّال‌ها پیدا شده، احکامِ علمِ نجوم را در پاره‌ای چیزهای دیگر از قبیل فال و رمل[4] و جفر و اعداد و ماسه[5] به کار بردند و به‌قدری سوءاَعمال نمودند که از نفس‌الامر خارج گشت.

و در این عصر، حکمای فرنگستان، بالمرّه، علمِ احکامِ نجوم [را] از خرافات و جزء اوهامِ باطله می‌دانند. اگرچه در این قربت معدودی تازه باور کرده‌اند که پاره‌ای احکامِ نجوم مُجرّب و قطعی است و پاره‌ای مظنون و باقی مشکوک، اما حکمای بَراهِمه و هندو و غالبِ متصوّفه تمامیِ اوضاعِ کواکبِ افلاک و انجم را نمایش‌های نفسِ انسان و تجلّیاتِ عالمِ متخیّله و تطوّراتِ حضرتِ وهم

---

۱. در نسخه ی خطی پس از «اینها»، «به ظهور می‌رسد» آمده که زائد بنظر رسید.

۲. یعنی: «در اصطلاحِ کیمیائیان قدیم، هر جسد (جسم) که مرکب باشد از دو جسد از اجساد اربعة، یعنی خاک و آب و باد و آتش»، «هر جسم مرکب از دو عنصر از عناصر اربعه»، «ستاره‌ی عطارد، از آن روی که خانه‌ی او جوز است که آن را جسدین (دو پیکر) نامند».

۳. منظور «سخنگویان علم الواح» است.

٤. یعنی: «فنی برای پیشگویی و طالع‌بینی».

۵. یعنی: «رمل».

می‌دانند و می‌گویند [که] وجودِ این‌ها، همه، وجودِ عینی و نفس‌الامری نیست، بلکه وجودِ ذهنیِ سرابی است و حقیقتِ مستقلّی ندارد که به هر دست که می‌پروردم می‌رویم، در این صورت، واقع و نفس‌الامری جز اوهام و خیالاتِ حضرتِ انسان نیست و سرتاسرِ عالمِ تکوین نشأ رؤیای علمِ حقّ است که مظهری جز علمِ انسان ندارد: «کلُّ مَا فِی الْکوْنِ وَهْمٌ أوْ خَیَالٌ».[1]

فروغِ سیزدهم: در پیدایشِ علمِ هندسه و حساب و جرّ اثقال و اوفاق

چنان‌که گفتیم، ابتدا مردم، همه، در شکاف‌های کوه و مغاره‌ها[2] و گریوه‌ها[3] و [در] میانِ درختانِ اَجوَف[4] سکونت داشتند و از گیاه‌های زمین و میوه‌های درختانِ جنگلی و گوشتِ حیوانات و برگ و پاپروس می‌پوشیدند و با هم معاشرت و معاملت داشتند. از این جهت، محتاجِ شماره و حساب هم نبودند و اگر احیاناً شماره‌ی چیزی را نگاه داشتن می‌خواستند، به چوبِ درختی یا [به روی] سنگی خط می‌کشیدند یا چند دانه از سنگ‌ریزه به جایی می‌گذاردند. تا مدت‌ها، طریقِ جمع و تفریقِ ایشان از روی چوبخط و سنگ‌ریزه بود و به هندسه ابداً محتاج نمی‌شدند. رفته‌رفته که بنای غرسِ اشجار[5] و زرعِ غلات و

---

۱. از جامی است، و در «غزلیات»اش آمده است.

۲. در نسخه‌ی خطی: «مغارها»، و «مغاره» به معنای «غار» است.

۳. در نسخه‌ی خطی: «کریوه‌ها» و «گریوه» به معنای «کوه پست و پشته‌ی بلند» است.

٤. یعنی: «میان‌تُهی».

۵. یعنی: «درخت کاشتن».

اقتنای حیوانات[1] و ساختنِ ابنیه و عمارات و دواخانه‌ی ارزاق و اشجار و مراوده و معاشرت با یکدیگر را گذاردند، برای حفظِ حقوق، محتاجِ حساب و مقادیر و اوزان و پیمانه شدند. هر قدر دایره‌ی تمدن و حضارت دست به هم رسانیده، به همان درجه که اَمرِ مَلبَس[2] و مسکن ترقّی نمودند، حاجت به حساب و هندسه بیشتر شد؛ چنان‌که امروز، اگر کسی بخواهد اقسامِ اشجار و غلات و بُقول[3] متنوعه و ادویه را که انسان در غذا به کار می‌برد، و اطعمه [را] که از گوشت و شیر و روغنِ حیوانات و جوهریّات ترتیب می دهد، و انواعِ شهدها و انگبین‌های حیوانی و نباتی و ادهان و لبوبِ نباتات و پشم و پوستِ حیوانات و پَرِ مرغان و ابریشم و سیم و بلور و کاغذ [را که] برای خود ساخته، و عماراتی [را] که از چوب و سنگ و خشت و سایرِ چیزها برای مسکونِ خود پرداخته، مقدار کند، [این کار را] به شماره‌ی چوب‌خط و سنگ‌ریزه ضبط کردن نتوان و در ذهن نگاه داشتنِ آن [نیز] ممکن نیست.

گذشته از ظروف و اوانی و فروش و بساط و زیورها و تزئینات و جواهرات و امثال این‌ها، از این بود که علمِ حساب لزوم به هم رسانید و اعمال آن دست کسب نمود، به قسمی که غیر از جمع و تفریق، اَعمالِ دیگر نیز پنداشتند، مانندِ ضرب و تقسیم و جذر و تناسب و خطائین[4] و جبر و مقابله، تا در این عصر که حسابِ لوگاریتم را اختراع نمودند برای تسهیلِ اعمالِ حساب. و همچنین، هندسه از برای ساخت و تشکیلِ طُرُق و بنای عمارات و دریاپیمایی و

---

۱. یعنی: «گردآوردن حیوانات».

۲. در نسخه‌ی خطی: «ملبّس».

۳. جمع «بَقل»، و به معنای «تره و سبزی» است.

٤. در نسخه‌ی خطی: «خطاین»، و «خطائین» یعنی: «نام قاعده‌ای است در علم حساب برای استخراج مجهولات».

کشتی‌سازی و نجّاری و جرّ اثقال لزوم به هم رسانید و علمِ هندسه در ایران اختراع شد؛ چنان‌که از لفظِ «هندسه» معلوم می‌شود که «اندازه» بوده، و «جفر» نیز همان «علمِ جبر» است که مجهول را به حروف نشان می‌دهد. هنگامِ ترجمه‌ی کتبِ یونانی،[1] پاره‌ای مترجمین و مطالعه‌کنندگانِ کتب چنین به‌غلط پنداشته‌اند که جفر علمی است [که] استخراجِ جوابِ هر سؤال را از نفسِ حروف می‌کند و اوفاق را نیز از همان حسابیّه برداشته‌اند، مانندِ جدول ضرب، شبکه و تقسیم و جذر و کتب و با این صورت‌های عجیب و غریب گذاشته‌اند. مصرعه: «چون ندیدند حقیقت ره افسانه زدند».[2]

و پُر کردنِ جدول‌های اعدادی، غالباً، از روی حرکتِ اسب[3] در شطرنج برخاسته[4] که در ابتدا یک نفر خواسته است به‌طور حساب و ترتیب یک اسب را در[5] تمام خانه‌های شطرنج حرکت دهد، چنان‌که در این جدول نموده باشند، مِثل آن‌که علم شیمی و کیمیا را شناختنِ طلا و نقره پنداشتند. و علمای ب[6] را اعتقاد [بر] این است که عنقریب همه‌ی مشکلاتِ حسابیّه در نفسِ واحد حل می‌شود، مانندِ دسیمال[7] و لوگاریتم، و همه‌ی مشکلاتِ هندسه در نسبتِ میانِ قطر[8] و محیط که حاکی از وحدتِ مرکزیّه است منحل گردد، مانندِ مثلّثاتِ

---

۱. بعد از واژه‌ی «یونانی»، «واو»ی آمده که زائد بنظر رسید.

۲. از حافظ است و در یکی از غزلهایش آمده است.

۳. در نسخه‌ی خطی: «است».

٤. در نسخه‌ی خطی: «برخواسته».

٥. در نسخه‌ی خطی: «و».

٦. منظور «بیان» است.

۷. در نسخه‌ی خطی: «ریسمان».

۸. در نسخه‌ی خطی: «قطره».

کروی و اشکالاتِ جرّ اثقالی به حرکتِ دَوریّه‌ی سرمدیّه‌ی افلاکیّه، مانندِ ماکین‌ها و چرخ‌ها.

و بدین قیاس، حلِّ هر اِشکال و جوابِ هر سؤال را به وحدت می‌دهند و در خصوصِ جفر و کیمیا می‌گویند [که] اگرچه مبدأ آن ناشی از خطا و سهو بوده، ولی، پس از تحقیق، از میانِ هر خطا صواب بیرون خواهد آمد، مانندِ خطائین[1] و تناسب و عمل به‌عکس.

فروغِ چهاردهم: در بیانِ ابتدای بحرپیمایی و کشفیاتِ غریبه‌ی دیگر[2]

قبل از آن‌که عملِ کشتی‌سازی به میان آید و مقدارِ پوسه‌ی اجسامِ مایعه معلوم گردد، برای گذشتن از روی آب، چند مشک را پر از باد کرده، آن‌ها را به هم می‌بستند[3] و روی آن‌ها تخته انداخته، بدان می‌نشستند، ولی در روی آب کیف مایشاء حرکت می‌نمودند؛ تا زمانِ اربابِ انواع که نبطون[4] از چوبْ کشتی بساخت و پارو را برای راندن و حرکتِ آن اختراع نمود. [به] این واسطه، او را خدای بحر نامیدند و ظاهراً از روی حرکتِ بط[5] و مرغابی بر روی آب که پاهای خود به هر طرف رفتن می‌خواهد پارو می‌کشد، نبطون به این اختراع

---

۱. در نسخه‌ی خطی: «خطاین».

۲. در نسخه‌ی خطی: «غریبّه‌ی دیگر».

۳. در نسخه‌ی خطی: «بستند».

٤. منظور «نپتون» است.

۵. یعنی: «مرغابی».

موفق شد. از آن پس، فنیقیان[۱] و یونانیان بادبان و دکل را اختراع نمودند که در وقتِ هبوبِ بادهای مساعد و جریان هوای شرطه، کشتی را به‌صورت[۲] مقصود سوق کند و آن را ناد می‌گفتند، تا عصری که دیگِ بخار اختراع شد و چرخ‌های کشتی [را] به قوّتِ بخار حرکت دادند. رفته‌رفته، دریاپیمایی ترقّیاتِ فوق‌العاده کسب نموده، در قُبَّه‌های بحری،[۳] کشتی راندند و کشتی از آهن ساختند.

در این عصر، به قوّتِ الکتریسته می‌خواهند کشتی‌ها را حرکت بدهند، و عنقریب دیگر کشتی تنها اعزام نشود، بلکه چند کشتی با هم سفر کنند و از خطرِ غرق [شدن] و غیره مصون مانند. و اگر همه‌ی روی زمین معمور و آباد شود، بادهای وخیم و ریاحِ قاصِفه[٤] نیز تعدیل یافته،[٥] طوفانِ دریا هرگز برنخیزد و همه‌وقت کشتی‌ها در روی دریا به‌آرامی حرکت کنند.

پس از شیوعِ کشتیِ بخار، که آثار و قوّتِ تراکمِ بخار معلوم شد، در روی خشکی نیز، شمندوفر پدید آمد. اختراعِ بالون نیز از روی مقیاسِ پوسه‌ی ارشمیدس بود؛ به این معنی که در [یک] زمان کُره را از بخار و الکُل[٦] پر کردند [و] چون از هوا سبک‌تر بود، به هوا صعود نمود. بعد از آن، درصددِ ترقّیِ آن برآمدند، تا امروز [که] به درجه‌ای رسیده که شخص می‌تواند به‌توسطً آن مسافاتِ قصیره را طی کند و، عنقریب، اغلبِ اسفار به‌توسطِ بالون شود که با کُراتِ دیگر راهِ آمدوشد باز شود.

---

۱. در نسخه‌ی خطی: «فنکیان».

۲. در نسخه‌ی خطی: «بصوب».

۳. منظور احتمالاً «موج‌های دریایی» است.

٤. یعنی: «بادهای شدید».

٥. در نسخه‌ی خطی: «عدیل یافته».

٦. احتمالا «بخارِ الکل» درست است.

بالجمله، ترقّیاتِ عصرِ بخار به منتهای درجه‌ی کمال رسیده و، بعد از این، نوبتِ الکتریسته است که تازه آن را تسخیر کرده‌اند؛ ولی پس از تسخیر و استخدام دقایقِ اثیریّه در عالمِ امکان و وجودِ مطلق فرمان‌روا خواهد شد. «وَ یَومَ یُغنِی اللهُ کُلّاً مِن سَعَته»[1] آن روز است. و تازه حکمای این عصر فهمیده‌اند که الکتریسته مُمدٌّ حیات است و در حفظِ صحت دخالتِ کلّی دارد و چندین بار مُرده‌های تازه را موقّتاً با الکتریک زنده کرده‌اند؛ به‌طوری که حرکاتِ عجیبه و سخنانِ غریب از ایشان صادر شده است. به اعتقادِ عمومِ حکمای فرنگستان، در آتی، قوّه را موجبِ حیات قرار خواهند داد. و پیدایشِ تلگراف در زمانی بود که مناسبتِ میانِ قوّه‌ی جاذبه و الکتریک [را] کشف نمودند و فهمیدند که هر جسمی صاحبِ قوّه‌ی جاذبه است. و هدایت در پاره‌ای اجسام موجود است که حرارت را نقل می‌کنند. به‌خلاف آن‌ها، پاره‌ای اجسامِ دیگر قوّه‌ی عایق دارند که مانعِ[2] نقلِ حرارت می‌شوند، و همچنین پاره‌ای اجسامِ دیگر عایق در آن‌ها الکتریک مثبت است،[3] یعنی و [در] پاره‌ای [دیگر] الکتریک منفی چون. (در اینجا یک فروغ از اصل افتاده).[4]

---

۱. یعنی: «و روزی که خداوند هر یک را با توانگریِ خویش بی‌نیاز گرداند» (قرآن، سوره‌ی ٤، بخشی از آیه‌ی ۱۳۰). آیه، یا از سوی آقاخان کرمانی و یا از سوی کاتب، با تغییراتی ناچیز یاد شده است. اصلِ آن در جامعیت به شرح زیر است: «وَإِنْ یَتَفَرَّقَا یُغْنِ اللّهُ کلًّا مِنْ سَعَتِه وَکانَ اللّهُ وَاسِعًا حَکِیمًا» («و اگر از هم جدا شوند، خداوند هر یک را با توانگریِ خویش بی‌نیاز گرداند، و خداوند گشایشگر فرزانه است»).

۲. در نسخه‌ی خطی: «نافع».

۳. در نسخه‌ی خطی پس از «است»، «یعنی» آمده، و زائد بنظر رسید.

٤. جمله ناقص است و جمله‌ی داخل پرانتز از کاتب است.

فروغِ شانزدهم: در معنیِ قوّتِ نبوّت و سلطنت و حکمت و تشکیلِ عالمِ تمدّن

باید دانست که اول قوّه‌ی مؤثری که در میانِ بنی‌نوعِ بشر ظهور کرد قوّه‌ی جبریّه‌ی سلطنتِ جسمانی [و]، بعد از آن، قوّه‌ی نبویّه، یعنی قوّه‌ی ریاستِ روحانی، بود. این هر دو قوّه از یک نقطه نشأت نمودند؛ به این طور که بنی‌نوعِ بشر، در معاش و ضروریات، خود [را] به هر چیز محتاج دید[1] و بالذّات ضعیف آفریده شده بود. [پس] لاجرم، کثرتِ ضرورات و احتیاجاتِ متنوّعه او را سوق نمود به[سوی] این‌که از [برای] ترتیبِ معاشِ خود، پاره‌ای وسایل و اسباب برای معاونت جوید [که] بهترینِ آن اسباب معاونت کردنِ افراد به یکدیگر بود، و این کار بدونِ تشکیلِ جمعیت‌ها صورت نمی‌بست، و تشکیلِ هر جمعیتی بدونِ رئیس، که به‌منزله‌ی مرکزِ آن دایره و حافظِ هیئت مجموع باشد، معقول و ممکن نبود. لهذا، در طبیعت لازم افتاد که هر جمعیتی در زیرِ حکمِ یک نفر قوی‌تر از خودشان باشند تا آن رئیس،[2] به‌واسطه‌ی قدرت و قوّتِ روحانی و جسمانی و سلطه‌ی ذاتی که بر ایشان دارد، حافظِ هیئتِ نوعیّه و مانع از تفرّق و تلاشیِ ایشان باشد. و در مقامِ طَرَیانِ ضعف،[3] هر یک از افراد به مقامِ ریاست مراجعت کنند تا به قوّه‌ی نوعیه در مقامِ مدافعه برآید. و این ریاست چون بدونِ نفوذ و سلطه، که موجب و منتجِ غلبه باشد، امکان نداشت، این بود که هر

۱. در نسخه‌ی خطی: «دیدند».

۲. در نسخه‌ی خطی پس از «رئیس»، «که»ای آمده که زائد بنظر رسید.

۳. یعنی: «بروز ضعف». در نسخه‌ی خطی پس از «ضعف»، «بر»ی آمده که زائد بنظر رسید.

رئیسی، برای [حفظ و بقای] سلطه‌ی خود، به هر گونه وسایل و اسباب تشبّث می‌نمود. این بود سببِ پیدایشِ حکومت‌ها.

و این مسئله طبیعی است، زیراکه اغلبِ حیوانات، آن‌ها که محتاج به اجتماع می‌شوند، از برای خود، به همین جهات، رئیس انتخاب می‌کنند. اما، گاه می‌شود که آن رئیس از جنسِ خودشان است، مثلِ یَعسوبِ[1] مگسِ عسل، و گاهی از غیر جنس می‌گیرند، مانندِ گژدم که بر مورچگان ریاست می‌کند، و نیز گاهی رئیس، دائمی و علی‌التوارث[2] است، و گاه موقّتاً انتخاب می‌شود، چون رئیسِ زاغان در وقتِ مخصوص که به طرفی سفر می‌نمایند و پیش‌آهنگِ رمه و گوسفندان و آهوان و سگان.

اما، بنی‌نوعِ انسان تنها به این قدرها اکتفا نکرده، باز درصددِ آن برآمد که هر یک ملجأ روحانی نیز برای خود قرار بدهد[3] و آن را منبعِ فیض و سرچشمه‌ی برکاتِ خود شمارد[4] تا در هنگامِ اضطرار که از هر جا درمی‌ماند،[5] بدو پناه جوید و اقلاً [اگر] هیچ نباشد، خاطرش بدان تسلّی یابد. لهذا، اول پرستشی که در میانِ نوعِ بشر متداول شد فیتیش[6] بود که هر چه را دوست می‌داشتند، یا از هر چه می‌ترسیدند، همان را می‌پرستیدند. پس بنای پرستشِ ایشان بر خوف و رجای موهومی [استوار] شد. رفته‌رفته که درصددِ تحقیق و

---

۱. یعنی: «پادشاه زنبوران عسل».

۲. یعنی: «وراثتی».

۳. در نسخه‌ی خطی: «بدهند».

٤. در نسخه‌ی خطی: «شمارند».

٥. در نسخه‌ی خطی: «درمی‌ماندند».

٦. منظور «شیءباوری» است. این واژه در «هفتادودو ملتِ» آقاخان کرمانی، که در اصل مقدمه‌ی «حکمت نظری» است، نیز آمده است.

تفتیشِ اسباب و خواصّ برآمدند و منفعت و ضررِ هر چه را به خود بیشتر دیدند، آن را برای خودشان معبود اتّخاذ نمودند. از این‌جا نشأت نمود پرستشِ آتش و کواکب و عناصر و آهن و گاو و مار، و بعد از آن‌که پی به ارواح و روحانیّات بردند، معبودهای موهومی به صُوَرِ گوناگون برای خود تراشیدن گرفتند. آخر به این معنی ملتفت شدند که واسطه‌ی فیضِ حقیقیِ ایشان باید عقول و ادراک باشد، و آن جز انسان‌ها از جای دیگر نخواهد شد. این بود که اربابِ انواع و انبیاء را واسطه و وسایطِ میانِ خود و معبودِ حقیقی قرار دادند که قانون حیات [را] از ایشان بیاموزند. بیت:

آن مجوسانی که نار افروختند سِرٍّ این را هم ز یار آموختند

چون انبیاء نمی‌خواستند به قوّه‌ی جبریّه بر روی مردم تأثیر کنند، برای تخفیف و تشویقِ مردم به‌واسطه‌ی معاد و جزا، بنای انذار و بشارتشان[1] به نقماتِ دنیوی و نعماتِ صوری بود، مانندِ قطعِ نسل و طاعون و قحط و زلزله و ملخ و کمیِ عُمر و انقراضِ سلطنت و اسارت و عدمِ برکت در امور و اضدادِ این‌ها، چنان‌چه در تورات مسطور است، و چون دیدند این‌ها غالباً در مدّتِ عمرِ یک آدم وقوع نمی‌یابد، تا هفت پشت وعده و وعید دادند. پاره‌ای دیگر به نتایج و مجسّمه‌های نیک و زشت بیم و امید دادند، چون برهما و یوزاسف و بودا؛ و پاره‌ای به سعادت و شقاوتِ روحانی نذیر و بشیر شدند، مانندِ حکمای الهی و صوفیّه و حضرت عیسی که ملکوتِ آسمان و خاک‌دانِ زمین را مناط کرده بود؛ و پاره‌ای سعادت و شقاوتِ دنیوی را در خاندان اعتبار کردند، چون

---

۱. در نسخه‌ی خطی: «آبشارشان».

کانفیوس؛[1] و پاره‌ای نامِ نیک و شهرتِ بد را دست‌مره ساختند، مانند یونانیان و مصریانِ قدیم که بر سرِ قبورِ مردگانِ خود اولاً عمارات و ترتیباتِ فوق‌العاده بنا نمودند و استاتو[2] برای نیک‌مردان می‌ساختند و، به‌عکسِ آن، مردمِ بدکار را در قبرستانِ عمومی راه نمی‌دادند کسی دفن کند و او را تیه‌ی لعن و نفرین می‌داشتند؛ و پاره‌ای به آخرتِ منفصل و نعیمِ بهشت و عذابِ جهنم مفارق قائل گشتند، مانند زردشت و اشعیاء؛ و بعضی به رجعت و قیامتِ جسمانی و برزخ تمسک جستند، چون شارعِ دینِ مبینِ اسلام؛ و پاره‌ای میانِ این عقاید را جمع نمودند، چون اهل ب.[3] و تنها قوّه‌ی تأثیرِ انبیاء باوریدن بود نه ترسانیدن، و چون از طریقِ براهینِ منطق بی‌خبر بودند، به طریقِ استدلال و برهان پیش نیامدند.

باز بنی‌نوعِ انسان به این معنی نیز اکتفا نکرده، برای اقناعِ خود، دلیل و برهانِ عقلی طلب نمودن گرفت. آن نیز به چند طریق منشعب گشت. یعنی، کشفِ حقایق را به تصفیه‌ی لوحِ نفس و مرآتِ ذاتِ خود دیدند و آفاق را در انفس طلب نمودند. اصحابِ اشراق و حکمای اَقدَمین که از طریقِ خلسات و ریاضات و مکاشفات پیش آمدند؛ پاره‌ای دیگر راهِ وصول به حقایق را فقط ترتیب در الفاظ و فکر شمردند، مانندِ اصحابِ مشائیّه؛ و پاره‌ای دیگر متابعتِ شرایع را شرط دیدند، چون متکلّمین و صوفیّه؛ و بعضی دیگر از راهِ کشف و تجربیّاتِ حسّی و تجزیه و تحلیل پیش آمدند، مانندِ حکمای متأخرینِ اروپا که نفسِ[4] کتابِ تکوین را خواندن گرفتند؛ و پاره‌ای عالمِ تکوین را به تشریع تطبیق کردن

---

۱. احتمالا منظور «کونفسیوس» است.

۲. یعنی: «مجسمه».

۳. منظور «بیان» است.

٤. در کتاب «اندیشه‌های میرزا آقاخان کرمانی» از فریدون آدمیت، «نقش» ضبط شده است.

خواستند، مانندِ بزرگانِ شیخیّه و اصحاب ب.[1] و این بود سببِ ظهورِ قوّه‌ی حکمت.

لاجرم، افرادِ بشر در اِکمالِ معیشتِ خود بالذّات [متوسل شدند] به این سه قوّه‌ی نبوّت که می‌باوراند، قوّه‌ی حکمت که می‌فهماند، [و حکومت که می ترساند][2] و کار هیچ‌یک از دیگری نمی‌آید. و این سه قوّه در عالم [وجود][3] مؤثرند؛ چنان‌که برهما و جگرنات و اکهورناتِ هندیان اشارت بدین سه قوّه است. قالت النصاری:[4] «ثالثِ ثلاثه».[5]

و توحیدِ حقیقی وقتی در عالم ظاهر شد که این سه قوّه در یک قوّه‌ی واحد، که حضرتِ سلطانِ عشق باشد، منحل گردد: «وَذلک حَلُّ [التّثلیث] فِی التَّرْبیع»،[6] زیراکه نفوسِ شریره‌ی جاهله که محتاجِ ترسانیدن هستند از عالم مرتفع می‌شوند و مردمِ ساده‌دل سُندله که محتاجِ باور کردن می‌باشند به‌طور

---

۱. منظور «بیان» است.

۲. در کتاب «اندیشه‌های میرزا آقاخان کرمانی» از فریدون آدمیت، بصورت غیر مستقیم آمده است. (ص. ۱۱۲ تا ۱۱۳).

۳. در کتاب «اندیشه‌های میرزا آقاخان کرمانی» از فریدون آدمیت، «وجود» نیز ضبط شده است. (ص. ۱۱۲).

٤. یعنی: «مسیحیان می‌گویند».

٥. این اصطلاح در قرآن، در سوره‌ی ٥، آیه‌ی ۷۳، در ردِّ تَثلیث (سه‌گانه‌باوری) آمده است: «لَقَدْ کفَرَ الَّذینَ قَالُوا إنَّ اللَّهَ ثَالثُ ثَلَاثَةٍ وَمَا منْ إلَه إلَّا إلَهٌ وَاحِدٌ وَإنْ لَمْ یَنْتَهُوا عَمَّا یَقُولُونَ لَیَمَسَّنَّ الَّذِینَ کفَرُوا منْهُمْ عَذَابٌ أَلِیمٌ» («به‌راستی، کسانی که گفتند خداوند یکی از [اقانیم] سه‌گانه است کافر شدند، و خدایی جز خداوند یگانه نیست، و اگر از آن‌چه می‌گویند بازنایستند، کافرانشان به عذابی دردناک دچار خواهند شد»).

٦. در نسخه‌ی خطی: «الرَّبیعِ»، صحیح آن اما «التربیعِ» است. یعنی: «و آن حل شدنِ تثلیث در باور به چهارگانگی است». (این اصطلاح در «حکمت نظری»یِ آقاخان کرمانی نیز آمده است).

عَلَی‌العَمیه[1] نمی‌ماند. و قوّه‌ی حکمت که تأثیرش تنها فهمیدن است نمی‌تواند نفوس را به مقاصدِ عالیه سوق کند. لاجرم، یک تسخیرِ شوقی، که لازمه‌ی فهمیدن و باور کردن و ترسانیدن و جامع میانِ خواصِّ آن‌ها است، در کار است: «وَ هَذَا هُوَ العِشْقُ».[2]

اما، تشکیلِ تمدّنِ سلطنت. باید دانست که بنی‌نوعِ بشر، همین که حاجاتِ خودشان را به یکدیگر و منفعتِ تعاون و تعادل را حسّ نمودند، جمعیت‌ها و قبایل تشکیل نمودن گرفت، و پای توزیعِ افعال در میان آمد، و هر یکی از آن جمعیت به‌منزله‌ی عضوی مخصوص شدند و از حرکاتِ امدادی و استمدادی به یکدیگر معاونت ورزیدند تا جسمِ سعادتِ انسانیه تمام شود؛ چه، مدارِ تعدیلِ تناسب و مساواتِ یک جمعیتِ بشریّه، توزیعِ افعال است. لاجرم، در این جسمِ سعادت، یکی هم به‌مثابه‌ی رأسِ سایرِ اعضا شد، و آن جمعیتِ مخصوص بودند که فقط از برایِ اصلاحِ احوالِ عموم معیّن شدند و آن را حکومت نامیدند؛ به این معنی که اگر کسی در میانِ این جمعیت نسبت به دیگری تعدّی و تجاوز به حقوقِ او می‌نمود، رفعِ آن تعدّی و حفظِ حقوق با حکومت بود [و] به‌خلافِ عالمِ توحّش و بَدَوات، مرافعه‌ی هر فردی از ضدِّ خود بنابر مصلحتِ عمومی بر عهده‌ی حکومت شد، زیراکه غالباً اقویا بر ضعفا تعدّی و تجاوز می‌کردند و ضعیف از عهده‌ی دفعِ تعرّضِ قوی بنفسه برنمی‌آمد و این معنی مُخلِّ آسایشِ عامّه بود. از این سبب، هیأتِ مخصوصی که صاحبِ قوّت و قدرتِ تمام باشد، برای حفظِ حقوق و دفعِ تعرضاتِ متجاوزین معیّن گشت.

---

۱. یعنی: «کورکورانه».

۲. یعنی: «و این همان عشق است».

و فایده‌ی دیگرِ تمدّن این [است] که قوّتِ هر فردی از افرادِ آن جمعیّت به قدرِ قوّتِ مجموع خواهد بود. و معنیِ داخل شدن در تمدّن این [است] که هر کس در آن جمعیّت داخل می‌شود، گوئیا مقاوله‌نامه‌ای دادوستد می‌کند به این [مضمون] که من داخل در جمعیّت می‌شوم و به قدرِ سهم و حصّه‌ی خودم در مصارفِ شما معاونت می‌کنم، و آنان نیز با او مقاوله‌ای[1] [می]کنند که ما هم شما را قبول می‌کنیم و در مصارفِ شما معاونت داریم و در مقامِ محافظتِ حقوق و آسایش و دفعِ ضرر و تجاوز از شما، تا صرف کردنِ تمامیِ قوای خود ایستاده‌ایم.

و غالباً سببِ ظهورِ شوکت‌های بزرگِ بنی‌نوعِ بشر و موجباتِ ذلّ و اسارت و تفریقِ کلمه و انقراضِ عمرِ طبیعیِ ایشان منوط و مربوط به حفظِ حقوق یا نقضِ همین عهدنامه است. لاجرم، [هر که] داخل در تمدن می‌شود، قهراً باید پاره‌ای حقوقِ خود را اسقاط نموده، به حکومت واگذارد و خود درصددِ مدافعه برنیاید، والّا همیشه در میانِ آن جمعیّت نزاع و جدال بر دوام و مخلٌ آسایش و نظام خواهد بود.

و ابتدای حکومتی که در مشرق میانِ جمعیّتِ بشری تشکیل شد پرنسیپِ[2] منارشی[3] بود که پادشاه [را] پسرِ آسمان و از جنسِ دیگر، غیر از سایرِ مردم، می‌دانستند. و اصحابِ منارشی[4] به حکومتِ دیسپوت و استبداد قائل‌اند. چنان‌که برای گوسفندان شبانی لازم است و چوپان نسبت به آن‌ها «فَعّالُ ما یَشاءُ»[5] و

---

۱. در نسخه‌ی خطی: «مقاوّله‌ی».

۲. در نسخه‌ی خطی: «پرنسیب».

۳. در نسخه‌ی خطی: «منارش»، و «منارشی» به معنای «حکومت از نوع پادشاهی» است.

٤. در نسخه‌ی خطی: «منارش».

۵. یعنی: «کننده هر آن‌چه بخواهد».

«لَا یُسْأَلُ عَمَّا یَفْعَلُ»[1] می‌باشد، به همین نسبت، سلطان در میانِ رعیّت مالکِ اموال و نفوسِ عامه است و هیچ‌کس را در مقابلِ او حقِّ چون‌وچرا نیست. و به‌جز این پرنسیپ،[2] هنوز سلطنتی دیگر داخلِ مشرق نشده. از این است که اهالیِ شرقِ چین و تاتار و مغول[3] همیشه خان را نایبِ تَنگری[4] و ابن‌السماء[5] می‌دانند.

و همچنین، ایرانیان عن[6] قدیم خرابی و آبادیِ دنیا را دائماً به دستِ پادشاه دانسته، اختراعِ هر صنعت و رواجِ هر علم و خرابیِ هر مملکت را به پادشاهانِ خود نسبت داده‌اند. حتی امورِ طبیعیّه را، از قبیلِ فراخی و خشکسالی و طاعون و زلزله و خسف و چیزهای دیگر، همه را به نیّت و عملِ سلطان ربط می‌دهند.

اما، اقوامِ سامیه، هر وقت که ملوکِ ایشان از سلسله‌ی انبیاء بود، آن عصر را نورانی می‌خواندند، و هر وقت از اجانب[7] کسی بر ایشان مسلّط می‌گشت، آن زمان را عصرِ ظلمانی و آن پادشاه را ظالم و جابر می‌نامیدند.

ولی، در میانِ اقوامِ غربیّه، مانندِ یونان و مصریان و کاریائیان،[8] پرنسیپِ دیگر[ی] تشکیل یافت و آن رپابلیک بود، یعنی جمهوری، که گفتند در مقابلِ

---

۱. یعنی: «در آن‌چه می‌کند بازخواست نمی‌شود» (قرآن، سوره‌ی ۲۱، بخشی از آیه‌ی ۲۳). در نسخه‌ی خطی: «لَا یُسئَلُ».

۲. در نسخه‌ی خطی و در پرانتز: «پرنسیپی».

۳. در نسخه‌ی خطی: «منکول».

٤. در نسخه‌ی خطی: «نایب تنکری»، و «نایبِ تَنگری» یعنی: «قائم‌مقام خدا، چه نایب در عربی قائم‌مقام و تنگری در ترکی خدا را گویند و آن کنایه است از خلیفه و پادشا».

٥. در نسخه‌ی خطی: «این اسماء».

٦. یعنی: «از».

۷. در نسخه‌ی خطی: «جانب».

۸. در نسخه‌ی خطی: «کاریجیان».

قوّه‌ی سلطنت باید[1] قوّه‌ی دیگری هم موجود باشد تا مانع از تجاوزاتِ حکومت بشود و هر یک از افرادِ ملّت صاحبِ حقّ باشند و در میانِ حقوق، تا یک درجه مساوات روی دهد.[2] و پرنسیپِ[3] جمهوریِ ملّت نخست در زمانِ ککروپس نام[4] تشکیل شد که از ملّتِ اندوژرمن بود و از مصر به سواحلِ کریک[5] رفت و تشکیلِ قانون نمود و هر ولایتی [را] در زیرِ تربیتِ یکی از خدایان قرار داد، و از احکامِ قانون او بود که مردم را دسته‌دسته و صنف‌صنف نمود و زراعت از او ترقّی یافت و به‌جهت وقایه بَلَده[6] از وحشیانْ سوری[7] بر گِرد آن[8] کشند، و چون وحشیان دیدند که صحرا و کوه‌ها و هامون از تأثیرِ تربیتِ او[9] فروغِ تازه و رنگ و رونقِ[10] بی‌اندازه کسب نموده و میوه‌های گوناگون در آن‌جا پدید گشته، بعضی سر به اطاعت و پاره‌ای بنای عصیان و مخالفت نهادند و مخالفینِ او غالباً سیکلوپ،[11] یعنی طایفه‌ی دیوانِ یک‌چشم بودند، و مخالفتِ ایشان طول

---

۱. در نسخه‌ی خطی: «یابر».

۲. در نسخه‌ی خطی: «می دهد».

۳. در نسخه‌ی خطی: «پرنسیب».

٤. در نسخه‌ی خطی: «سیکروپ» آمده، منظور، اما، احتمالاً «Cecrops» است.

٥. منظور «یونان» است..

٦. یعنی: «نگاهداری شهر».

٧. یعنی: «دیوار گرداگرد شهر».

٨. در نسخه‌ی خطی: «بر گردن».

٩. بعد از «او»، «فرد» آمده که زائد بنظر رسید.

١٠. در نسخه‌ی خطی: «رنق».

11. Cyclopes

کشید تا دوره‌ی هژوپا،[1] یعنی پهلوانان، که از یونان بیرون آمده، وحشیان [را] برانداختند، مانندِ هرکول[2] و تزه‌ئوس[3] و آشیل.[4]

در دوره‌ی ژوژها، کروتن قانون میکروپ [؟] را تکمیل نمود و پس از او سلون[5] برای اهلِ اسپارطه قانونی بسیار مکمّل آورد و اساسِ جمهوریت را محکم استوار ساخت، ولی پیزاسترات[6] رئیسِ جمهوریه نیرنگی بر آب زده، زخم‌ها بر خود [زد] و در بستر خوابید و به اهالی وانمود چنین کرد که مبعوثانِ ملت مرا چنین کرده‌اند [و] هرچه سلون آورد تکذیب نمود. مردم باور نکرده، جمع شده، او را به سلطنتِ مستبد برگزیدند. ولی پیزاسترات، پس از استبداد، باقیِ احکامِ سلون را تا نقطه‌ی آخر[7] جاری نمود، و حال این‌که در قانونِ سلون مجازات بسیار سخت بود و برای هر کارِ جزئی حکمِ قتل می‌شد [و] او را حکم به کشتن می‌کردند.

و مواظبتِ پیزاسترات بر اجرای احکامِ قانونِ سلون به دو علت بود: یکی آن‌که به‌واسطه‌ی سختیِ مجازات، مردم از سلون نفرت گیرند، و دیگر این‌که به‌واسطه‌ی جاری شدنِ احکام و مقاصدِ سولون، که مقصدِ او از جمهوریت نیز اجرای همین[8] قانون بوده، نائرَه‌ی[9] التهاب او را فرونشاند و کسی را به هوای

---

۱. منظور «هزاره‌ی پهلوانی» (Heroic Age) است.

۲. در نسخه‌ی خطی: «هرکل».

۳. در نسخه‌ی خطی: «تره».

٤. در نسخه‌ی خطی: «اشیل»

٥. منظور «سولون» است.

6. Peisistratus

۷. در نسخه‌ی خطی: «اخیر».

۸. در نسخه‌ی خطی: «همینن».

۹. یعنی: «آتش»، «شعله»، «هیجان».

طلبِ جمهوریت برنینگیزاند؛[1] چنان‌که نوشیروان نیز، پس از قلع و قمع و قتلِ مزدکیان که طلبِ مساواتِ حقوق می‌کردند و جمهوریت می‌خواستند، آن‌قدر در اجرای عدل و داد کوشید که دیگر[2] کسی به فکرِ مزدک و طلبِ مقاصدِ او نیفتاد.

خلاصه، حکومتِ مشروطه نیز، بعد از آن، از میانِ این دو پرنسیپ تشکیل یافت، زیراکه محذوراتِ حکومتِ مستبده بسی معلوم، و در رپابلیک[3] هم پاره‌ای مفاسد روی می‌داد: یکی عدمِ ترقّیِ صنایع و علوم و فنون، چنان‌که باید، به‌واسطه‌ی معدوم بودنِ شوقِ شخص؛ و دیگری این‌که غالباً اصحابِ تزویر[4] و ریا، به زَرق[5] و سالوس، خود را در نظرِ عموم جلوه داده، رئیسِ جمهور می‌شدند و بعد از آن می‌کوشیدند تا جمهوریت را [به] استبداد[6] بدل سازند؛ و دیگر این‌که یک خانواده‌ی محترم و شریف، در میانِ ملت، مخصوص از برای ریاست نمی‌ماند، و امثالِ این‌ها.

و حکمای ب[7] را در این باب[8] اعتقاد و رأی این است که در امورِ کلّیه، تفرّدِ هر عقلِ سلیم است که معصوم و مصون از خطا و زَلَل باشد و حکومت باید به تقدیس و ملکوتیّت منسوب بُوَد؛ ولی در امورِ جزئیه که مناطِ آن تجربه

---

۱. در نسخه‌ی خطی: «برنینگیزانید».

۲. در نسخه‌ی خطی: «دیگری».

۳. در نسخه‌ی خطی: «پابلیک».

٤. در نسخه‌ی خطی: «تدویز» آمده است.

٥. یعنی: «ریا»، «نفاق»، «دروغ».

٦. در نسخه‌ی خطی: «باستبدال».

۷. منظور «بیان» است.

۸. در نسخه‌ی خطی: «ناب».

و امتحان است، بنا را بر شورا و خواستنِ او[1] باید گذاشت و امر با «شُورَی بَیْنَهُمْ، وَ شَاوِرْهُمْ فِی الْأمْرِ».[2] در این صورت، مقاصدِ هر یک از این فِرَق به‌نحو اولی به عمل می‌آید و عقلِ نورانی حاصل می‌شود.

فروغِ هفدهم: برآمدنِ انسان از پیِ عللِ اولیه و جُستنِ و تقسیمِ فلسفه

انسان آن روز انسان شد که چون‌وچرا گفتن گرفت؛ یعنی، عللِ نخستین و اسبابِ اولیه‌ی اشیاء را طلب نمود و اسبابِ قریبه و بعیده‌ی هر چیز [را] جست‌وجود کرد، ولی خطِّ حرکتش در این امور از سافل به عالی بود. انسان، قبل از آن‌که درصددِ معرفت و تحقیقِ ذاتِ خود برآید،[3] از احوالِ کائنات تفتیش نمودن آغاز کرد و میلش بدین جهت طبیعی بود، چون چیزی که نخست دیده‌ی انسان [را] می‌رباید این شگفتگی‌های تماشاخانه‌ی جهان است. بنابراین، مبادیِ

---

۱. در نسخه‌ی خطی پس از «او»، «را»یی آمده که زائد بنظر رسید.

۲. یعنی: «رایزنی با همدیگر، و در کار با آنان مشورت کن» (قرآن، سوره‌ی ٤٢، بخشی از آیه‌ی ۳۸؛ و سوره‌ی ۳، بخشی از آیه‌ی ١٥٩). هر دو آیه در جامعیت به شرح زیرند: «وَالَّذِینَ اسْتَجَابُوا لِرَبِّهِمْ وَأَقَامُوا الصَّلَاةَ وَأَمْرُهُمْ شُورَی بَیْنَهُمْ وَمِمَّا رَزَقْنَاهُمْ یُنْفِقُونَ» (و کسانی که ندای پروردگارشان را استجابت کرده‌اند، و نماز را برپا داشته‌اند، و کارشان رایزنی با همدیگر است، و از آن‌چه روزیشان داده‌ایم، می‌بخشند)؛ «فَبِمَا رَحْمَةٍ مِنَ اللَّه لِنْتَ لَهُمْ وَلَوْ کُنْتَ فَظًّا غَلِیظَ الْقَلْبِ لَانْفَضُّوا مِنْ حَوْلِك فَاعْفُ عَنْهُمْ وَاسْتَغْفِرْ لَهُمْ وَشَاوِرْهُمْ فِی الْأمْرِ فَإِذَا عَزَمْتَ فَتَوَکلْ عَلَی اللَّه إِنَّ اللَّهَ یُحِبُّ الْمُتَوَکلِینَ» (به لطفِ رحمتِ الهی، با آنان نرمخویی کردی، و اگر درشت‌خوی سخت‌دل بودی، بی‌شک از پیرامون تو پراکنده می‌شدند، پس از ایشان درگذر و برایشان آمرزش بخواه و در [این] کار با آنان مشورت کن، و چون عزمت را جزم کردی، بر خداوند توکل کن، که خدا اهل توکل را دوست دارد).

۳. در نسخه‌ی خطی: «برآمد».

تحقیقاتِ عقولِ بشریّه مصروفِ سرِّ آیه و حکمیّات گردید که با قلمِ قدرت بر صفحه‌ی آفرینش و لوحِ طبیعت نقش شده بود. حتی مساعیِ فکر و نظرِ طالس[1] و فیثاغورث هم، که از اَقدمینِ فلاسفه‌اند، در شرحِ نقشه‌ی کتابِ خلقت معطوف گردید، و افاداتِ هِرمِس کبیر غالباً از الواحِ تکوینیّات حکایت می‌نمود، و ذهنِ انسان در سلوکِ این طریق از اثر به مؤثر انتقال نمودن گرفت؛ به این طور که در نقشه‌ی کتابِ تکوین، آن‌چه را که اسباب آشکارا داشت به سبب مربوط ساختند؛ یعنی، از برای غالبِ اشیاء سبب جستند، اما پاره‌ای اسبابِ مخفیّه را که در ذاتِ آن‌ها خفایی بود، چون ندانستند از کجا و از چیست، به خدا نسبت دادند، و آن خدا که از روی عما و جهالتِ کورکورانه برای خود اثبات کرده بودند و اعتقاد بدان داشتند، در حقیقت، جز ظلمتِ جهلِ مطلق چیزی نبود. مثل این‌که بقیه‌ی آن اعتقاد و اثرِ آن هنوز در میانِ یونانیان و رومانیان باقی است که هر چشمه‌ای منبعِ آن تاریکی و ظلمت باشد، آن چشمه را مقدّس می‌شمارند. اگر کسی [را] مار می‌گزید و می‌مرد، یا کسی دیوانه و مصروع می‌شد، یا به طاعون و امراضِ ناگهانی ابتلا می‌یافت، پای روحانیان را در میان آورده می‌گفتند از تأثیرِ خدایان است؛ زیراکه اسباب و علل و بواعثِ این‌ها را نمی‌دانستند. وقتی میان کی‌اخسار[2] و الیاتس[3] در لیدیه نزاعی بود، در بینِ نزاع، کسوفی کلّی واقع شد. چون سبب آن را نمی‌دانستند، یک طرف را گمان این شد که دیوِ سفید، به جادویی، چشمِ ایشان را سیاه کرده. دیگر طرف گفتند [که] خدایان بر ما خشمگین شده‌اند؛ [پس] همان به که صلح کنیم.

---

۱. در نسخه‌ی خطی: «طامس» آمده است.

۲. منظور «هُووَخْشَتْرَه» یا «کیاکزاز» (Cyaxares) سومین پادشاه مادها است که احتمالاً در سال ۶۲۵ پیش از میلاد به سلطنت رسیده است.

۳. در نسخه‌ی خطی: «عالیات». «الیتاس» (Alyattes) پنجمین پادشاه لیدیه بوده است.

رفته‌رفته، کارِ پرستشِ ارواح به جایی رسید که هر تأثیری در عالم از روحانیان می‌پنداشتند. حتی اگر به مرضی مبتلا می‌شدند،[1] می‌گفتند این ارواح پلیدی بود از اهریمن، یعنی خدای ظالم، که در این شخصِ مریض حلول کرده است، و برای هر چیزی قائل شدند، یعنی خدایی، و چنین گمان کردند که از برای اجرامِ کواکب و ستارگان نیز ارواح و جان‌ها است و آن‌ها چون حیوانات ذی‌روح می‌باشند و آن ارواح خدایان‌اند، یعنی ایزدان. و اهالیِ مصر و یونان کار را به جایی بالا بردند که معتقد شدند بر این‌که هر انسانی کشته شود یا بمیرد، روحش مجرّد و مفارق گشته، در سلکِ خدایان رفته، اینک ما را طعن نیزه می‌زنند. از آن پس، اموات را به احترام تمام دفن می‌کردند، چنان‌که از اهرامِ مصر و اجسامِ مومیایی این معنی مشهور است.

خلاصه، اغلبِ این اعتقادات مربوط به اقوالِ کسانی بود که مردم حُسن‌ظنّی نسبت به ایشان داشتند و بدونِ مطالبه‌ی برهان و اثبات، این سخنان را به مجردِ امتحانِ عقلی باور می‌کردند و بنای شاعری می‌نهادند. همین که انسان از پیِ آن برآمد که حقایقِ اشیاء را با ذوقِ صافیِ خود از طبیعتِ مادّه استخراج نماید و هیچ‌چیز را بدونِ دلیل و اثباتِ عقلانی نپذیرد، آن وقت روحِ فلسفی در میانِ مردم موجود شد.

و فلسفه لازمه‌ی طبیعتِ انسان است، اگر کسی او را از جاده‌ی سلوکِ طبیعیِ خود منحرف نسازد؛ زیراکه هر طفلِ خردسال و هر کودکِ نارسیده به یک تعلیمِ الهی فیلسوف است و چیزهای خلافِ عادت و خارقِ طبیعت را نمی‌کند و درصددِ کشف و تحقیق [در موردِ] هر چیز برمی‌آید و می‌پرسد که این چه و آن چیست و سخنانِ محال را نمی‌پذیرد و باورش نیست. ولی، به

---

۱. در نسخه‌ی خطی: «می‌شد».

تحریفِ پدر و مادر و معلّم و اوستاد، آن فطرتِ اصلیّه چنان اعوجاج می‌پذیرد که در سنِّ چهل‌سالگی، سخنانِ محال و متناقض را با کمالِ خلوصِ بال پذیرفته، حقیقتِ هیچ چیزی را دانستن نمی‌خواهد، و برای اقناعِ دیگران و ارضای خود، هر چیز را به خدا نسبت می‌دهد.

لاجرم، علمِ فلسفه خروج از ظلماتِ جهل و عمش تقلید است به دخول در روشن‌سرای حقیقت. ولی، باید تاریخِ فلسفه را درست دقّت نمود که در میانِ اقوامِ متشتته و در ازمنه‌ی مختلفه چه رنگ‌های متعدده کسب نموده. بدان که علمِ فلسفه‌ی حقیقی، که حرفِ خالص و زلال باشد، بسیار نادر و کمیاب است و این فلسفه‌ای که علمای اسلام آن را فلسفه‌ی زلال می‌شمارند علمِ کلام و اصولِ عقایدِ یونانیان است که در نزدِ ما نامش فلسفه‌ی اِشراقی و مشائی شهرت یافته، و همچنین، فلسفه‌ی هندی‌ها نیز علمِ کلام و تصوّفِ ایشان است. تنها چند مسئله که از ذیمقراطیس[۱] یا دیوژن[۲] منقول است می‌توان نام فلسفه بر روی آن نهاد، و سقراط فقط در مسئله‌ی وحدتِ آلهه[۳] مفارق چند کلمه فلسفه به شاگردانِ خود در خلوت بیان نمود، و از افلاطون نیز دو سه کلمه منقول است. ولی، علمای یونان غالباً از این هفت قسم خارج نبودند:

اول) «میس تی سیزم»،[٤] و ایشان کسانی بودند که به چیزهای ندیده و نفهمیده اعتقاد می‌کردند، مانندِ روحانیّات و الهیات و ملائکه و جنّ و پری و اغوال و امثال آن، مانند صوفیّه و اشراقیّین.

---

۱. منظور «دموکریتوس» است.

2. Diogenes

۳. در نسخه‌ی خطی: «آله». «آلهه»، جمع «آله» و به معنای «خدایان» است.

٤. در نسخه‌ی خطی: «میس تی نیر»، و منظور «Mysticism» است.

دویّم) «اسکپتیسیسم»،[1] و ایشان کسانی [بودند] که همه‌چیز را انکار داشتند و می‌گفتند به چیزی یقین نداریم و در هر چیز شکّ می‌کردند و این را سوفسطائیه[2] نیز گویند.

سیّم) «پوزیتیویسم»،[3] [و ایشان] کسانی بودند که خبرِ امورِ غیبیّه [را نمی پذیرفتند] و [جز] محسوسات چیز دیگر را قبول نداشتند و هر چیز را به تجربه و تشریح کشف می‌کردند و براهینِ ایشان تماماً سوق از معلول بود به علّت، و اینان[4] را طبیعی و مادّی می‌گویند.

چهارم) «متدیسم»،[5] [و ایشان] کسانی بودند که حقایقِ هر چیز را از روی منطق و براهینِ لمّی و انّی[6] استکشاف می‌نمودند، ولی براهینِ عقلیه را از براهینِ حسّیّه محکم‌تر می‌شمردند و سوق از علّت به معلول [را] از سوقِ انّی قوی‌تر می‌دانستند، و اینان [را] مشائیه[7] نیز گفته‌اند.

پنجم) «پانتئیسم»،[8] [و ایشان] کسانی [بودند] که به توحید قائل بودند، یعنی وحدتِ وجود، و اینان چند قسم بودند که بعد از این ذکرشان خواهد آمد.

---

۱. در نسخه‌ی خطی: «سبتی سیزم»، و منظور «Skepticism» است.

۲. در نسخه‌ی خطی: «سوفسطانیّه».

۳. در نسخه‌ی خطی: «پوزی تویسم»، و منظور «Positivism» است.

٤. در نسخه‌ی خطی: «ایتان».

٥. در نسخه‌ی خطی: «مدی تیسم»، و منظور «Methodism» است.

٦. «لمّی» به معنای از «علّت» به «معلول»، و «انّی» به معنای از «معلول» به «علّت» رسیدن است.

۷. در نسخه‌ی خطی: «مشائبه».

۸. در نسخه‌ی خطی: «پائلتیسم»، و منظور «Pantheism» است.

ششم) «اکلکتیسم»،[۱] [و ایشان] کسانی [بودند] که در میانِ این عقایدِ مختلفه را جمع کرده بودند؛ به این معنی که می‌گفتند باید در بعضی مواد میتیک شد، یعنی بدونِ دلیل باور نمودن، و در پاره‌ای موارد دلیلِ عقلی خواست نه حسّی، و در جایی دیگر دلیلِ عینی طلبیده، و در موردی دیگر باید انکار و شکّ نمود، و در مواردی دیگر سکوت و توقّف ورزید و آن را در سنبله‌ی ایهام گذارد، و جایی دیگر باید به وحدتِ وجود قائل شد.

و نزدِ سقراط، معرفتِ نفسِ انسانیه نقطه‌ی پیدایشِ فلسفیّات است و، به اعتقادِ او، پیدایشِ همه‌ی علوم در میانِ بنی‌نوعِ بشر، چنان‌که گفتیم، برحسبِ ضرورت و احتیاجات بود، جز علمِ حقیقت و فلسفه‌ی توحید و معرفتِ نفس که از آسمان به زمین آمد و سرچشمه‌ی آن فَرداب[۲] و قرباب بود؛ به این معنی که نقطه‌ی آن علمِ بالذّات در هر نفسی ودیعه نهاده شده است و چون آن ودیعه‌ای است الهی، و به‌جهتِ اثباتِ این مدّعا، می‌گوید [که] جمیعِ ادراکات و علومِ جزئیّه‌ی[۳] بشریه از حسّیّات برخاسته[۴] است، که گفته‌اند: «[مَنْ فَقَدَ] حِسًّا فَقَدَ عِلْمًا».[۵] ولی، علمِ کلّی، که نقطه‌ی فلسفیّات است، یعنی معرفتِ نفس، ابداً دخلی به حسیّاتِ ظاهر ندارد، زیراکه حواسِ ظاهرِ کسی تماماً مفقود باشد [و] فقط علمی که برای او حاصل است همان علمِ حضوریِ اِشراقی [است] که

---

۱. در نسخه‌ی خطی: «کلکتیزم»، و منظور «Eclecticism» است.

۲. یعنی: «افشا و اظهار و آشکاراکردگی».

۳. در نسخه‌ی خطی: «حزبیّه».

٤. در نسخه‌ی خطی: «خواسته».

۵. یعنی: «کسی که یک حس را از دست بدهد، دانشی را از دست داده است».

علمِ او باشد به وجودِ خود «بِذَاتِهِ لِذَاتِه».[1] و این نقطه بدایتِ فلسفیّات شد و توحید از آن برخاست[2] و، در حقیقت، این علم منشأ جمیعِ ادراکاتِ کلّیه است و این نقطه‌ی علم از جوهرِ نفس و طبیعت استخراج شده از جهتِ احتیاجاتِ طبیعی.

و مبلغ‌ها[3] فرق است میانِ آن که چیزی از حرفِ غنای جوهری خارج شود یا برحسبِ احتیاجاتِ عرضی پدید آید. پس، حقیقتاً و بالذات، سببِ اصلیِ پیدا شدن در میانِ نوعِ بشر افاضاتِ عقلِ فعّال و رَشَحاتِ ارواحِ قدسیّه و اشراقاتِ سفاراتِ سماویّه و انوارِ کُتبِ الهیّه است و مبدأ این‌ها، همه، نفوسِ ساذجه‌ی بسیطه و عقولِ ذاتیّه‌ی کُلیّه‌ی فلکیّه می‌باشند که بدونِ تعلیماتِ بشری و اکتساباتِ عادی، متکلّم بر فطرت و متعلّم از معلّمِ شدیدالقوی و منوّر به نورِ مستکفی خویش‌تاب هستند.

اگرچه می‌توانیم گفت [که] مبدأ پیدایشِ جمیعِ فنون و صناعات تنها احتیاجاتِ بشری بود، بلکه اشراقات بر سوافل و مشاهداتِ سوافل از برای عوالمی مقتضی آن شد که قوّه‌ی اختراعیّه یا کشفِ «مِنْ حَيْثُ لَا يَحْتَسِبُ»،[4] یعنی بالاتفاق، در پاره‌ای نفوس پدید آید. این است سببِ پیدایشِ فلسفه‌ی توحید که نقطه‌ی علم است بر سبیلِ اجمال، و سببِ پیدایشِ علمِ فلسفه بر سبیلِ تفصیل این است.

---

۱. یعنی: «به خودی خود و برای خود»، و در معنای این‌که «وجودش مستقل از هر چیز دیگری است» به کار رفته است.

۲. در متن اصلی: «برخواست».

۳. یعنی «بسیار».

٤. یعنی: «از جایی که گمان نمی‌برد» (قرآن، سوره‌ی ٦٥، بخشی از آیه‌ی ۳).

بعد از آن‌که [انسان] ضروریّاتِ معیشتِ خود را بر وجه کافی، به قدری که در حوصله‌اش می‌گنجد، آماده و مرتّب دید و امورِ معاشیّه‌ی حیاتیّه‌ی خود را استکمال نمود، از برای احصالِ امنیّت و تسویه‌ی حقوق میانِ افرادِ داخلی و تعیینِ حدود و حقوقِ هر یک در محاکمات و معاملات و حقوق و دیات[1] و جنایات و سلوک و مراوده که با مللِ سایره دارد، محتاج شد به علمِ فقه و حقوقِ سیاستِ مُدُن و پولتیک و غیره تا بتواند امورِ هیئاتِ جمعیّه را بر محوری لایقِ دَوَران بدهد. و باز چون که اخلاقِ رذیله و مَلَکاتِ سوئیّه‌ی[2] رفاه و آسایش را برای خود ممکن ندید، محتاج شد به تهذیبِ اخلاق و تدبیرِ منزل و مراقبه‌ی نفس و محاسبه‌ی اَعمال و محافظه‌ی مَلَکاتِ مقدسه و رفعِ اخلاقِ رذیله. باز امنیت و رفاهِ اصلی، با وجودِ اصلاحِ بدن و انتظامِ معیشت و حفظِ حقوق و تعدیلِ حرکات و تقویمِ اخلاق، برایش حاصل نشد و این‌همه علوم و فنون و صناعات چون نمایش‌های بر آب حرارتِ قلبش را اطفاء و تسکین ننمود، [پس] لاجرم عطفِ عنانِ خود را به جانبِ عللِ اولیّه‌ی عالمِ وجود نموده، جویای کمال و منتظرِ حیاتِ حقیقت و سعادت ابدیّه و زندگانیِ جاوید و نعیمِ باقی گردید، [و] به هدایتِ نبراسِ[3] عقلِ منوّر درصددِ استکشافِ حقیقتِ هر چیز برآمده، از مبدأ و منتها و اصل و مادّه و عوارضِ اشیاء و چگونگیِ حوادث بحث کردن گرفت، و در فهمیدنِ علاقه‌ی عقول به ابدان و ارواح [و] به اجساد و باعثِ اختلافِ عقولِ اُمم و مقتضیاتِ عروج و هبوطِ ملل سعی‌های بلیغ به جا آورد، و عللِ شرایع و باعثِ تشریع را جویا گردید، و در استکشافِ اسبابِ

---

۱. در نسخه‌ی خطی: «دیانات».

۲. یعنی: «ملکه‌های بد».

۳. یعنی: «چراغ».

تجاذب و تدافع و تقارب و تباعدِ اجزاء عالم و فعل و انفعالِ بسایط و مرکّبات و موجبِ تکوینِ جراثیمِ نباتات و حیوانات و حرکات و بواعثِ آن‌ها و مقتضیِ تبدلاتِ هر یک به اشکالِ مُنَضَّده[1] و هیأتِ منتظمه‌ی افکارِ دقیقه به کار بُرد و اسبابِ سعادتِ حقیقی و بقای ذاتِ خود را طلب نمود.

و مجموعِ این معلومات عبارت [است] از علمِ فلسفه که به‌منزله‌ی روح است در قالبِ علومِ دیگر، و در این علمِ اعلی مبادی و موضوعاتِ کلِّ علوم اثبات می‌شود و هر علمی باید موضوعِ خود را از این علم بخواهد و فلسفه است که حاجاتِ[2] مردم را آشکار می‌سازد و انسان را بر اختراعِ فنون مقتدر می‌نماید.

و روحِ فلسفه در هر امّتی پیدا شود، هرگونه کمال و ترقّی در فنون و صنایع از برای ایشان عنقریب حاصل خواهد شد. و بالعکس، اگر روحِ فلسفه از امّتی برود، سایرِ فنون و علوم نیز رو به انهدام و انقراض خواهد نهاد و بدون فلسفه، محال است [که] هیچ علم و معرفتی[3] در میانِ قومی بیشتر از صد سال دوام کند، زیراکه بدونِ فلسفه، نتیجه‌ی حقیقی در هیچ علمی نمی‌توان گرفت، و فلسفه منقسم به دو قسم می‌شود: فلسفه‌ی تکوینی [که] نقشه‌ی کتابِ خلقت را بیان می‌کند، و فلسفه‌ی تشریعی که تأویل و تفسیرِ محکم و متشابهاتِ کتابِ شرع را می‌نماید و قابِ قوسینِ ادنایِ این هر دو افقِ نفسِ انسانِ مستوی است که لوحِ مسطور و رقِّ منشور و سینای طور و کونِ جامع و مجمع البحرین و

---

۱. یعنی: «منظم».

۲. در نسخه‌ی خطی: «حاحات».

۳. در نسخه‌ی خطی: «معرفت».

الفِ بین البائین است و عنقریب در این کتاب بیانِ علمِ تأویل و حقیقتِ فلسفه بیاید.

فروغِ هیجدهم: در چگونگیِ ظهورِ انبیاء و کَهَنه و تلموت [تلمود] در بنی‌اسرائیل

در میانِ طبایعِ ابنای بشر که عموماً [از] آز و حرص و طمع و بُخل و کینه و حسد سرشته هستند و در خیالِ تعدّی و تجاوز به یکدیگر می‌افتند،[1] برحسبِ ایجاباتِ طبیعت، پاره‌ای نفوسِ پاک و ساده و فطرت‌های تابناکِ آزاده در هر عصر ظهور می‌کند که بالطبع از بدی متنفر و منزجر[2] [هستند] و اصلاحِ عموم را خواهان‌اند [و] تا مهما امکن درصددِ اصلاحِ احوالِ این طبایعِ خئونِ[3] حریصِ انسانی، که مَفطور و مجبول‌اند[4] بر شهوت و غضب، برآمده، ایشان را به راهِ هدایت و طریقِ نجات و اخلاقِ پاکیزه و سعادتِ حقیقیه دعوت نمایند: «[إِنَّمَا] بُعِثْتُ لِأُتَمِّمَ مَكَارِمَ ٱلْأَخْلَاقِ».[5] و این ذواتِ پاک را که در واقع لسانِ دعوتِ طبیعت باید گفت، از «امر به معروف و نهی از منکر» اضطراری است نه اختیاری، و در این حال مقتدر بر ضبطِ خود نیستند؛ اگر هزار دفعه آنان را منع

---

۱. در نسخه‌ی خطی: «می‌افتد».

۲. در نسخه‌ی خطی: «منضجر».

۳. یعنی: «خیانت پیشه»، «فاسد».

٤. « مَفطور» و «مجبول» به معنای «سررشته» و «آفریده‌شده»اند.

۵. یعنی: «به‌راستی من مبعوث شدم تا مکارم اخلاق را کامل کنم». (طبق «جامع الاحادیث» منتسب به پیامبر اسلام است).

و طرد و اَذی[1] نمایند، بلکه [حتی] تا مقامِ حبس و کشتن آورند، ابداً از این خیال بازنمی‌ایستند و به هیاهوی خلقْ بی‌اعتنا و بی‌نیاز [هستند] و آهنگِ وجدانیه‌ی خودشان را گم[2] نمی‌کنند و سائقه‌ی[3] غیبی دائماً ایشان را به[4] دعوتِ خلق سوق می‌کند: «فَاسْتَقِمْ کمَا اُمِرْتَ».[5]

و باید دانست که در طبیعتِ نوعِ بشر هم آن‌گونه حرص و طمع و کینه لازم است و هم این‌گونه طبایعِ لطیفه‌ی طبیعیّه، زیراکه طبایعِ نخستین مردم را به جلبِ فضایل و حرصِ ترقّی سوق و تحریک می‌کند، و طبایعِ ثانوی آنان را از اخلاقِ ردیه و رذائلِ حیوانیه منع و زجر می‌نماید تا در این میانه، از این جزر و مدّ، تعدیلِ اخلاق و تقویمِ ملکات پدید آید. این است که داعیانِ طبیعت، در میانِ هر قوم [که] ظهور می‌کنند،[6] برحسبِ اقتضای حالِ آن قوم و آن عصر سخن می‌گویند؛ اگر در قومِ وحشیِ باربار ظاهر شوند، حدود و قوانینِ سخت می‌نمایند، و هرچه آن قوم سخت‌تر و وحشی‌تر باشند، مانندِ اقوامِ تاتار و مغول[7] و اعراب و کلدانیان، آن حدود و قوانین به همان نسبت سخت‌تر و شدیدتر است؛ و اگر در میانِ اقوامِ متمدّنه ظاهر شوند، از روی فلسفه‌ی عادات و اخلاق است، مانندِ یونانیان و اهلِ اسپارته و ایرانیانِ قدیم و هندیان. مثلاً، وقتی در

---

۱. در نسخه‌ی خطی: «آذی»، و «اَذی» به معنای «آزار نمودن» است.

۲. در نسخه‌ی خطی: «کم».

۳. در معنای «پیش‌رونده» آمده است.

٤. در نسخه‌ی خطی: «بر».

۵. یعنی: «پس همچنان‌که دستور یافته‌ای، پایداری کن» (قرآن، سوره‌ی ۱۱، بخشی از آیه‌ی ۱۱۲).

٦. در نسخه‌ی خطی: «می‌کند».

۷. در نسخه‌ی خطی: «منگول».

میانِ ملّتی دین فاسد شود، البته آن داعیانِ طبیعت به لسانِ فلسفه و حکمت دعوت می‌کنند تا اغراضِ شخصی و عصبیّتِ جاهلیتِ آن ملّت را رفع سازند؛ و هرگاه بی‌دینی شیوع یابد و احوالِ مردم را فاسد کند، آن طبیبانِ الهی به روحانیات و ملکوتیّت سخن گویند و در مردم فراستِ لاهوتی پدید آورند؛ و اگر امّتِ آن زمان قشری و محدود شود، لسانِ وحدتِ وجود و تصوّف برگشایند؛ و اگر سَقطَه[1] و موهومات غلبه کند، از راهِ سیاستِ مُدُن و عالمِ طبیعت و مادّه پیش آیند؛ و باز این حال نه این است که برای ایشان آزادی و اختیاری باشد، یعنی از روی فکر و تدبیر این حرفه‌ی اکونامی را ملاحظه کنند، بلکه حصولِ این احوال نیز مقتضای قانونِ خلقت و ایجاباتِ طبیعت است که در هر عصر و [در] هر قوم آن‌چه از برای اصلاحِ احوالِ ایشان لازم است به عرصه‌ی ابداع [و اختراع][2] می‌آورد: «وَهُوَ الطَّبِیبُ الْحَاذِقُ».[3]

گذشته از این حال، برای هر عصری و هر ملّتی، قانونِ مخصوص لازم و از اقتضائاتِ اولیّه‌ی طبیعت است و چون قانون باید طبیعی و فطری باشد، لاجرم در میانِ نفوسِ بشریّه از این‌گونه طبایعِ ساده‌ی پاکِ صافی ناگزیر است تا احکام و قوانینِ اصلیّه که مفید به حالِ آن قوم و آن عصر باشد، از فطرت‌های زلالِ ایشان بجوشد. و چنان‌چه بعضی اوقات مؤسّس و شارعی از برای وضعِ قوانین واجب می‌شود، و همچنین پاره‌ای اوقات دیگر مخرّب، و پاره‌ای دیگر هادی از برای رفعِ خرافات و کسرِ حدودِ عتیقه لازم می‌آید تا آن بناهای مندرسِ کهنه را که قابلِ سکونت و مرمّت نیستند به‌کلّی منهدم سازد. ولی مؤسّس و

---

۱. یعنی: «لغزش».

۲. فریدون آدمیت در کتاب «اندیشه های میرزا آقاخان کرمانی»اش آنچه در قلاب آمده را ضبط کرده است.

۳. یعنی: «و او پزشکی ماهر است».

عامر را نبی و رسول و اسم محیی گویند، و مخرّب را صاحبِ خروج و اسمِ مُمیت می‌نامند.[1] ولی لزوم هر دو به یک درجه است و نشانِ این انبیاء اُمّی بودن و عدم اکتساب و تکلّم بر فطرت و سادگیِ طبیعت و پاکیِ اخلاق و عدم تصنّع و ساختگی و تکلّف است ــ تا معلوم شود که به سائقه‌ی طبیعتِ کلّی مبعوث شده نه از روی هواهای شخصی و هوساتِ نفسانیِ خود به‌خلافِ صاحبانِ خروج که این آیت[2] را دارا هستند.

اما، در زمانِ بنی‌اسرائیل، کلدانیان برای نبوّت مکتبی ساخته بودند که بعضی نفوسِ مستعدّه به زورِ عمله‌جات و ریاضات و اَعمالِ روحانی و مجاهدتِ نفسانی این حال را تحصیل کردن می‌خواستند، و آنان را کهنه صدوقی[3] و فریسی می‌گفتند و برای این کار اَعمالِ مخصوصه‌ای داشتند. رفته‌رفته، این حال به اقوامِ عربیّه سرایت کرده و میانِ ایشان هم کاهنان پدید آمد که سخنانِ مسجّع و مقفّا گفتن سر می‌کردند برای آن‌که از خود غیبوبیّت نمایند و حالِ وحی و الهام یا شبیه آن بدیشان دست دهد. آن‌گاه، پاره‌ای چیزها مطابقِ واقع می‌گفتند، مانندِ وحیِ کودک و ستیّه. چنان‌چه ابن‌سینا نیز در آخرِ «اشارات»[4] می‌گوید [که] طایفه‌ی تاتار و تُرک‌ها نیز قبل از اسلام عادتی داشتند که می‌دویدند تا از خستگی خود را غیب می‌کردند، یعنی از حال می‌رفتند، [و] آن‌گاه پاره‌ای سخنان از ایشان بروز می‌کرد که خبر از مَغَیَّبات[5] بود. همچنین است زن «ستی»

---

۱. در نسخه‌ی خطی: «می‌نمایند».

۲. یعنی: «نشانه».

۳. در نسخه‌ی خطی: «صاروقی».

٤. منظور «الاشارات و التنبیهات» است.

۵. جمع «مَغیبَة یا مَغَیَّبَة»، و به معنای «چیزهای پنهانی»، «چیزهای غیبی» است.

که در میانِ هندوها پیدا می‌شود و خود را با شوهر در آتش می‌سوزاند، چون در آن حال از خود می‌رود، از غیب خبر می‌دهد.

بالجمله، امروز نیز در میانِ مسلمانان و اهلِ نسب، کسانی که خود را صوفی و سالکِ طریق می‌گویند این عادات را برای خود مسلک اتخاذ نموده‌اند:

ننگِ بنگ و چرس بر خود می‌نهند　　تا دمی از هستیِ خود وارَهَند[1]

همه‌ی این کارها که می‌کنند، از قبیلِ سماع و نغمه و ذکر و رقص و ریاضات و صیحه، برای این است که، به قوّتِ تصنّع و علاج، اشخاصی را صاحبِ وجهه‌ی غیبی بکنند، بر مثالِ مکتبِ نبوّتی که در زمانِ بنی‌اسرائیل بود، و تلموث و اشر شاگردانِ مکتبِ مزبورند،[2] و غافل‌اند از این‌که این حال باید ذاتی و طبیعی[3] باشد نه مصنوعی و ساختگی، بر رسته‌ی دیگر باشد و بر بسته‌ی دیگر. و به حَسَبِ ظاهر، سببِ پیدایشِ انبیایی که خود را متنبّی از غیب می‌بینند جمع شدنِ سادگیِ فطرت و فطانتِ فوق‌العاده‌ای است با هم در نفوس که از ابتدای طفولیّت معصومانه پرورش یافته باشند، و شرط است که هوای آن بلد نیز حارّ باشد که سببِ ابعاث و از جا برانگیختنِ ایشان شود و پاره‌ای چیزها را در نظرِ ایشان مجسّم نماید، مانندِ فرشتگان و ملائکه و بهشت و دوزخ و آخرت و ملکوتِ آسمان و امثالِ آن‌ها.

---

۱. پس از «ننگ»، «واو»ی آمده که زائد بنظر رسید. از مولوی است و در «مثنوی معنوی»، دفتر ششم، بدین شکل آمده است:

تا دمی از هوشیاری وا رهند / ننگ خمر و زَمْر بر خود می نهند

۲. در نسخه‌ی خطی: «است».

۳. در نسخه‌ی خطی: «طبعی».

و اما اگر آن نفوسِ صافیه‌ی عالیه را پاره‌ای معلوماتِ مکتسبه از نطاقی وسیع خارج دست دهد و هوای بلد نیز حرارت داشته باشد، آن اشخاص فیلسوف و مناقش و اربابِ نوع خواهند بود، چنان‌که [در] یونان و ایران دائماً از این‌گونه پیدا میشدند.

اما، در جنسِ سمتیک، چون دایره‌ی معلوماتِ ایشان محدود و تنگ و هوای بلد حارّ بود، غالباً انبیاء ظهور می‌نمودند و این انبیاء فلاسفه و حکمای مقابلِ خود را ساحر می‌نامیدند، چنان‌که تاریخ به ما نشان می‌دهد که سحره‌ی موسی مغ‌ها،[1] یعنی موبدهای مجوس، بودند که فرعون از اطراف آنان را برای مقابله با موسی جلب نمود، و همچنین زردشت پیمبرِ پارسیان، و بودا پیمبر هندوان [را]، از اقوامِ سائله‌ی ساحره و جادوگر خواندند. و همیشه انبیای سمتیک بر ضدّ و مخالفِ اقوالِ فلاسفه و عقایدِ صوفیه و وحدتِ وجودیان بودند، یعنی خدا را مفارق و شخصی می‌دانستند، مثل این‌که مجسّم باشد. چنان‌که از کتبِ مقدّسه ظاهر است، همیشه در ظلِّ امرِ نبیّ پاره‌ای دجّال‌ها چون اهریمنِ سلیمان و عجلِ سامری و بلعمِ باعور و ابومسیلمه پیدا شده و هر وقت نبیّ‌ای به دعوت برخاسته،[2] مطلقاً پهلوان‌پنبه‌ای هم در سایه‌ی او بود.

فروغِ نوزدهم: در بیانِ چگونگیِ پرستشِ معبود و ابتدای بت‌پرستی

چنان‌چه سابقاً گفتیم، قبل از تحقیق و تفتیش [در] اسبابِ هر چیز، بنی‌نوعِ انسان هر چه را نمی‌دانست و از هر چیز می‌ترسید یا آن را دوست می‌داشت

---

۱. در نسخه‌ی خطی: «ماژها».

۲. در نسخه‌ی خطی: «برخواسته».

خدای خود قرار می‌داد. حتی این‌که در ابتدای دهر،[1] اقوامِ سامیه ابر و باد و رعد و برق را می‌پرستیدند، چنان‌چه در تورات مسطور است که اولاً آیاتِ سماوی به طریقِ رعدوبرق بر مردم فرود می‌آمد، [و] پس از آن نفوسِ مؤمنین ترسیده، از خدا رفعِ آن را درخواست نمودند. و هنوز نمازِ آیات که در هنگامِ انقلاباتِ سماوی یا ارضی می‌خوانند نمونه‌ی آن حالت است. و در این حالت،[2] مردم فیتیش[3] بودند و هر طایفه یک گونه معبودی داشتند؛ اهلِ بادیه به سنگ و درخت و رودخانه و امثال آن عبادت می‌کردند، و طایفه‌ی تاتار آهن و شمشیر و نمد می‌پرستیدند، و مصریان مارها و مردگان و گاو را، و هندیان نیز گاو و بوزینه و آلتِ رجولیّت و فرجِ زنان و امثال آن را پرستش می‌کردند و هنوز معابدها و محراب‌های آن‌ها نمونه‌ای از آن دو آلتِ مقدّس است که قومِ پاریا آن‌ها را مبدأ وجود می‌شمردند، و همچنین پارسیان و ملّتِ آریان معبودهای چندان نداشتند، بلکه معبودِ ایشان غالباً آتش بود که آن [را] اُر می‌نامیدند و گاو را نیز به‌جهتِ احتیاج به زراعت تقدیس می‌کردند، و هکذا سایرِ ملل مانند ....[4]

بعد از قرونِ کثیره، که فی‌الجمله علمِ ستاره‌شناسی[5] در میانِ جمعیّتِ بشریّه پیدا شد، چنین فهمیدند که تغییراتِ هوا و انقلاباتِ اوضاعِ عالم از تأثیرِ اتّصالات و اشعّه‌ی ستارگان است، خاصّه شمس و قمر و خمسه‌ی متحیّریّه.

۱. در نسخه‌ی خطی: «وهر».

۲. در نسخه‌ی خطی: «این‌جاست».

۳. منظور «شی باوری» / «فتیشیم» (Fetishism) است.

٤. جمله ناتمام است.

۵. در نسخه‌ی خطی: «ستاره‌شناس».

تکوین و تشریع

آن وقت، نخستین فیلسوفان عصرِ پرستشِ اجرامِ عُلوی و کواکب را منتهای خداشناسی و معرفتِ حقیقت می‌دانستند.[1]

خلاصه، به اعتقادِ اهالیِ مشرق، خدای بزرگ آفتاب بود، که او را منبعِ حیات و زندگانی و نور و منشأ همه‌ی تأثیراتِ قویّه می‌دانستند و آن را زاب یا زاو می‌گفتند که بوح معرّبِ آن و صابئین منسوب بدان است، و زاوش نیز که به معنیِ مشتری است از آن مشتق می‌باشد.

و به اعتقادِ اهلِ مغرب، خدای بزرگ‌تر مشتری بود که آن را ژوپیتر، یعنی پدرِ زاو، می‌گفتند، و جمعی دیگر [به] پرستشِ سایرِ کواکب و بعضی به [پرستشِ] کُره‌ی ارض و بعضی به پرستشِ جَوّ غیرمتناهی گرویدند، و برخی معدنیّات را مظهرِ انوار و تجلّیاتِ کواکب دانستند و آن‌ها را پیکر تراشیدند و بالجمله، از برای کواکب و عناصر، ارواحِ مجرّده و عقولِ مفارقه قائل شدند و چنین گمان کردند که آن ارواحِ مجرّده‌ی کلّیّه در قوالبِ انسان‌ها و پاره‌ای حیوانات و اشجار و اجسام تجلّی می‌کند، مثلِ سروِ کاشمر و گاوِ افیس و شجره‌ی سینا و کوهِ طور و صخرة‌الله و هومِ ایزد و رخشِ رستم. به این واسطه، هر انسانی حیوانی [را و] یا درختی [را] که صاحبِ قوّه و مظهرِ خاصیّتی فوق‌العاده بود، او را ژنی[2] و ربّ‌النّوع می‌گفتند، و هر کس دارای قوّه‌ی مافوق‌الطبیعه بود، او را دارای گونه و صاحبِ نفسِ فلکی می‌پنداشتند، مثلِ آن که اختراعِ شراب کرد، یا پارو را برای راندنِ کشتی اختراع نمود، یا آتش را از سنگ یا چوب جدا ساخت. و بدین قیاس، برای هر چیزی ربّ‌النوعی قرار دادند و بنای پرستشِ آن ارباب را گذاردند.

---

۱. در نسخه‌ی خطی: «می‌دانست».

۲. منظور واژه‌ی فرانسوی «Génie» است که معادلش در فارسی «نابغه» است.

و باید دانست که این ارباب انواع، پاره‌ای واقعیّت داشتند، مانند ونوس و نبطون و نرون[1] و مرکوری[2] و هرکول[3] که اشخاصِ معیّن بودند، و پاره‌ای از روی موهوماتِ شاعرانه طرداً للباب ساخته‌اند، مانندِ اُزیریس[4] و آمفیتریته[5] و ابوالهول.[6] و نخست صُوَر موهومی را می‌پرستیدند، تا آن‌گاه که صنعتِ نقّاشی و شاعری رواج یافت [و به وسیله‌ی آن‌ها]، از برای ارواح و آلهه، صورت‌ها و پیکرهای گوناگون فرض و تصوّر نمودند و استوانه‌ها[7] تراشیدن گرفتند.

در این خصوص نیز، میانِ مشرق و مغرب اختلاف بدین‌گونه بود که اهالیِ مشرق ارواح و روان‌های ستارگان را به نامِ سروش و فرشته یا اسنیدو[8] یاد می‌کردند و مدبّر و موکّلِ هر چیزی می‌شمردند و تصویرِ سروششان را با شاخ و [تصویر] فرشتگان را با پَر کرده بودند. معلوم است که اولی را مذکّر و ثانی [را] مؤنّث می‌دانستند مانند دی[9] که مدبّر،[10] و هیمن[11] که مدبّر گوسفندان، و اورمزد یا هرمز که مدبّرِ آهن، و اردی‌بهشت که مدبّرِ آتش، و که و مدبّر[12] و

---

۱. در نسخه‌ی خطی: «نیرو» آمده، منظور اما «Nero» است.

۲. در نسخه‌ی خطی «مرکور» آمده، منظور اما «Mercury» است.

3. Hercules

٤. در نسخه‌ی خطی «اوزریس» آمده، منظور اما «Osiris» است.

٥. در نسخه‌ی خطی «انفتریت» آمده، منظور اما «Amphitrite» است.

6. Sphinx

۷. در نسخه‌ی خطی: «استوان‌ها».

۸. فریدون آدمیت در کتاب «اندیشه‌های میرزا آقاخان کرمانی»اش «اسپندو» ضبط کرده است. (ص. ۱۳۵).

۹. در نسخه‌ی خطی: «وی».

۱۰. کلمه یا کلماتی جا افتاده‌اند.

۱۱. در نسخه‌ی خطی: «همین».

۱۲. کلمه یا کلماتی جا افتاده اند.

بدین قیاس. لکن، به خدایی که یزدانِ ربّ‌الارباب باشد قائل بودند [و] چیزی که هست، اهریمن را در امور فروردین با او شریک می‌دانستند. و فروردین نیز از این مادّه است.

و باید دانست که در ابتدا[1] یزدان و اهریمن، هر دو، را دیو می‌گفتند و اهریمن را زشت نمی‌شمردند، چنان‌که هم‌اکنون هندوان خدای بزرگ [را] مهادیو، یعنی دیو بزرگ، می‌نامند،[2] و خدیو و خدا، هر دو، از آن مأخوذ است، و دیو[3] به فرانسوی نیز همان است. رفته‌رفته، فاعلِ خیر و شرّ را از یکدیگر جدا کردند، ولی باز هر دو را مؤثر در وجود و خالق می‌پنداشتند و این جزء رویّه‌ی عالمِ طبیعت و مادّه‌ای را به کشاکشِ آن دو نسبت می‌دادند. اما اهریمن [را] صاحبِ تصرّف در آسمان‌ها نمی‌دانستند، بلکه تنها در زمین، [و] می‌گفتند در آخر، نور که یزدان باشد، بر ظلمت که اهریمن است، غلبه خواهد کرد. این اعتقادِ پارسیان بود. اما، یونانیان و مصریان به اربابِ متعدّده قائل گشته، از برای هر نوعی ربّی قرار دادند و ژوپیتر [را] ارباب‌الارباب[4] گمان کردند و پاره‌ای آلهه را فاعلِ خیرات و پاره‌ای [دیگر] را منشأ شرّ و ظلم پنداشتند و برای آن خدایان اساطیر و افسانه‌ها ساختند که آن را میتولوژی[5] نامند.

و عموماً، خواه اهالیِ مشرق و خواه اهالیِ مغرب، به غیر از جلبابِ بشر، حیوانات و نباتات و جمادات را نیز به نام ربّ‌النوع تقدیس می‌نمودند، چنان‌که کلدانیان مار را ربّ‌النوع مقدّس شمرده و شکلِ سَرِ آن را به‌جای اونیفورم بر

۱. در نسخه‌ی خطی: «ابتدای».

۲. در نسخه‌ی خطی: «می‌نامیدند».

۳. در نسخه‌ی خطی، پس از «دیو»، «را»یی آمده که زائد بنظر رسید.

٤. «رب الارباب» منظور است.

٥. در نسخه‌ی خطی: «متوثوری».

سردوشِ خود در لباس‌های رسمی عَلَم می‌زدند، و فارسیان از این جهت آنان را ماردوش می‌نامیدند و با مار دشمنی به هم رسانیده، آن را می‌کُشتند.[1] و چون پارسیان گاو را مقدّس می‌داشتند، به‌طوری که شکلِ آن را اختر گاویان و گُرز گاوسر ساختند، از این طرف، کلدانیان گاو را کشته، می‌خوردند. به این واسطه، پارسیان آن‌ها [را] مغزخوار و آدم‌خوارِ ادبار می‌گفتند. و اژدها، یعنی دهانش، می‌شمردند، و تاتاران شمشیر و نمد، و هندیان چوبِ افتیش و بوزنه و طلا، و پارسیان هومِ ایزد و آبِ روان و آتش، و یونانیان ماهیِ یونس و چشمه‌ی آب، و بادیه‌نشینان درخت و سگ. و این اعتقاد، رفته‌رفته، به حلول و تناسخ منجر شد که انوارِ الهی و فروغِ ایزدی را در جلبابِ بشر، بلکه در قالبِ حیواناتِ شریفه و نباتات و اشجارِ طیّبه و جواهرِ نفیسه و میاه عذبِ جاریه، متجلّی فرض کردند. و لبهات اهریمن ریمن و دیر و کنشت[2] را در قالبِ پتیّاره و حیواناتِ خسیسِ[3] بدخیم[4] و نباتاتِ تلخ و سنگ‌های کثیفِ ظلمانی مندرج دانستند.

از این‌روی، هر کس به اخلاق و منش‌های نیکو متّصف بود، او را فرزانه، یعنی مظهرِ فرشته، و هر کس به اخلاقِ زشت و منش‌های ناپاک اتّصاف داشت، او را دیوانه، یعنی مظهرِ دیو، می‌گفتند و بدین معتقد بودند که این ارواح از قالبی به قالبی [دیگر] و از پیکری به پیکرِ دیگر نقل و سیر می‌کند، چنان‌که [درباره‌ی] یوزاسف معتقد بودند.

---

۱. در نسخه‌ی خطی: «می‌کشند».

۲. در نسخه‌ی خطی: «کنش». «دیر» و «کنشت» بمعنای «عبادتگاه» اند.

۳. در اینجا بمعنای «کم ارزش» بکار رفته است.

٤. در نسخه‌ی خطی: «برخیم».

خلاصه، بعد از این مسئله، تعدّدِ آلهه رنگ‌های مختلف کسب نمود. جمعی اینان را نیم‌خدایان گفته، به ربّ‌الاربابیِ محیط بر همه قائل گشتند، و برخی در مقابلِ آن اهریمنی را قرار دادند که در هر کار با ایزد مضادّ است؛ چنان‌که هندیان نیز به نام ویشنو و شیوا و پسنو معدم‌الکلّ است که اکهرنات باشد، و شیوا موجدالکلّ است که جگرنات باشد، و برهما بر این هر دو فائق است که ذات باشد، و مهادیو وجودِ علی‌الاطلاق است که او را چهار سر است و هر سری به طرفی نظر می‌کند و چهار دست است؛ در یکی تیغی است و در دیگری سنبله‌ای و در دیگری کتابی و در دیگری تسبیحی، و از نافِ مهادیو شاخه‌ی نیلوفری رُسته و از آن سه چیز بیرون آمده: برهما، شیوا و ویشنو. و می‌گویند [که] مهادیو دَه (۱۰) دفعه به جلبابِ بشری درآمده و آنان که به یزدان و اهریمن و نور و ظلمت قائل شده‌اند، باز مهادیوی، که ایزدِ ایزدان باشد یا اورمزدا به اعتقاد ترکان، روی آن‌ها تصوّر کردند و اینان اهالیِ مشرق بودند که نزدیک‌تر بودند[1] به توحیدِ عددی، و پرنسیپِ[2] سلطنتِ منارشی،[3] یعنی دیسپوتیزم،[4] از این اعتقاد نشأت نمود و اینان به وحدتِ فرقیّه قائل‌اند.

و اما اهالیِ اروپا و مغرب به تعدد[5] آلهه، که نزدیک‌تر است به وحدتِ جمعیّه‌ی حیطیّه، قائل بودند و برای هر چیزی ربّی قرار دادند و خدای بزرگی چون رئیس‌الجمهور فائق بر همه تصوّر کردند که اقتداراتِ او محدود بود و از

---

۱. جمله‌ی«و اینان اهالیِ مشرق بودند که نزدیک‌تر بودند» در نسخه‌ی خطی دو بار تکرار شده است.

۲. در نسخه‌ی خطی: «پرنسیب».

۳. در نسخه‌ی خطی: «منارش».

٤. در نسخه‌ی خطی: «ویسپوتیزم».

۵. در نسخه‌ی خطی: «تعداد».

این‌جا پرنسیپِ[1] رپوبلیک[2] و حکومت‌های مشروطه در میانِ ایشان برخاست[3] و اینان به وحدت و کثرت قائل‌اند.

خلاصه، فریقین، همین که از مجوس بالاتر رفتند، بنای خداتراشی را از موهوماتِ خود گذاردند.

بقیّه در جلدِ اول.

بقیه‌ی این کتاب در جلد اول تحریر و تسطیر شده.

نوزدهم ربیع‌الاول به قلم فطرت جهرمی تحریر شد.

۱۳٤۰

[هجری قمری، برابر با ۲۹ آبان ۱۳۰۰ خورشیدی و ۲۰ نوامبر ۱۹۲۱ میلادی]

---

۱. در نسخه‌ی خطی «پرنسیب» آمده، و پس از این واژه «واو»ی آمده که زائد بنظر رسید.

۲. در نسخه‌ی خطی: «پابلیک».

۳. در نسخه‌ی خطی: «برخواست».

ضمائم

چند صفحه‌ای از «تکوین و تشریع» (نسخه‌ی جهرمی)

هو الله تعالی شانه

هیچ گونه پوشیده و پنهان نیست که مقصود
مؤلف در این کتاب بیان حقیقت اشیا
و مبادی و مناشی هر چیز است برای که بودن
التزام طرفی و تقلید کسی [illegible] قطعا از روی
حس خالص تحقیق مبادی اشیا [illegible] بر حسب
تاریخ طبیعی و نظام [illegible] عقل [illegible] و در اثناء
نتیجه همه جا [illegible] تنها با [illegible] ذوق زلال صافی
و ذهن مستقیم خود پیموده ام و مقصودم تطبیق
و توفیق با نفس الامر بوده و ضرب [illegible] آن

آمدن و فهمیدن هر چیز که اهمیت علمیه مقصود وی
و غرض من بوده است هر چه بعد از آن جستم
که [illegible] مکاشفات را دیگران خود بخود
دانسته من به ذوق صافی خود فهمیده ام طبیعی
و [illegible] میشود [illegible] و آنکه نزد [illegible] ان
خود مجتهد [illegible] بوده ام مقلد [illegible] ان
آثار و [illegible] و مبادی طبیعت اشیا مراجعه نموده ام
و [illegible] آنها را استخراج کرده ام و هم اشیای
متشابه را از یکدیگر تشبیه توانم کرد —
پس بنای خود را گذارده ام بر جمیع مختلفات
و فرق [illegible] و [illegible] ترتیب
و [illegible] کتاب را از [illegible] خیالات خود و اقوال
دیگران بیرون [illegible] بلکه از [illegible] طبیعت

دریافت هم برده اند (دارون) حکیم طبیعی
در این خصوص بره تحقیقات عمیق نموده چه بواقع
شایسته هرگونه تمجید و تحسین است و
یکی از کشفیات حکمای عصر نوزدهم
نظریات او را موافق موافقت مینمایند
مانند تحقیقات (مسیو غارند)
در خصوص لغت بوزینگان و سیاحت در
افریقای مرکزی که در میان طوایف میمون
لغتی نزدیک بلغت وحشیان سکنه آن
حوالی موجود است   خلاصه حال
تکوین ثانی را از پاره طیور و فراشش میتوان
فهمید   چنانکه پشه را از هزار چشم و پروانه را
بیست و چهار هزار چشم و سوره چه پرداری

بچهار

بچهار دیده باشد   مخلوق کاملی را از قبیل
انسان در تکوین ثانی بعید نیست که حواس
ستره هیه لا تعد و لا تحصی
و شاعره انسانی حاصل خواهد شد
و ابتدای ظهور این اعتقاد قبل از
(دارون) از این
طفیل اندیشه است

و در دویم جلد ثانی کتاب
تکوین و تشریح تحریر شده
رجوع بآن نمایند
تمت بالخیر
١٣٢٩

دفتر دوم
در بیان حالات انسان در بدو آفرینش و چگونگی پیدایش لوازم زندگی [illegible]
فروع
فروع نخستین

در بیان حالت ضعف و ناتوانی انسان و شدت
عجز و احتیاج او. بنی آدم در ابتدای خلقت خود را
از هر حیوانی عاجزتر و زبون‌تر گمان میکرد
و از حرکت هر باد و صدای رعد و درخشش برق

و حدوث

و حدوث ابر و نزول باران و کسوف شمس
و خسوف قمر و زلزلهٔ ارض و طوفان …
در دلش رعبی عظیم می‌افتاد و بهر طرف …
میگریخت و پیش از آنکه اصل هر چ…
بجوید تنها بحفظ جان خود می‌اندیشید
و خود را از هر حیوانی عاجزتر و ضعیف…
میدید و بر دفع منافع و جلب …
خود قادر نبود و دوست و دشمن خود …
نمی‌شناخت و هنوز این حال در جنگ…
دور از آبادانی و در میان مردم وحشی مشاهده
میشود که هر چیز ایشان را میلرزاند و …
همه چیز میترسند و بهر طرف میگریزند
و ترسیدن او ناشی از جهل و نادانی اوست

فایق بر همه تصور کردند که اقدامات و مجهودات

و از اینجا (پرنسیب) و پابلیک

و حکومتهای مشروطه در میان ایشان برخواست

و ادیان بوحدت و کثرت قایلند

خلاصه فرقین همین که از مجلس بلا اثر

رفتند بنا بر [illegible] از نوبت

خود گذاردند. بقیه

در جلد اوّل

بقیه این کتاب در جلد اوّل تحریر و تسطیر شد

نوزدهم ربیع الاولی

بقلم فطرت حمدی تحریر [illegible]

۱۳۴۰

چند صفحه‌ای از «تکوین و تشریع» (نسخه‌ی بدیعی لاری)

اداره فرهنگ استان هفتم و
کتابخانه ملی پارس

تکوین و تشریح   جلد ۲

میرزا قاضی لرستانی

خط رحمة الله ربیع لاربابی   در تاریخ ۱۳۲۴ شمسی   نوشته شده

حکمت

فارسی   قطع نیم

۴۴۶۸   بکتابخانه ملی پارس اهداء گردیده است

۷۲۵   دفتر کل و شماره ۳/۲۹۷   بین المللی

درقفسه   طبقه   ردیف

بایگانی است

کتاب
تکوین و تشریح
بتاریخ شهر صفر
سنه ۱۳۴۹
تحریر شد

جلد دوم تتمه جلد اول ا
تکوین و تشریح بالتفات نیا
دانا و ادیب یگانه میرزا آقا
کرمانی رحمه الله علیه

از هر حکومت مطلقه و مستبدی مستبدتر و جابرتر
میباشد از روش این حکومت است که اکنون
عموم طبقات مردم عالم در اعماق منجلاب
ذلت و بدبختی غوطه ور شده و حرکات حسنه
بشری در تاریکی ننگ و بدنامی و جهالت و نادانی
محو و فنا گشته است اگر این روش ادامه
یابد قطعی است که منجر بیک انقلاب عملی
و اخلاقی دوامی در دنیا خواهد شد که ثمره
و میوه آن برای ابنای بطوری مسموم و بس خطرناک
خواهد بود (پایان) ح خ

تعلیم حقیر این چاکر جهت اداره
بدیعی لاری کارمند اداره فرمانداری
لارستان تقدیم بحضور محترم حضرت امجد
جناب آقای (مدیر الدوله) فتحعلی
فرماندار معظم لارستان مینماید
تاریخ ذیحجه ماه ۱۳۲۴ شمسی

درباره‌ی مصحح

م. رضایی تازیک متولد تیرماه ۱۳۶۲ (جولای ۱۹۸۳) در مشهد است. او دانش‌آموخته‌ی علوم سیاسی و مطالعات خاورمیانه در دانشگاه‌های لوتسرن و برن در سوئیس می‌باشد و تمرکزش در مقاطع فوق لیسانس و دکترا به روی تاریخ اندیشه در ایران و به‌ویژه نقد دین از سوی ایرانیان بوده است. پایان‌نامه‌ی دکترای او درباره‌ی دین و نقد دین در اندیشه‌ی احمد کسروی نوشته و منتشر شده و از سوی او و همکارش بخشی از آثار فتحعلی آخوندزاده و میرزا آقاخان کرمانی نیز به آلمانی ترجمه شده‌اند.

انتشارات آسمانا (تورنتو) منتشر کرده است:

پژوهش‌های علمی و دانشگاهی

- *Shape of Extinction,* by Bijan Jalali, Translated by Adeeba Shahid Talukder and Arai Fani, 2025.
- *Music on the Borderland: Remembering and Chronicling the 1979 Revolution's Shadow on Iranian Music*, by K. Emami, 2024.
- *Whispers of Oasis: Likoo's Poetic Mirage*, by M. Ganjavi, A. Fatemi and M. Alimouradi, 2024

- زبان، انســـان و جامعه: ادبیات و زبان‌های اقلیت در ایران. ویرایش امیر کلان، مهدی گنجوی، آنیسا جعفری، و لاله جوانشیر، ۲۰۲۴
- تنگلوشای هزار خیال: جستارهایی در ادب و فرهنگ، رضا فرخفال، ۲۰۲۴
- دلالت‌های تحلیل طبقاتی در ســرمایه‌داری امپریالیستی، محمد حاجی‌نیا و شـهرزاد مجاب، ۲۰۲۴
- شب سیاه و مرغان خاکسترنشین؛ شعر نیما در دهه‌ی دوم: ۱۳۲۱ - ۱۳۱۱، ۲۰۲۴
- حافظ و بازگویی، تالیف رضا فرخفال، ۲۰۲۴
- زنان کُرد در بطن تضـاد تاریخی فمینیسم و ناسـیونالیسم، تالیف شهرزاد مجاب، ۲۰۲۳
- شــورش دهقانان مکریان ۱۳۳۲ - ۱۳۳۱: اسناد کنسـولگری، مکاتبات دیپلماتیک و گزارش روزنامه‌ها، پژوهش امیر حسن‌پور، ۲۰۲۲

تصحیح انتقادی

- *تاریخ شانژمان‌های ایران*، تالیف میرزا آقاخان کرمانی (به کوشش م. رضایی تازیک)، ۲۰۲٤
- *فن گفتن و نوشتن*، تالیف میرزا آقاخان کرمانی (به کوشش م. رضایی تازیک)، ۲۰۲۵
- *ریحان بوستان‌افروز*، تالیف میرزا آقاخان کرمانی (به کوشش م. رضایی تازیک)، ۲۰۲۵
- *رستم در قرن بیست‌ودوم* (تصحیح انتقادی و مصور)، تالیف عبدالحسین صنعتی‌زاده (ویرایش م. گنجوی و م. منصوری)، ۲۰۱۷

شعر

- *خمار صدشبه*، شعر از منصور نوربخش، ۲۰۲۵.
- دفتر *الحان*، شعر از امیر حکیمی، ۲۰۲٤.
- *با سایه‌هایم مرا آفریده‌ام*، شعر ازهادی ابراهیمی رودبارکی، ۲۰۲٤
- *شهروندان شهریور*، غزل از سعید رضادوست، ۲۰۲٤
- *آینه را بشکن*، شعر از نانائو ساکاکی، ترجمه مهدی گنجوی، ۲۰۲٤
- *عجایب یاد*، شعر از امیر حکیمی، ۲۰۲۳
- *کهکشان خاطره‌ای از غروب خورشید ندارد*، شعر از مهدی گنجوی، ۲۰۲۳
- *غریبه‌هایی که در من زندگی می‌کنند*، شعر از مهدی گنجوی، ۲۰۲۱
- *تبعیدی راکی*، شعر از علی فتح‌اللهی، ۲۰۱۸

داستان

- *An Iranian Odyssey,* a novel by Rana Soleimani, 2025.

- *مستیم و خرابیم و کسی شاهد ما نیست*، رمان از مهدی گنجوی، ۲۰۲۵.
- *اسباب* شر، رمان از جواد علوی، ۲۰۲۵.
- جلوی *خانه ما یکی مرده بود*، مجموعه داستان از اکبر فلاح‌زاده، ۲۰۲٤
- زینت، رمان از وحید ضرابی‌نسب، ۲۰۲٤
- *فیل‌ها به جلگه رسیدند*، رمان از کاوه اویسی، ۲۰۲٤
- *مقامات متن*، رمان از مرضیه ستوده، ۲۰۲٤
- *انتظار خواب از یک آدم نامعقول*، مجموعه داستان از مهدی گنجوی، ۲۰۲۰

نمایش‌نامه

- بغلم کن لعنتی، بغلم کن، نمایش‌نامه از علی فومنی، ۲۰۲۵
- یوسف، یوزف، جوزپه، نمایش‌نامه از علی فومنی، ۲۰۲۵
- *درنای سیبری*، نمایش‌نامه از علی فومنی، ۲۰۲٤

برای ارتباط با نشر آسمانا:

asemanabooks.ca

Takwīn va Tashrī'
(Creation and Legislation)

Mirza Agha Khan-e Kermani

Edited by: M. Rezaei Tazik

Asemana Books
2025

-----------------------Asemana Books-----------------------